自然教育概论

北京中林联林业规划设计研究院有限公司
北京人合自然教育科技有限公司　组织编写

宋维明　高申奇　主编

中国林业出版社
China Forestry Publishing House

图书在版编目(CIP)数据

自然教育概论 / 北京中林联林业规划设计研究院有限公司, 北京人合自然教育科技有限公司组织编写; 宋维明, 高申奇主编. —北京: 中国林业出版社, 2023.5
(自然教育培训教材丛书)
ISBN 978-7-5219-1865-6

Ⅰ.①自… Ⅱ.①北… ②北… ③宋… ④高… Ⅲ.①自然教育-概论 Ⅳ.①G40-02

中国版本图书馆CIP数据核字(2022)第167844号

责任编辑: 肖 静 刘 煜
封面设计: 何楚欣

出版发行: 中国林业出版社
　　　　(100009, 北京市西城区刘海胡同7号, 电话83143643 83143605)
电子邮箱: cfphzbs@163.com
网址: www.forestry.gov.cn/lycb.html
印刷: 河北京平诚乾印刷有限公司
版次: 2023年5月第1版
印次: 2023年5月第1次
开本: 710mm×1000mm　1/16
印张: 15.75　彩页: 24
字数: 240千字
定价: 65.00元

编辑委员会

组织编写：北京中林联林业规划设计研究院有限公司
　　　　　　北京人合自然教育科技有限公司
主　　编：宋维明　高申奇
副 主 编：刘　霞　杨　超　姚建勇　赵　侠　张　旸
　　　　　　刘婉凝　刘　畅
参编人员：高　磊　王　浩　宋林书　裴韬武　刘　茜
　　　　　　叶　茸　吴思明　林恩惠　陈建铃　张伟娜
　　　　　　李雅波　王　璐　金紫晗　罗惠宁　高　昆
　　　　　　郭金鹏　岑巨延　芮飞燕　李喜喜　宋雪峰
　　　　　　邱　琪　卜祥祺　王富永　伍禄军　梁炜文
　　　　　　张　宇　陈　征　安金明　贾艳利　李云峰
　　　　　　吴栋栋　曹丽雯　胡鹏飞　马　进　赵国顺

  伴随工业文明进程加深，人们与自然的距离越来越远，"回归自然"之心反而日益迫切。在此背景下，自然教育日益成为人们讨论、参与的话题，也日益发展成一个颇具规模的产业。目前，国内各地开展的自然教育活动呈现出百花齐放、百家争鸣的景象，但从业者在开展活动时普遍面临缺乏原则规程、行业标准等现实问题，自然教育从业群体急需一本兼具理论与实操的工作手册性质的教材，以指导自然教育活动规范地、可持续地开展。

  本书的编写团队全面梳理和研究了国内外有关自然教育的理论与实践成果，并结合团队成员自己的创新性思考，在先前所编著的《自然教育指南》基础上，编写了《自然教育概论》一书。《自然教育指南》主要是面向一般公众和初次接触自然教育的从业者，通过回答"何为自然教育"等问题，为自然教育的教育"需求者"提供一本认识自然教育的科普读物；而本书则主要面向自然教育的教育"供给者"，回答"如何开展自然教育"这一问题，是对自然教育工作者的教育。为了体现适用于自然教育工作者的特点，本书力求理论与实操相结合：在理论方面，对自然教育的内涵、发展历程、思想形成过程做出介绍；在实操方面，对开展自然教育所需的基本要素、软硬件设施、人员素养等方面做出了原则性的概括。同时，鉴于自然教育仍然是一个新兴领域，我们对如何进行自然教育的受众调查和市场评估也提供了一些经验性的做法，并对自然教育政策体系设计提出了一些建议以供读者参考。

  本书尊重所有引用和参考资料、案例的提供者和作者，尽可能在参考文献目录中标明所引用理论、观点和案例的出处，并衷心感谢这些为我们成书提供了背后支持的学者和实践者。同时，鉴于编撰者在学术水平及实践经验方面的局限性，书中难免存在疏漏或不严谨之处，敬请广大读者批评、指正。

目录

前 言 …………………………………………………………… I

第一章　绪论 …………………………………………………… 1

第一节　自然教育的内涵 ……………………………………… 2
一、自然教育的概念 ………………………………………… 2
二、自然教育的构成要素 …………………………………… 3
三、自然教育的特征 ………………………………………… 5
四、自然教育与相关教育形式的关系 ……………………… 7

第二节　自然教育的意义与作用 ……………………………… 11
一、发展自然教育的必然性与必要性 ……………………… 11
二、自然教育的双向作用 …………………………………… 17
三、我国自然教育的公众需求及发展趋势 ………………… 22

第二章　自然教育的发展历程 ………………………………… 25

第一节　国外自然教育的起源与发展 ………………………… 26
一、国外自然教育的起源 …………………………………… 26
二、国外自然教育的发展 …………………………………… 27

第二节　中国自然教育的产生与发展 ………………………… 41
一、中国的自然教育实践 …………………………………… 41
二、中国传统文化中的自然教育思想 ……………………… 45
三、中国自然教育面临的挑战 ……………………………… 46
四、中国自然教育的发展 …………………………………… 48

第三章　自然教育思想的发展 ………………………………… 51

第一节　国外自然教育思想的起源与发展 …………………… 52
一、古希腊时期的自然教育观 ……………………………… 52
二、文艺复兴时期的自然教育观 …………………………… 52
三、近代的自然教育观 ……………………………………… 52

第二节　国内自然教育思想的起源与发展 ………………… 53
　　　一、春秋战国时期的自然教育观 …………………………… 53
　　　二、魏晋南北朝时期的自然教育观 ………………………… 54
　　　三、唐代的自然教育观 ……………………………………… 55
　　　四、宋元明清时期的自然教育观 …………………………… 55
　　第三节　中西方自然教育观之异同 …………………………… 56
　　　一、相同点 …………………………………………………… 56
　　　二、不同点 …………………………………………………… 57
　　第四节　自然教育的理论基础 ………………………………… 59
　　　一、自然教育的哲学基础 …………………………………… 59
　　　二、基于"大教育观"的自然教育 ………………………… 60
　　　三、基于"建构主义教育思想"的自然教育 ……………… 60
　　　四、基于"体验式教育思想"的自然教育 ………………… 61

第四章　自然教育的基本要素及实操管理 ……………………… 63
　　第一节　自然教育的基本要素 ………………………………… 64
　　　一、自然教育的主体——自然教育场域 …………………… 64
　　　二、自然教育的客体——自然教育受众 …………………… 70
　　　三、自然教育的载体——自然教育从业者和课程 ………… 73
　　第二节　自然教育实操 ………………………………………… 86
　　　一、自然教育课程设计 ……………………………………… 86
　　　二、自然教育活动安全风险管理 …………………………… 95

第五章　自然教育基地建设 ……………………………………… 107
　　第一节　自然教育基地的类型及功能定位 …………………… 108
　　　一、自然教育基地的类型 …………………………………… 108
　　　二、自然教育基地的主要功能定位 ………………………… 110
　　第二节　自然教育基地的规划设计 …………………………… 112
　　　一、自然教育基地规划设计的意义 ………………………… 112
　　　二、自然教育基地规划设计的原则 ………………………… 113
　　　三、自然教育基地规划设计的主要任务 …………………… 115
　　第三节　自然教育基地的设施设备 …………………………… 116
　　　一、活动设施 ………………………………………………… 116
　　　二、安全系统保障设施 ……………………………………… 119

第四节　自然教育基地的评定及认证 ········· 121
　　　一、自然教育基地的评定 ········· 122
　　　二、自然教育基地的认证 ········· 125
　　第五节　自然教育基地的保护 ········· 126
　　　一、自然教育活动对自然教育基地的影响 ········· 126
　　　二、自然教育基地保护的重要性及原则 ········· 127
　　　三、自然教育基地保护的措施 ········· 127

第六章　自然教育辅导员的职业素养要求及培养 ········· 131
　　第一节　自然教育辅导员素质要求 ········· 132
　　　一、自然环境意识素质 ········· 132
　　　二、文化科学素质 ········· 134
　　　三、职业技能素质 ········· 136
　　　四、职业道德 ········· 138
　　第二节　自然教育辅导员专业人才培养 ········· 139
　　　一、自然教育辅导员培养概况 ········· 140
　　　二、自然教育辅导员培养分类 ········· 141
　　　三、自然教育辅导员培养模式 ········· 147
　　　四、自然教育师资培训存在的问题 ········· 149

第七章　自然教育公众需求及消费意愿 ········· 151
　　第一节　自然教育公众需求 ········· 152
　　　一、自然教育公众需求的内容 ········· 152
　　　二、自然教育公众需求理论基础 ········· 153
　　　三、自然教育公众需求的主要影响因素 ········· 157
　　第二节　自然教育公众消费意愿 ········· 158
　　　一、自然教育公众消费意愿理论 ········· 158
　　　二、自然教育公众消费意愿的研究方法 ········· 159
　　　三、自然教育公众消费的主要影响因素 ········· 164
　　　四、消费者购买自然教育服务产品的行为过程 ········· 168
　　　五、自然教育公众消费意愿分析的问卷设计原则 ········· 169

第八章　自然教育政策体系设计 ········· 175
　　第一节　我国自然教育政策体系建设概况 ········· 176

一、自然教育相关政策法规建设基本情况 …………………… 176
　　二、主要政策法规内容介绍 …………………… 177
　第二节　自然教育政策体系建设 …………………… 179
　　一、自然教育的组织管理制度 …………………… 180
　　二、自然教育人才队伍建设制度 …………………… 180
　　三、自然教育课程与教材建设制度 …………………… 181
　　四、自然教育评价制度 …………………… 181
　　五、自然教育公众宣传制度 …………………… 182

第九章　自然教育的未来发展 …………………… 183

　第一节　科学技术与自然教育 …………………… 184
　　一、从互联网到自然教育 …………………… 184
　　二、运用新兴技术服务自然教育 …………………… 193
　第二节　自然教育的展望 …………………… 205

参考文献 …………………… 208

附　录 …………………… 213

第一章 绪论

第一节 自然教育的内涵

一、自然教育的概念

近些年，关于自然教育的研究多是理论、观念以及对儿童学校教育的意义研究。2015年，联合国教科文组织社会学习和可持续发展主席阿尔杨·瓦尔斯提出，自然教育是面向全体民众的，尤以青少年为重点。自然教育让人们更好地认识自然，理解自然，在自己的岗位上为保护自然尽一份力。也有学者认为，可通过自然教育增加公众对生活环境的认同和归属感，从而促使他们去主动保护周边的环境，关心当地的环境问题。

从字面上看，"自然教育"就是"自然+教育"。因此，在理解"自然教育"这个专有名词之前，我们需要先分别了解"自然"与"教育"各自的概念。

"自然"作为名词时，我们可以将其理解为自然界和自然现象，它大至宇宙，小至基本粒子，包括了一切物质世界和普遍意义上的生命，一般情况下我们可以将其简单地理解为自然环境；除此之外，其作为形容词时，我们可以将其理解为人或事物自由发展变化，不受外界干预，可以用成语"自然而然"来解释。"教育"一词，狭义上指学校教育；广义上指影响人的身心发展的一切社会实践活动。综合"自然"与"教育"的概念，我们就可从三个视角来理解自然教育。

首先，自然教育是对自然界的认识与实践活动。这一视角强调自然教育是以自然环境为内容，学习关于自然环境的知识和经验的教育。正所谓"园日涉以成趣"，人们通过关注自然中的细节，体味着和万物的共同成长。自然教育以形形色色的自然万物为教科书，以自然实物为教学素材，具有鲜活的真实性和丰富性。通过对自然界的认识与实践活动，可以更好地培养公众认识自然的能力，进而建立人与自然的联结，使公众在自然中学会尊重生命，树立生态的世界观，遵照自然规律行事，以期实现人与自然的和谐发展。

其次，自然教育是在自然界中的认识与实践活动。这一视角强调的是自然教育是以自然环境为教育背景，是在自然环境中的实践活动。自然教育的形式是体验探索、寓教于乐和自发创造，凸显了自然体验教育主题。通过这种实践活动，使受教育者在与自然接触的过程中掌握生态环境的基本知识、转变对人与自然关系的认识、调整对待自然生态环境的态度和价值观、增长维护生态环境平衡的技能。借助于体验实践的教育方式，受教育者能真正地深刻领悟到人与自然之间的内在联系，能自觉地提升自身的生态文明素养，在此基础上实现人与自然之间的和谐共生。

再次，自然教育是基于人的自由天性的认识与实践活动。以法国启蒙运动思想家、教育家卢梭为代表的自然主义教育流派主张教育的自然性，强调成功的教育应该是自然教育，是一种服从自然法则，并倡导让孩子进行自然而然的学习，重点在于脱离人的影响的学习方式。这一视角注重的是尊重人的发展与学习的自然天性，是一种自然而然的教育。

综合以上三个视角的解释，我们可以提出新的更加综合的自然教育概念：自然教育，是指人类在自然环境中去认识包括人类自己在内的自然界的一切实践活动的统称，是在自然中，以自然为师的实践活动，是人与自然彼此认识的过程。在这个实践活动中，人类既存在于实践活动的主体中，又存在于实践活动的客体中。受教育者在大自然的环境中，观察和摸索周围的环境，感受大自然的奥妙和美好，从而自发学会欣赏自然、尊重生命，培养可持续发展的绿色生活价值观，自主成为一个爱己爱人爱自然的公民。正如联合国教科文组织社会学习和可持续发展主席阿尔杨·瓦尔斯所表达的"我们最本质和最为重要的身份是人类。我们生活的本质目的并不是为了创造经济的利益，而是要在地球上作为一种物种能够繁荣地发展"。

倡导开展自然教育的目的就是通过有吸引力的方式，在自然中体验、学习关于自然的知识和经验，帮助人们更好地理解自然，认识人与自然的关系，遵照自然规律行事，从而实现人与自然的和谐与发展。此外，自然教育有助于推动生态文明建设。党的十八大以来，生态文明建设的思想不断丰富和完善，在"五位一体"总体布局中生态文明建设是其中重要的一项内容。而开展自然教育正是在公众意识层面进行生态文明建设的一个重要手段。

二、自然教育的构成要素

(一) 宏观产业视角

自然教育是人们认识自然、了解自然的有效途径，是生态文明建设的重要内容。同时，自然教育产业也是一个正在兴起的朝阳产业，自然教育的市场潜力巨大。作为一个新兴业态，从宏观产业视角看，自然教育作为产业的发展需要具备政府管理、市场运营与政策法规等要素的共同保障。

1. 政府管理

目前我国自然教育的市场更多是自下而上自发去推进的新兴市场，自然教育的顺利发展需要相应的宏观管理和顶层设计，使全社会深刻认识到自然教育的特殊重要性，切实增强抓好自然教育工作的责任感和主动性。第一，应深入开展自然教育中长期战略研究和基础理论研究，尽快建立并完善科学的自然教育基地绩效评估、组织管理、推广示范等工作机制，建立开放、流动、竞争、协作的自然教育人才新机制。第二，要充分激发自然教育主体活力，广泛凝聚多元力量，打造我国自然教育事业共同体。第三，应研究如何在保证自然教育公益性目标的前提下，充分发挥市场的动力作用，促进自然教育健康、持续地发展，在利益、公益、教育等多种要素中找到平衡点。

规范自然教育市场，通过综合措施，使自然教育健康发展，还需要自上而下的推动，相关部门应统一管理部署，相关协会与机构负责具体落实，制定国标、行业规范等。各级林业和草原部门要把自然教育工作摆到全局位置，纳入自然保护地工作内容；各类保护地要提高优质自然产品公共服务供给，提升自然教育的针对性和有效性；各级林学会和其他社团组织要大力开展各种形式的自然教育活动。

2. 市场运营

从市场运营角度看，要全面落实自然教育重点任务，各市场企业机构应适时推出种类齐全、内容丰富、影响深远的自然教育课程、路线、教材和特色产品等，做好系统管理运营服务，进一步激化和挖掘消费需求，使自然教育具有持续发展的内在动力。

3. 政策法规

开展针对自然教育的相关政策法规建设，是自然教育产业持续健康发展的重要保障。自然教育的实施需要多个部门的通力合作和相互支持，需要联合教育、自然资源管理和文化旅游等部门共同协作开展，相应的政策保障是活动中跨部门协同顺利开展的条件。

(二) 微观业务视角

从微观业务视角来看，自然教育的开展离不开三大基本要素，即自然教育场域、自然教育受众和自然教育从业人员与课程方案。三者通过"客体-载体-主体"的"三体"运行机理串联起来，从而构成了自然教育的基本内核，即"在自然环境中的教育活动"。

1. 自然教育场域

自然教育场域是最基础的外部条件。自然环境是自然教育的主体，开展一切形式的自然教育都需要有特定的场域条件,也就是说自然教育的开展必须依托大自然环境,任何照本宣科、纸上谈兵式的自然教育都不能称之为真正意义上的自然教育。

2. 自然教育受众

自然教育的客体是受众,自然教育归根到底是为了改善人们对自然万物的认知,从而达到人与自然和谐共生的统一状态。

3. 自然教育从业人员与课程方案

除了主体和客体,自然教育还需要通过一定的形式和引导来连接主体和客体,我们把这种连接称为载体,自然教育的载体包括自然教育的从业人员和自然教育课程方案。自然教育的过程需要专业的从业人员来引导受众群体感受自然、体验自然,从而激发受众形成尊重自然、保护自然的价值观念;自然教育课程方案是自然教育的手段和媒介之一,通过设计并针对不同类别的受众开展形式多样的课程,向受众群体讲述丰富多彩的大自然,也是自然教育的独特魅力所在。

三、自然教育的特征

(一) 顺应自然的实践过程

自然教育是作为自然界客观存在的人对自然界的客观认识的过程。首先,人类作为自然界的一部分,本应顺应自然规律,尊重自然环境;其次,人类的活动需要与包括人类在内的自然界形成和谐共生的局面,不能将人类凌驾于自然之上。因此,我们可以把自然教育活动的核心理解为:归于"自然",发展"天性",培养"自然人"。公众应该在自然中体验学习关于自然的知识和经验,建立与自然的联结,尊重生命,树立生态的世界观,遵照自然规律行事,最终实现人与自然的和谐发展。

(二) 全人类终身的学习行为

自然教育是让不同年龄段的公众参与其中的教育,是全人类的终身学习行为(图1-1)。因为自然教育是一个基于人与自然关系的学习和思考的过程,又因为作为自然教育活动主体的人类在不同的年龄阶段与自然界的交互关系表现出明显的差异性,这种差异性主要体现在人类对自然环境的"利用"程度的变化,从而导致了不同人群对自然界认识的差异化。因此,我们认为有必要对不同年龄段的公众开展自然教育,使不同的受教育对象在融入自然的学习中感受自然的存在,展开对自然的探索,建立与自然的联结,尊重生命,树立生态的意识,同时,通过自然教育增加公众对生活环境的认同和归属感，培养自身生态素养，从而促使他们去主动保护周边的环境，关心身边的环境问题。自然教育的成果主要是通过影响受教育者的行为来表达与阐释的，只有受教育者在社会生产与生活中努力践行生态行为，我们才可以说自然教育是有作用的。这样就体现了开展自然教育中"实践，认识，再实践，再认识……"的循环往复的教育逻辑。

图1-1 不同年龄段的自然教育学习

在自然教育的实践过程中，一方面，因为青少年是最容易接受教育，也是最容易发生改变的一个群体；另一方面，因为他们是国家的未来，对他们开展自然教育将具有更加持续的意义，所以当前自然教育的重点对象是青少年（图1-2）。自然教育能够增强孩子的自理、自立、自信、自强的能力，使之树立人与自然和谐相处的理念，这些将对孩子的自身发展具有重要的推动作用。就像理查德·洛夫（Richard Louv）在《林间最后的小孩——拯救自然缺失症儿童》一书中曾说："自然总是能给孩子一个更为广阔辽远的世界，这既不同于父母给予的亲情世界，也不像电视那样会偷走孩子们的时光，相反，她能丰富孩子的精神世界。"

因此，只有把自然教育融入育人的全过程中，才能为未来培养具有生态文明价值观和实践能力的建设者和接班人。

图 1-2 自然教育的重点对象是青少年

四、自然教育与相关教育形式的关系

(一) 自然教育与环境教育的关系

人口增长、现代科技和现代生产力的迅猛发展所产生的环境恶化问题导致了环境教育的应运而生,促使其产生的原始动机来自人类对自身生命与自然环境的关爱和珍惜。1972 年的联合国人类环境会议(图 1-3)上正式

图 1-3 1972 年的联合国人类环境会议

提出"环境教育"理念，并通过了第一个与环境教育相关的宣言——《联合国人类环境会议宣言》。1975年《贝尔格莱德宪章》(图1-4)的颁布对各国的环境教育都产生了深远影响，宪章中提道："应在正规教育及非正规教育中开展环境教育，环境教育应是所有人的普及教育。"

图1-4　1975年《贝尔格莱德宪章》

环境教育是以人类与环境的关系为核心，以解决环境问题和实现可持续发展为目的，以提高人们的环境意识和有效参与能力、普及环境保护知识与技能、培养环境保护人才为任务，以教育为手段而展开的一种社会实践活动过程。环境教育的基本要义是环境保护,旨在解决由资源耗费、生态破坏和环境污染等引发的环境问题,培养生态公民。

自然教育就是受教育者在大自然的环境中,观察和摸索周围的环境,感受大自然的奥妙和美好,从而自发学会欣赏自然、尊重生命,培养可持续发展的绿色生活价值观,是注重在自然环境中自发的形成与自然的联结而产生的自主地热爱自然、保护生态环境的一种教育类型。我们所倡导的自然教育是从被动学习向主动学习逐步变化的过程,这就使自然教育与很早就出现的环境教育有了密切的关系。我们可以认为自然教育作为环境教育的一个重要组成部分,是对环境教育在教育方式上由被动变为主动的提升形式,旨在自然的大环境中去主动认识、感知和联结自然。

(二)自然教育与学校教育、社会教育的关系

1. 自然教育与学校教育、社会教育

学校教育是在学校中实施的教育。学校教育是个人一生中所受教育最重要的组成部分,个人在学校里能够接受计划性的指导,系统地学习文化知识、社会规范、道德准则和价值观念。学校教育从某种意义上讲,决定着个人社会化的水平和性质,是个体社会化的重要基地。学校教育的特点为:有固定的场所、专门的教师和一定数量的学生,有一定的培养目标、管理制度和规定的教学内容。教育的初衷本是要促成人的全面发展的,要使人们各方面的能力得到均衡、和谐、自由的发展。但是,学校教育的标准化与固定形式,可能会导致在教育活动中出现过于模式化的情况。因此,需要学校教育以外的教育形式来弥补它的缺陷。

社会教育,广义指与学校教育、家庭教育并行的影响个人身心发展的社会教育活动;狭义指社会文化教育机构以及有关的社会团体或组织,对青少年、儿童和成人开展的各种文化和生活知识的教育活动。社会教育是学校教育的必要补充。在教育对象上,社会教育既包括未成年人,也包括成人;在教育内容上,社会教育既包括职业技能的培训,也包括丰富个人生活的教育等;在教育方式上,社会教育则有长期教学、短期培训、系列讲座、广播电视教育及网络授课等多种教学形式。尽管在整个教育体系中,社会教育处于辅助和补充地位,但其越来越显示出不可替代的重要作用。对成人来说,随着终身教育理念的提出,社会教育得到了蓬勃的发展,成为终身教育的组成部分。对青少年来说,良好的社会教育有利于增长知识、发展能力、丰富精神生活,也有利于进行思想品德的塑造。

自然教育,是让体验者在自然环境中,在劳动中接受教育;是解决如

何按照天性培养体验者，如何培养体验者释放潜在能量，培养如何自立、自强、自信、自理等综合素养的同时，树立正确的人生观、价值观，均衡发展的完整方案；是解决教育过程中可能出现的个性化问题，培养受益一生的优质生存能力、培养自立自强品质的教育模式。

因此，我们认为自然教育是学校教育与社会教育相结合的一种教育形式，其既属于学校教育又属于社会教育（图1-5）。同时，由于针对少年儿童开展的自然教育活动中往往包括亲子环节，因此自然教育也具备了家庭教育的功能：自然教育着重于品格、品行、习惯的培养；提倡天性本能的释放；强调真实、孝顺、感恩；注重生活自理和非正式环境下自主性学习习惯的培养。通过自然教育活动可以辅助课堂教育实现加强学生的生活自理能力、心理自制能力、生存适应能力、获取新知识的能力和交流合作的能力等目标。

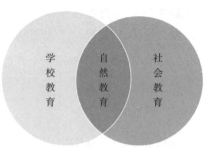

图1-5　自然教育、学校教育、社会教育的关系示意图

2. 学校与社会参与下的自然教育实践

在学校内部，自然教育不能仅仅依靠某一单一学科来进行教育，它需要通过学科渗透的方式借助多门学科来协同实施（图1-6）。也就是说，自然教育是一项需要由多个学科共同合作完成的教育任务。自然是一个涉及多个领域的复杂的研究对象，其问题的解决不仅需要自然知识学科的援

图1-6　学校内部自然教育

助，同时也需要人文社会学科伸出救助之手。与此同时，人文社会学科对生态文明建设的作用越来越大，实现经济社会可持续发展的关键在于对人的价值观念与行为方式进行根本性的变革。因此，只有多个学科共同协作，自然教育实践才能取得良好的效果。

在学校外部，自然教育的实施需要多个部门的通力合作和相互支持（图1-7）。正如石中英教授所言："教育领域面临的许多难题，虽然直接表现为教育内部的矛盾和问题，但往往有着更加广泛的社会背景和根源。"教育从来都是与经济、政治、文化、科技等社会子系统密切联系、相互牵涉的，因此，自然教育的实施需要联合教育、自然资源管理和文化旅游等部门共同协作开展。

图1-7 学校外部自然教育

第二节 自然教育的意义与作用

一、发展自然教育的必然性与必要性

(一) 自然教育产生与发展的必然性

自然教育之所以能蓬勃兴起，是因为它符合事物发展的客观规律，顺应了时代发展的潮流。从历史角度看，人与自然的关系似乎正在完成一个轮回：由盘古开天辟地人与自然的混沌"统一"，到工业文明冲击下人与自然的分离与对立，再到重新谋求人与自然的和谐共处，可以说正在完成从统一到对立再到统一的一次回归，但不是回归到原点，而是螺旋向上的回归。然而，要完成人与自然的和谐统一，困难重重，任重而道远。由于我们离开那个原始"统一"的时代太过久远，似乎已经忘记了如何恰当地与自然进行交流，进而达成和谐共处的愿望。因此，我们需要学习如何重新与自然"交流"，并进而实现人与自然可持续的"共赢"。这就是自然教育的根本意义及价值所在。

因此，要想更深入地理解自然教育的意义，我们就需要从"人与自然"的角度出发，站在历史的维度上，考察这二者之间关系的历史变迁，并辩证地思考二者之间的关系。

从人与自然关系的历史演化来看，人与自然的关系随着人类生产力的发展不断变化，以工业革命为界限可以分为两个阶段。对不同阶段人与自然的关系进行辨析，可以更准确地反映出人与自然关系阶段性特征的差异。

1. 从原始社会到工业革命

从原始社会到20世纪初，人类文明又可以进一步细分为"采猎文明""农业文明""工业文明"三个阶段。这三个阶段人与自然的关系各自特征鲜明。

采猎文明阶段，人类主要依靠直接攫取自然界现成的动植物来获取生活资料，原始的狩猎方式、简陋的生产工具，使得我们极度依赖于自然的"赏赐"，诸如图腾崇拜、宗教信仰等早期人与自然合一的观念与思想，都体现出人们对自然充满了感恩与敬畏。孔子有言："君子有三畏"。首当其冲就是"畏天命"。另外，在古希腊哲学中也有类似的观点，古希腊著名思想家、哲学家泰勒斯（Thales）认为水是万物的本源，即自然界的水创造了万事万物。这些都体现出这一阶段人与自然的关系是一种依附和顺应的关系，人类是自然的一部分。

到农业文明阶段，人类的生产能力和认识能力都得到了很大提高，人类与自然的关系由先前的"完全依赖"变成了顺应自然规律并利用自然的阶段，人类开始有意识地主动适应环境，而不是完全靠天"赏饭"。这一阶段，人与自然基本保持融洽的非对立关系。人类与自然的融洽关系让无数先哲们发现，云泥之别的自然环境，塑造出了迥然相异的人、国家和民族；古希腊先贤亚里士多德（Aristotle）曾说过，人的性质、气质、智慧由所居住的自然环境决定；法国启蒙时代的思想家孟德斯鸠（Montesquieu）在所著的《论法的精神》中阐述了自然环境特别是气候对人的心理、素质、情感、生理特征的影响；英国著名实证主义史学家巴克尔（Henry Thomas Buckle）的《英国文明史》

论述了自然法则对社会组织和个人气质的影响，并把个人和氏族特征归之于自然条件的效果；俄国哲学家普列汉诺夫（Георгий Валентинович Плеханов）也说，自然环境是人类社会的"第一个推动力"；澳大利亚地理学家泰勒（Griffith Taylor）认为"世界上天赋优厚的地区，可能给人类生活提供了许多不同的可能性；但在大约十分之九的地球陆地上自然发出了清晰的警告：这里太干、太冷、太湿或是太崎岖不平，任何定居者如果不顾这些自然的限制，就一定会遭受灾害。"

从 18 世纪中叶开始，人类先后经历了两次工业革命，进入"工业文明"阶段。对科学技术的大规模运用，使得人类利用自然资源的能力和规模大大增强，此时，人类对自然的关系由顺应转为征服。"人定胜天论"和"人类中心论"开始侵蚀自然在人们心中的地位。"人类中心论"摒弃了千百年来人类对自然的顺从，一切以人为中心、为人的利益服务。在掌握了一些自然规律后，人类自以为拥有了改变自然秩序的权利与能力，人与自然关系也从顺应自然转变成试图驾驭自然，进而走向"科技万能论"的极端。英国哲学家培根（Francis Bacon）认为，人类为了统治自然需要了解自然，科学的真正目标是了解自然的奥秘，从而找到一种征服自然的途径。"自由主义之父"约翰·洛克（John Locke）认为，人类应有效地从自然的束缚下解放出来，"对自然的否定就是通往幸福之路"。人类秉持这种思想，运用现代科学技术，开始在实践上大规模地向大自然"进攻"。于是，认为人类可以征服自然的"人类中心论"盛极一时，其核心理论观点——征服自然、主宰自然——直接导致了人类在对待自然时，呈现出意识上的片面性及实践上的简单粗暴。虽然工业化征服自然的实践为人类提供了大量物质财富，人类的生活质量得以提高，但这种"胜利"客观上助长了人类对自然不顾后果的掠夺和侵蚀，导致了生态环境的恶化，进而产生了自然一次又一次"报复"人类的恶果。人类迷失在自己所创造的工业文明进程中。

2. 从工业革命到现代社会

从"工业文明"到"现代文明"的过渡期间，环境问题日益突出，如全球气候变暖、臭氧层空洞、生物多样性减少、自然灾害频繁等一列问题的出现，使人类面临巨大的生存危机，人类逐步意识到有必要重新审视人与自然关系演变的历史，总结传统模式特别是工业化以来的经验教训，寻求经济社会发展的新模式。在这样的背景下，"人与自然和谐发展"理论为解决人与自然关系提供了一种新的思路。这种理论的形成经历了相当长的历史发展过程。20 世纪 50 年代以后，人们在经济增长、城市化、人口、资源等所形成的环境压力下，对"增长＝发展"的模式产生怀疑。1962 年，环境科普著作《寂静的春天》(图1-8),在世界范围内引发了人类关于发展观念上的争论。十年后,《只有一个地球》(图1-8)把人类生存与环境的认识推向可持续发展阶段。同年,《增长的极限》(图1-8)明确提出"持续增长"和"合理的持久的均衡发展"的概念。1987年,《我们共同的未来》(图1-8)正式提出可持续发展概念,并以此为主题对人类共同关心的环境与发展问题进行了全面论述。人与自然关系协调统一、共同发展,这正是可持续发展论的思想核心,它给人与自然关系这一传统的课题注入了新的血液,是对"人定胜天"观念的否定,也是中国古代哲学所推崇的"天人合一"思想在当代条件下的发展与升华。

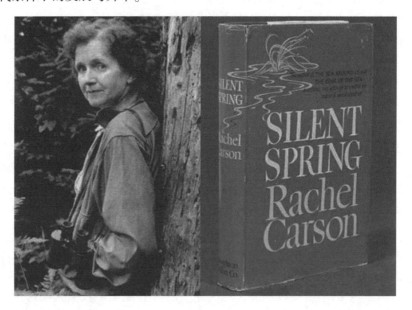

图1-8 《寂静的春天》《只有一个地球》《增长的极限》和《我们共同的未来》

第一章 绪 论

步入现代文明阶段,全球迅猛的城市化速度,使得城市人群的"自然缺失症"逐渐显现出来。"自然缺失症"是美国作家理查德·洛夫的畅销书《林间最后的小孩——拯救自然缺失症儿童》(图1-9)中提出的一个术语,就像需要睡眠和食物一样,人类也需要与自然的接触。"自然缺失症"不是一个医学概念。事实上,伴随着工业化和现代化的进程,去自然化的生活已经成为导致全球化时代人类共同的"城市病"的根本原因:在大自然中度过的时间越来越少,导致了我们一系列行为和心理上的问题。虽然我们在思想上已意识到亲近自然、回到自然的迫切重要性,然而,工业化和城市化之下的生存模式,不仅从时间和空间上掠夺了我们体验自然的机会,甚至逐渐让我们丢失了体验自然的能力。这反映出了人们的一种矛盾心理:生活在钢筋水泥城市环境中时极度渴望亲近自然,但是真正回到自然中时又感到无所适从,不知道如何与自然相处。

图1-9 理查德·洛夫和其畅销书《林间最后的小孩——拯救自然缺失症儿童》

(二)自然教育发展的必要性

在现代社会中,人与自然的关系越来越疏离,但同时又渴望亲近自然。人与自然的关系中交织着一种复杂的情绪,颇有一种"思而不得,念而不忘,想而不见"的感觉。具体在生活中体现在以下几方面。

1. 城市化和科技化挤压人们接触自然的空间

城市化是现代社会的重要特征之一,城市的扩张不仅侵占了大量的自然空间,而且在城市内部,自然也成为必须被改造和控制的对象。全国绿化委员会办公室发布的《2021年中国国土绿化状况公报》显示，2014年中国城市人均公园绿地面积仅为14.87平方米。在城市生活中，人们直接接触自然的空间越来越小，只能采用仿真甚至虚拟的方式假装感受自然。比如，用人造公园取代野外冒险，用浏览相册图集、网络游记的视觉信息输入取代五官的直觉感受。除了城市化的影响，现代科技对自然的控制也导致了"自在自然"①的缩小，是限制人们直接感知自然的另一重要因素。运用现代科学技术控制自然似乎在潜移默化之中变成了理所当然，在这种意识的驱使下，"自在自然"存在的空间越来越小。事实上，现代科技进步所付出的代价就是我们感官的电子化以及日渐萎缩的感觉能力。比如，空调的使用，让现代人丧失感受并适应自然气温变化的能力。

2. 电子媒介占据人们体验自然的时间

如果说城市化和现代科技对自然的控制挤压了人们接触自然的空间，那么，电子媒介的入侵则占据了人们体验自然的时间。当前，人们的闲暇时间大都已被电视、电脑、手机等电子媒介占据，"我更喜欢待在室内，因为只有室内才有电源插座"成为多数人沉迷电子媒介、拒绝拥抱自然的真实写照。中国社会科学院发布的《休闲绿皮书：2018—2019年中国休闲发展报告》显示，中国人平均每天花费在看电视上的时间达到100分钟；德国一家数据统计公司调查也显示，中国人每天刷手机的时间为3小时，居世界第二。电子媒介的入侵在"自然缺失症"形成的过程中扮演了重要角色，长此以往，我们不知不觉就失去了直接体验自然的能力。

3. 分科化教育弱化了人们整体感知自然的能力

现代学校教育是按照分科体系建构的，在分科体系下，教育已经不再遵循人类感知自然的"整体逻辑"，而是遵循学科或考试的"模块化逻辑"。这种分科化的教育虽然加速了人们掌握理论知识的速度，但零碎的知识片段而非一个有机的整体，使我们远离了真实的世界，最终的结果是科学知识难以转化为有效的生活技能。春秋时期，鲁班因为进深山砍树木时手被茅草的叶子划破，鲁班观察叶子两边锋利的小齿后受启发发明了锯子；瑞士发明家乔治·米斯特劳，带着他的猎狗在森林中漫步，返回时发现狗身上粘满了带刺的苍耳子，米斯特劳观察苍耳子的刺之后受启发发明了由钩和毛两种结构组成的魔术扣。但是现代，即使几乎所有人在学校都知道叶子中含有叶绿素，但又有多少人知道叶子或是苍耳子的真实形状？大自然不仅是人类知识的宝库，更是人类创新的源泉，然而，在我们追

---

① "自在自然"这一概念出自马克思主义辩证自然观，指的是人类活动尚未作用过的自然界，这包括人类世界出现之前的自然界和人类世界产生之后但人类活动尚未涉及的那部分自然界。

求快速掌握抽象科学真理的时候，却无意间剔除了蕴含着真理的具象世界。在学校教育中，涉及感知自然的科目有小学的科学，中学的物理、化学、生物和地理等课程，但这些课程仅仅是认识自然的某个方面，缺乏对自然的整体感知和亲近。长期分科化的教育也导致很难找到自身有足够博物学知识的教师来引导学生。因为博物学教师的培养关键在于其亲身经历和体验，而不是系统化的知识学习。最理想的培养方式是在与自然的天然关系中，用足够的时间去探索，但这样的经历显然是现代学校教育无法提供的。

4. "焦虑"滋生了人们对接触自然的担忧

一般而言，人类的焦虑会受到生理、心理和文化三种因素的影响。然而，在现代社会中，"焦虑"已成为一种被少数所谓"公知"或"精神领袖"塑造出的亚文化，不明真相的人们就在这种亚文化的放大镜下观察这个世界。尽管个体实际上比以往任何时候都要安全，但人们依然感觉到处充满了危险，在"焦虑文化"的催生下，一种以安全为核心的"新准则"诞生了。当安全成为一种人们热烈呼吁并自觉遵守的"新准则"之时，人们就必定要禁止各种创新性和有挑战性的活动，从而形成"不能容忍自然冒险"的氛围。另一方面，现在的我们之所以对接触自然(特别是自己的小孩接触自然时)产生巨大焦虑，还与我们所持的自然观有密切关系，即自然代表着不确定和尚未征服的世界，在追求确定性和可控性的强大驱力之下，我们会不断地夸大自然的危险性。事实上，对安全的过度关注以及错误的自然观，必然导致我们与自然成为对立面，将自然接触视为不符合管理规则的行为。此时，所有的一切似乎都在向人们(尤其是未成年人)传递一个信号：自由的户外玩耍是不受欢迎的，在草地修剪整齐的小区公园或学校操场上活动才是唯一得到认可的户外游戏形式。

综上而言，人类在工业文明之下所养成的工作方式、生活习惯等一切生存模式，在"现代文明"阶段已不足以应付新的人与自然关系。当人们习惯了与静态的、程序化的工业化产品进行机械式的交互后，要我们重新与千变万化甚至难以预测的自然进行交流时，难免会产生进退失据的感觉，而这也从另一个方面揭示了自然教育的意义所在。从这个层面思考，我们需要认识自然、了解自然，并且学会如何才能够与自然和谐共处，进而与自然重新建立"交流"。

二、自然教育的双向作用

在现代社会中，有不少人都在追求所谓的梦想，为梦想打拼，而原始的心性也慢慢被自身淡忘。当文明在一定程度上变成生命的重负时，人们就需要自然教育来激发自己生命的活力，保持生命的健全与和谐。因此，通过自然教育激活我们的自由性与独立个性，释放天性，是自然教育对每个人全面发展的功能作用所在。其次，自然教育的作用不仅仅体现在"人"这一单一客体，对自然本身也同样有着不可替代的作用。

(一) 自然教育对人的作用

1. 自然教育对未成年人的作用

首先，自然教育有助于改善注意缺陷与多动障碍(ADHD)(以下简称多动症)。儿童是多动症的高发群体，多发于7岁前，通常在8~10岁时才能被诊断出来。多动症具有注意力难以集中、烦躁不安、动作过多、行为冲动、学习困难、品行障碍等多种表现。美国伊利诺伊大学人类与环境实验室的沙利文(William Sullivan)等研究员开展了一项针对7~12岁多动症儿童的研究，调查内容包括孩子平时喜爱的活动，既有诸如钓鱼、野营、划船之类的户外绿色活动，亦有像看电视、做作业、玩电子游戏之类的室内非绿色活动。该研究发现，孩子周围的绿色植物和自然空间，哪怕是透过窗户看到的自然景观，都有利于缓解多动症。自然环境越大越绿，越有利于缓解多动症。与用水泥、沥青、瓷砖铺就的室内或室外空间相比，绿色环境更能使多动症儿童集中注意力。在缺乏绿色的室内或室外空间中活动，更有可能导致多动症儿童陷入更糟糕的境地。环境心理学家路易丝·乔拉(Louise Chawla)教授指出，自然对人的精神集中力、心态健康和创造力有着积极的影响。多动症儿童的父母也多会发现，孩子在户外活动时，其多动症会有一定程度的缓解。户外的绿色空间拓宽了儿童的注意力范围，倘若儿童从绿地较少的区域搬到绿地较多的区域，那么其认知能力会有很大程度的改善，其思考会更清晰，注意力也更集中。

其次，自然教育有助于青少年抑郁症、焦虑症等精神障碍疾病的治疗。人类在户外的直接体验正在锐减，而在室内的间接体验(如看电视、玩手机等)却日益盛行，甚至达到前所未有的程度。美国卡内基梅隆大学开展的一项研究表明，每天花数小时上网的人会比那些不怎么上网的人更容易变得抑郁、孤独。一百多年前，美国教育家约翰·杜威(John Dewey)就告诫人类，在儿童时代过度推崇间接体验，容易导致儿童在进入青年阶段后丧失个性和自我。当今时代的青少年几乎每天都在进行长时间的间接体验，因而面临着极高的迷失自我和丧失个性的风险。

最后,接受必要的自然教育有利于锻炼孩子的身体协调能力,使孩子更善于运用身体特质。丹麦的一项研究对传统幼儿园和"自然幼儿园"①进行了比较。研究过程中,"自然幼儿园"的孩子几乎全天待在户外。一年后,研究人员发现,"自然幼儿园"的孩子比传统幼儿园的孩子更善于动用身体特质,且更为机灵活泼,更乐于创造新游戏,更富有创造力。瑞典的一项研究比较了两所环境不同的幼儿园:一所幼儿园四周高楼环绕,园内设有砖砌的人行小道、水泥砌的玩耍空间和少量矮小的灌木。另一所幼儿园位于有众多绿树和草地的果园中,周围是美丽的花园和各种各样的岩石。该幼儿园坚持"无论何种天气都待在户外"的施教原则,即无论是刮风下雨还是风和日丽,孩子们都在户外活动或学习。结果表明,与前一所幼儿园相比,后一所幼儿园中的孩子注意力更集中,运动协调能力更强。

2. 自然教育对成年人的作用

首先,接受必要的自然教育有助于缓解成年人感官能力退化。在科技产品盛行的年代,不仅仅是儿童,成年人也大多对渗入人类生活各个方面的科技产品有着天然的喜爱。相关研究发现,充斥着我们日常生活的电脑、手机和高清电视,是导致人类感官能力衰退的一个重要原因;在最缺乏自然或自然遭受最严重破坏的地方,人的感官很容易变得空洞、麻木,进而让人产生隔绝感和压抑感。英国小说家劳伦斯(D. H. Lawrence)以敏锐的洞察力和犀利的笔触,形象地描绘了现代科技世界的弊端:"世界犹如棒棒糖,被透明纸严严实实地包裹起来,虽看得见,却让人难以触及。"芜杂的科技产品犹如色彩绚烂的透明纸,将真实的世界包裹得严严实实,让人难以去闻、听、品尝、触摸,进而慢慢地异化和扭曲着人类的各种感官。有人不无夸张地声称:互联网已取代了森林、河流,但电子产品或电子制造的环境是不可能真正刺激所有感官的。爱德华·里德(Edward Reed)在其著作《体验的必要性》(《The Necessity of Experience》)中写道:当今人类花费了太多金钱、时间和精力,却只是为了让世界上任一角落的人能共享一点点无关紧要的信息;人们对这个世界本身了解、体验得太少,甚至没有,人们"开始丧失直接体验世界的能力,'体验'这一词汇对我们来说已变得十分空洞,我们在日常生活中的体验已经枯竭"。"丧失直接体

---

① "自然幼儿园"指的是以自然为核心的幼儿教育。其定义有以下三个特征:自然主题和日常的自然探索活动是自然幼儿园活动的核心;自然幼儿园的整体规划必须同时致力于满足幼儿教育(ECE)的高标准要求和践行环境教育(EE)的典型准则;自然幼儿园支持儿童双重目标的发展,即发展目标和学习自然保护价值。

验世界的能力",意味着人们对大自然的基本体验太少,即亲身去看、听、闻、品尝和感受自然的经历太少,也意味着人们的各种感官能力正在退化。自然教育强调受众通过借助"五感"与大自然进行接触,激活人们感知自然万物的本能。受众在参与自然教育活动的过程中,通过眺望壮美的山川河流、聆听悦耳的鸟语虫鸣、抚摸大树的躯干、呼吸泥土的芳香,全身心融入自然的怀抱,唤醒身体本能的感官知觉。

其次,接受必要的自然教育有利于缓解成年人精神紧张。自然被视为疗愈精神问题的最佳场所,接触自然有益于治疗、辅助治疗或预防抑郁症等精神障碍,但这一点常常被人忽视。接触自然是缓解人们精神压力的一个行之有效的方法。卡恩(Peter Kahn)在《人与自然关系:发展与文化》(《The Human Relationship with Nature:Development and Culture》)一书中指出,100多项研究均证实,在自然界中休闲的一个主要好处就是减少压力。而压力往往是抑郁症等精神障碍产生的根源。康奈尔大学多位环境心理学者的集体研究成果表明,家中及其周边的自然风景对促进人的心理健康起着重要作用。例如,住在能观赏到自然景观的房间中,更能缓解压力,预防压力所导致的精神障碍。纽约州立大学人文生态学院助理教授韦尔斯(N. M. Wells)及其同事埃文斯(G. W. Evans)通过调查居住在郊区的群体发现,自然环境对其精神健康有很大影响。其研究结果是:就抑郁症、焦虑症等精神障碍的发病率来说,与居住在自然景观单一、匮乏之地的人群相比,居住在自然景观丰富多样之地的人,患上因压力而生的精神障碍的概率更低;居住地附近哪怕有一块具有一定规模的自然空地或绿地,也有助于释放压力,从而走出精神障碍。美国《独立宣言》的签署者之一兼心理健康研究先驱本杰明·拉什(Benjamin Rush)宣称,挖土对治疗精神疾病有良效。雷切尔·卡森(Rachel Carson)曾说,常思大地之美的人,能终生从中撷取生命力量。自然如同一座心灵港湾,在不愉快时投入其怀抱,你会静下心来不再焦虑和忧伤。

最后,自然教育还有可能促进成年人道德品质的提升。在美国诗人爱默生(Emerson)看来,自然就是人类的美德教师。那么,我们该如何理解这一观点呢?其一,自然是一座训练判断力的学校。自然可以帮助我们认识真理,教给我们有关差异、相似、本质与表象等必要的知识,从而培育准确的判断力,而判断力正是一切美德的基础。其二,自然中蕴含着丰富的道德法则,可以让人们潜移默化地学习道德。虽然自然中的事物千变万化,但它却总是与某种精神本质维持着一种不间断的联系,诸如"落红不是无情物,化作春泥更护花""不要人夸好颜色,只留清气满乾坤"等千古绝句，无一不在告诉我们自然会以其独特的形式向人们揭示道德的法则，我们要做的就是用心去领悟。其三，自然维护着一种"纪律"，并能够传递给人类。从古人总结的"十二月令""二十四节气"，到现代科学对不同领域自然规律的不断发掘，人类的命运之轮和生命源泉，无不依照自然的运行规律而设定，这种"纪律"需要我们在与自然相伴的漫长岁月中细心观察，留心总结，进而对这些"纪律"产生敬畏感，进而在社会交往中也能够明白"没有规矩不能成方圆"的道理，自觉地遵循社会运行的法则。

(二) 自然教育对自然本身的作用

在现代社会中，要想推进"可持续发展"的理念，环保事业的从业者是非常重要的一股力量。研究表明，在自然环境中的自由体验是促使青少年踏上环保之路的重要因素。早在 1978 年，美国艾奥瓦州立大学托马斯·坦纳(Thomas Tanner)教授就研究了促使环保主义者产生的相关因素。通过调查有所成就的环保工作人员和环保管理人员，坦纳惊奇地发现，最初影响他们走上环保之路的，竟是其小时候在乡村尤其是未开发的荒野中的自由体验。2006 年，康奈尔大学专门就环保主义者的童年经历展开研究发现，他们对自然环境的关心和保护，直接源于其 11 岁前所热衷的钓鱼、徒步、游玩、打猎等野外活动。

上述两项研究结果表明，一旦儿童普遍地疏远自然，那么未来的环保力量将变得极其薄弱，生态环保事业恐怕难以为继。因此，通过开展自然教育活动，将环境保护、资源保护等生态意识潜移默化地传达给受众，让人们在体验自然四季的变化中建立人与大自然的联结，让参与者对自然与环境保护有更加深刻的认识，使得科学的环境保护意识逐渐深入人心，同时也能加深人们对资源管理机构的理解。

综上而言，自然教育与以往传统教育的不同之处在于，传统的教育往往都是具有单一的服务目标主体，或是满足个体的求知需要，或是满足社会发展的技能需要，总之，一切教育活动都以"人"为服务对象。而自然教育所强调的人与自然关系重构，追求人与自然和谐共生，则决定了其具有两个服务对象，即"人"与"自然"，是以追求人的身心健康和自然的稳定运行为共同目标的教育活动。人们需要踮起脚尖来摸一摸小树的叶子，下雨时蹲下来看蚂蚁搬家，追逐空中翩翩起舞的蝴蝶。在自然中嬉戏时，人们所有的感官都得到伸展和纾解，拂面的微风、花儿的缤纷、浆果的香甜、昆虫的鸣叫……这是我们在书本上、电视上感受不到的。接触才能了解，了解才能热爱和敬畏，只有热爱和敬畏才会珍惜。

三、我国自然教育的公众需求及发展趋势

(一) 我国自然教育的公众需求

近年来，随着我国经济社会的发展和老百姓生活水平的不断改善，越来越多的人开始关注更高层次的生命需求。自然教育作为一种塑造人类精神、丰富人类情感的新型教育形式，能够促进人们满足自我实现需求，受到了极大的社会关注。当前，我国自然教育公众需求的表现形式主要有：青少年发展需求、公众生态素养需求、公众健康需求等。

1. 青少年发展需求

2018年召开的全国教育大会上，习近平总书记讲道："培养什么人，是教育的首要问题。"近些年，我国越来越重视自然教育行业的发展，2014年8月在厦门举办了第一届全国自然教育论坛，论坛指出了三个目标，首先提出要为了儿童的身心健康发展，建立儿童与自然的联结，靠近自然，与自然做朋友；其次，要帮助青少年认识自然中的发展规律，培养与自然的感情，并且去实际参与一些活动；最后，为了能给公众更好地参与自然生态的保护提供条件，要培养自然解说员。自然缺失症是由美国作家理查德·洛夫提出来的，他认为由于与自然接触的时间非常少，孩子们对陌生环境的适应能力、洞察力、创造力、想象力以及独立解决问题的能力开始弱化，他们的想象、探索、感知也开始钝化，对生命的敬畏感正在逐渐弱化。同时他提出人与自然的关系正在疏远，电视、电脑等电子产品、互联网等新的媒介形态正成为阻碍人们亲近自然的因素。逐渐地，人们开始注意到接触自然和亲近自然对孩子成长发育的关键作用。因此，亲近自然、在自然中成长成为众多自然教育工作者和儿童家长的一项重要任务，在这种趋势下，自然教育迅速在各个国家发展起来。然而，在我国，不仅孩子们缺乏与自然环境的接触，大学生及其他成年人由于学业或工作的压力，也没有足够的时间去到自然中，因此自然教育对成年人的普及也是非常重要的。

2. 公众生态素养需求

人和自然是无法分割的有机整体，人类应该尊重和保护自然。党的十九大报告中明确提出了要加快生态文明体制改革，建设美丽中国的目标。公众生态素养的提升是生态文明建设中非常重要的一环，而面向公众的自然教育是公众生态素养提升的一个可行的途径。在这样的背景下，自然教育得到了广泛关注。自然教育能够帮助人们了解自然、热爱自然，并主动保护我们身边的绿水青山，助力社会与自然的和谐共赢及生态文明的建

设。此外，自然教育的开展不仅能提升公众的环境素养，也间接提供了终身学习、休闲游憩的机会与场所。

2019年4月，国家林业和草原局(国家公园管理局)发布《国家林业和草原局关于充分发挥各类自然保护地社会功能，大力开展自然教育的通知》，2019年11月第六届全国自然教育论坛在武汉召开……虽然现在自然教育展现了蓬勃发展的态势，并且公众也对其有了一定程度的认知，但目前仍然存在人才培养薄弱、发展模式缺乏创新等问题，自然教育任重道远。

3. 公众健康需求

我国城市环境恶化已经引发了多方面的健康危机。城市生活与自然高度隔绝，城市居民生活节奏越来越快、精神和生活压力越来越大，种种不利因素常常诱发形成酗酒、吸烟等不健康的生活方式，引发亚健康状态和各种身心疾病，甚至造成社会矛盾。2020年，世界卫生组织总干事谭德塞·阿达诺姆(Tedros Adhanom Ghebreyesus)指出，全球有近10亿人受到不同程度的精神健康问题影响，平均每40秒就有1人死于自杀。与此同时，城市居民活动范围日趋缩小，出行方式逐渐机械化、公共空间中自然景观匮乏等趋势也都在助长多种健康问题的滋生。中国未成年人超重率及肥胖率分别从1981年至1985年的1.8%和0.4%攀升到2006年至2010年的13.1%和7.5%；成人超重率也在2010年就高达30.6%。另外，在中国大陆城市，快速的工业发展，空气和工业污染也毋庸置疑地扮演着健康杀手的角色。2013年，污染程度较重的华中及华东地区年平均雾霾天数已接近36天。从全国来看，平均每年有35万~50万例死亡可归咎于户外空气污染。矿业和电子垃圾处理等高污染行业更是威胁着其周边城市居民的生活环境。当生机盎然的绿色在城市中被钢筋混凝土和金属的灰黑色所取代，人们的健康绿灯也面临熄灭的威胁。

(二)我国自然教育的发展趋势

在自然环境教育缺失的大前提下，我国也像其他先驱国家一样，循序渐进地开展了一系列自然教育活动。早期的自然教育主要是在儿童和中小学生中通过课程和户外实践等方式进行，倡导民众热爱自然，与大自然和谐相处。近年来，我国的自然教育率先在北京、上海、广州等大城市有了一定增长，其融合了国外的模式，以"教学+自然学校+自然体验"的结构逐渐发展。然而，着眼于现在，我国自然教育的发展依然存在很多需要进一步完善的地方。其一，学校内部的自然教育仍然是理论多于实践，且自然学校思路较窄，形式较为单一，实践后劲不足。其二，很多家长们不愿意让自己的孩子加入这样的学校，这对自然学校的发展形成了障碍。此外，自然教育的硬件和人才资源仍然存在缺陷，仍与美、日、澳、韩等国家的实践存在较大差距。但在未来，我国将存在着由政府、非政府环境组织、社区、保护地甚至企业等多方联合开展自然教育的机遇，人才和志愿者的加入有望为其带来新的活力。

我国自然教育机构分类

《2018自然教育行业调查报告》显示，2010年以来，中国的自然教育事业迎来重大发展机遇，自然教育机构呈现井喷式发展的态势。目前，自然教育机构主要集中在北京、上海、四川、广东、浙江、福建。

根据2018年中国自然教育行业调查，按照机构的运营方式，国内的自然教育机构分为八大类：以自然教育作为核心发展目标的自然学校(自然中心)类组织机构，以自然教育作为机构发展重要项目而存在的生态保育类组织机构，观鸟协会、植物观察协会等民间团体协会组织的自然观察类组织机构，在户外活动或旅行方案中融合自然教育内容的户外旅行类组织机构，农牧场类组织机构，博物场馆类组织机构，公园游客中心与保护区类组织机构，以及融合自然教育内容的艺术、科普等其他教育类型组织机构。

调查结果显示，自然学校(自然中心)类型的机构数量最多，主要服务对象目前以小学生、亲子家庭以及3~6岁的儿童为主。自然教育机构能够为社会公众提供多种类型的自然教育服务，主要有自然教育体验活动、解说展示、旅行规划等。在参与调查的所有机构中，针对团体类型客户(如政府、企业CSR部门、同行、学校等)所提供的自然教育活动类机构承接服务占比最高，达到34%；其次是提供项目咨询，譬如项目设计、课程开发等。

第二章 自然教育的发展历程

第一节　国外自然教育的起源与发展

一、国外自然教育的起源

谈起自然教育的起源，有人认为自然教育萌芽于亚里士多德的自然教育体系；有人认为自然教育的兴起与18—19世纪提出的环境教育等有密切联系。虽然难以确定自然教育的准确起源，但有两个重要的节点能说明自然教育的发展。

第一个要提及的重要节点是1762年，法国18世纪启蒙思想家、教育家卢梭(Jean-Jacques Rousseau)在《爱弥儿》(图2-1)中提出教育的目的在于使人成为自然人，即"依照自然的顺序""信任自然""以自然为唯一的圣经""遵从良心者即是遵从自然"。他批评封建教育不顾儿童的天性发展，抹杀了儿童与成人的区别，硬把对成年人适用的教育强加于儿童。卢梭强调教育需要考虑儿童的年龄特征，婴儿期主要进行体能培育；儿童期处于理智休眠期，这时的儿童还不能思考，除加强儿童的健康和身体发展外，应把感觉教育放在首要位置，这是智育的先决条件；少年期主要进行智育和劳动教育。智育的目的不在于传授系统科学知识，而在于发展儿童获得知识的能力，激发他们对所学知识的兴趣和热情。卢梭认为，在选择学习对象的时候，应当以儿童的兴趣为标准，所以爱弥儿的大部分课程是在自然界中进行的。卢梭对劳动教育也非常重视，他希望儿童能够像农民那样劳动，像哲学家那样思想，那才是真正自由的人。此外，他反对经院主义教育①，强调应当在活动中学习，主张通过各种活动，发展儿童的感官，丰富他们的感性经验并将其作为儿童理性活动的基础。卢梭的自然主义教育思想提倡"顺应儿童的天性"，根据儿童的不同发展阶段实施教育。这在西方教育史上产生了巨大而深远的影响，被看成是新旧教育的分水岭。卢梭不仅影响了与他同时代的德国哲学家康德(Immanuel Kant)，也影响了稍晚一点的瑞士教育家裴斯泰洛奇(Johan Heinrich Pestalozzi)，更影响至20世纪初意大利儿童教育家蒙台梭利(Maria Montessori)和美国实用主义教育家杜威(John Dewey)。此外，卢梭的自然主义教育理念在美

---

① 经院主义教育指的是欧洲中世纪天主教学院进行的深受经院哲学影响的教育，又称教育上的经院(主义)习气，主要代表人物为意大利神学家和经院哲学家托马斯·阿奎那。经院主义教育的主要特征是教条主义、形式主义，其教学严重脱离了生活实际，埋头书本、呆读死记的教学方法大大地束缚了学生的思维和创造力的发展。

国工业革命早期被夏令营先驱者应用到夏令营中,为美国的夏令营文化奠定了根基。

图2-1 卢梭及《爱弥儿》一书

卢梭的自然教育思想与目前流行的自然教育出发点不是完全相同。卢梭的自然教育思想主要是以顺应孩子天性发展为目标进行教育,目前流行的自然教育则更注重在自然的保护层面开展教育;前者强调了"使教育服从大自然的法则",后者则重视自然环境在教育中的作用,以及关于环境价值观的教育。

第二个重要节点事件是1892年,苏格兰植物学家帕特里克·盖迪斯(Patrick Geddes)博士在爱丁堡建了一座瞭望楼,供学生观察、学习自然教育使用。通常认为,他是第一位在环境与教育之间架起桥梁的人物。

自然教育是环境教育的一部分,但是两者的教育场所不同,前者在自然中开展教育,后者的教育场域更为广泛,不仅包括自然,而且包括人工环境。早期的自然学习、乡村学习、自然研究、户外教育、保育教育等活动成为今天的自然教育的萌芽。

二、国外自然教育的发展

(一)德国

世界上第一所"森林幼儿园"于20世纪50年代成立于丹麦(图2-2)。到20世纪90年代,森林幼儿园开始在德国快速发展,后被陆续推广到北美和日韩。目前,德国的森林幼儿园共有1500多家。这些幼儿园里的孩子们,几乎整天都在森林里度过,爬树、玩泥巴、踩水坑,用木头、树枝做各种装饰和工具等,不接触现代电子玩具,也不学算数和认读。德国的家长和老师们认为,德意志人是从森林里走出来的民族,森林是大自然的象

图2-2　丹麦的妈妈带着孩子森林徒步游戏

征。培养孩子热爱森林、敬畏自然的精神，会让孩子的一生充满灵性，懂得抵抗无穷欲望，享受单纯质朴的快乐。

1. 教育立法

联邦德国[①]的幼儿教育不属于国家规定的义务教育范围，幼儿园也不归教育行政部门管辖，而由私人、社会团体和福利组织开办。因此，国家不要求每个幼儿在入小学前一定要入幼儿园，从而使得幼儿园入园率不高。随着世界各国学前教育的不断发展，联邦德国政府产生了紧迫感，开始加大力度来促使幼儿园入园率提高。1990年，德国实现了统一，学前教育的发展也有了法律的保障——《儿童与青少年福利法》（以下简称《福利法》）。《福利法》规定：幼儿园的作用在于为学龄前的儿童提供教育与保育的双重呵护，基于幼儿及其家庭本身的需要而提供合适的教育，促使其身心健康成长，最终为其成为具有社会责任感的良好公民打下基础。在《福利法》的保障下，经过长期的发展，德国的幼儿教育事业取得了极大的进步，逐渐跨入世界的前列。

2. 教育实践模式

德国自然教育实践模式主要是："森林教育+主题教学"模式。德国崇尚自然教育，早在幼儿教育时期就引入自然教育，孩子可以到原始森林上课，在自由、放松的状态下，培养孩子的探究欲望，如认识大灰熊的脚印、看蚂蚁如何搬家等。这些森林幼儿园里的孩子，无论刮风下雨，每天早晨都到"森林教室"学习，只有在少数格外恶劣的天气里，孩子和老师才会钻进露营帐篷或木头建的小教室暂时躲避一下。上小学后，学校虽然不

---

① 德意志联邦共和国在两德统一前简称联邦德国或西德。

再把森林当教室，但也会不定期组织学生到野外去学习，并按一定的主题进行实践活动，如探究某类植物的生长、学习在某种环境下的生存能力等。高中毕业时，德国还要求高中生在生物、历史、艺术、德语四个科目中同时完成以"自然"为主题的专业论文或作业。

3. 教育的内容和方式

德国没有全国统一的改革方案或大纲，因此森林幼儿园中亦没有固定的课程，教育内容以体验性活动为主，主要有游戏活动、生活教育、环境教育、语言教育、音乐教育、美术教育、劳动教育，等等。同时，实行混龄编班的方式，在森林幼儿园中一般以3~6岁混龄为主，教师根据实际情况将幼儿编成不同的小组，并通过小组对话的方式与不同的幼儿进行交流，给予指导。当幼儿提出一个与课程初步相关的问题后，老师就会意识到这个问题也许可以成为下一个课程内容，会针对这个话题与幼儿进行更深入地沟通，并鼓励幼儿积极地去探索。

德国的森林幼儿园并没有专门的园所，仅有一个作为活动基地的简易活动室。通常，安装在轮子上的小木屋即是德国森林幼儿园中最常见的简易活动室。它通常会被拖到一个离森林入口不太远的地方，也就是家长接送孩子的会面地点。它有足够大的空间，可以容纳整个活动小组进入，并备有加热设备。如碰到极端恶劣的天气，还可以在这个简易活动室内进行活动。存储在这里的有工具和材料，比如，刀具、绳索、备用的衣服、书籍、油漆、刷子、钢笔、剪刀和纸等。一些森林幼儿园也会在温暖的天气里将圆锥形帐篷当作临时的活动室。在选择户外活动场地时，德国的森林幼儿园首要考虑的是景观结构的多样性、可及性、安全性，以及是否具有良好的移动电话网络设备，以便于在紧急情况下可以与外界取得联系；其次，要有能直接接触的干净水源，如溪流、池塘，以及不同类型的地质，如沙子、泥土，以便于为幼儿的体验与探索提供可能性。因此，德国的森林幼儿园一般会在村庄或城市的边缘进行选址。

德国是世界上森林幼儿园最多的国家之一，森林幼儿园在德国盛行源于几个有利条件。其一，德国的幼儿园不属于国家教育系统，不受国家约束，国家和地区政府也没有规定幼儿园的教育大纲和教育方法，而由幼儿园的开办者自行决定幼儿园的教育大纲和教育方法，各个州的青少年福利局负责幼儿园的开办与日常监督管理工作。因而，人们有充分的自由兴办森林幼儿园，而不需要受到各种政策的限制。其二，德国的幼儿园一直遵循着"教育要适应自然"的办学原则，让儿童在大自然中尽情探索，实现儿童身心的全面发展。在德国，家长也积极投身于森林幼儿园的建设行列，主动地为自己子女就读的森林幼儿园出谋划策，不求回报地贡献着自己的力量，致力于促进森林幼儿园的蓬勃发展。其三，德国拥有着得天独厚的地理环境和丰富的森林资源，三分之二的领土均被森林所覆盖，从而为森林幼儿园的兴办提供了场地。在诸多有利条件下，德国的森林幼儿园发展迅速，并成为世界上拥有森林幼儿园数量最多的国家之一。

（二）美国

美国自然教育的实践最早源于19世纪30年代的露营教育（Camping education），直至20世纪70年代随着环境问题接连发生，美国生态环境以及教育等部门更加重视并强调在户外实施解决环境问题的教育。美国各州现已有3000个户外自然教育中心，全国几乎所有的博物馆、国家公园、森林、湿地等场所都分别承担着对中小学生的自然教育任务。"请进来、走出去"的教学方式，把学校教育与自然体验活动有机地结合起来，形成了完善的自然教育体系。

1. 教育立法

美国是世界上最早将环境教育以立法的形式公布的国家。1970年，美国颁布第一部《国家环境教育法1970》，将全国的环境教育纳入正规化道路；1990年，又颁布了《国家环境教育法1990》，标志着美国环境教育立法进入了成熟阶段。此外，美国国会民主党和共和党议员联合递交了《2013环境教育法增补提案》，提倡引导孩子进行户外学习和实践，发现自然的奇妙。

2. 教育实践模式

美国的自然教育实践模式主要是"教学+自然学校+项目"。美国学校内开展的自然教育体验课，在各种贴近生活的实践活动中（包括参观国家公园等保护地活动）帮助学生学习认识自然以及教授保护环境的相关知识。美国各个阶段的学校都设有许多自然教育课程，在"小升初"前，所有的孩子都要参加"自然课堂"。有的学校会安排野外生存训练，不论天气再恶劣也风雨无阻。其中，"4H教育"较为流行。"4H"就是"Hand""Head""Health""Heart"四个单词首字母的合称，即教育强调"手、脑、身、心"的和谐发展，鼓励孩子们从大自然和日常生活中撷取知识和掌握技能，进而在生活中创建积极的人生观。

同时，美国也成立了自然学校，针对不同认知程度的孩子设计系统的、体验式的课程，让孩子在大自然中通过观察、动手等一系列自主的学习方式去探索、感知自然的魅力和获取知识的乐趣。例如，美国很多农场作为自然学校的教学场地，通过在农场亲自观察周围的自然环境，接触动植物以及思考与生活密切相关的问题等使得对生命、自然的理解更加深刻。幼儿园的孩子学会把吃剩的早餐收集起来去喂猪,观察营养物质循环;一年级的孩子在农场做零活,喂鸡、放羊或看动物;二年级的孩子学习农作物种植,包括丰收时亲自打谷、扬场;三年级的则动手学做饭、房屋搭建;四年级的孩子认养奶牛;五年级的孩子侧重于地理学习,通过绘图、水彩、黏土塑形来描述农场地形;六年级的孩子则开始研究乳制品;七年级起,学生们开始通过探险拓宽他们已经熟悉的领域。

以上都是学校组织开展的自然教育课程内容。除此之外,美国还有很多以探索自然为目的的教育课程项目组织,例如,SPARK① 开展以自然为基础的项目,如到森林、农场等户外开展远足、野营、生活实践活动等,使参与者发现自然之美。

3. 教育内容及方式

学校或者自然学校作为教育的主阵地,其教育方式为主要通过与社区、保护地[各国的命名不同,例如,美国称之为国家公园(图 2-3),日本则称之为自然公园等]开展合作,实现协同教育功能。

图 2-3　美国黄石国家公园峡谷区

美国是最早提出国家公园概念的国家,发展至今已经成为世界上国家公园体系发展最完善的国家之一。随着美国国家公园体系的建立,美国国

---

① SPARK 全称为 Shore People Advancing Readiness for Knowledge。这是一个以自然为基础的项目,旨在提高弗吉尼亚农村地区儿童的读写和环境意识(这些地区长期被普遍的贫穷和居民低水平的读写能力困扰)。

家公园管理局首任局长斯蒂芬·马瑟（Stephen TMather）认为："国家公园和名胜古迹首要的功能就是服务于教育目的。"美国国家公园通过解说与教育服务提升游客对公园环境资源的保护意识，解说与教育方式分为人员服务、非人员服务和教育项目。人员服务就是有公园员工参与的解说服务，主要形式有游客中心服务、正式解说、非正式解说及艺术表演等。目前，美国国家公园体系有约6000名专业的解说人员。非人员服务是没有公园员工参与的媒体性设施，主要有展览和展品、路边展牌、路标、印刷物、视频、网站等。教育项目是主要针对青少年开展的公园课堂，旨在让青少年在国家公园里学习自然科学和人文历史知识。

> **案例拓展：美国塞德森自然学校（Cedarsong Nature School）**
>
> 艾琳·肯尼（Erin Kenny）于1996年创办了原始森林教育基金会（AFEF），并于2006年创建了塞德森自然学校，地点在华盛顿州西雅图市附近的瓦逊岛。其使命是提供与大自然直接接触的机会。塞德森自然学校由免税的非营利性原始森林教育基金会经营，接受社会机构和个人的赞助和捐款。艾琳在北美建立了第一个美国森林幼儿园教师培训和认证计划，她已经培训了来自这个大陆及其他地区的240多名教师。来自远在韩国、澳大利亚、秘鲁、中国、土耳其、英国和加拿大的教师参加了森林幼儿园教师培训计划。塞德森自然学校目前仍是美国为数不多的提供森林幼儿园教师培训和认证的学校之一。
>
> 案例来源：安玉姝. 中国自然教育商业模式研究[D]. 北京：对外经济贸易大学，2018.

（三）英国

英国的森林幼儿园由别国传入，兴起于20世纪90年代。1993年，英国布里奇沃特学院（Bridgewater College）选派了部分研究人员远赴丹麦学习早期教育的成功经验，由此学习了林间学校独特的教育方式。回国后不久，这些研究人员将丹麦的森林幼儿园理念带回了英国，并在英国创办了第一所森林幼儿园。森林幼儿园的传入，如及时雨一般推动了英国学前教育的发展。

1. 教育立法

1944年，英国颁布了教育法，教育法规定，学校要接纳全体儿童，每一名儿童应该接受适合他的教育，即适合于他的"年龄、能力和倾向"的教育。自此，人们对教育需要的认识更为明确，兴办学前教育机构的呼声也越发强烈。2006年，在小学教育领域，英国政府颁布了《课外学习宣言》，鼓励小学生走出教室，走进大自然。该文件的试行为英国更进一步推进亲自然的教育提供了法律保障。此后，国家基础阶段教育目标和课程开始与森林教育中的自然教育理念相衔接，开展自然教育的环境也有所扩展，不仅可以在自然环境中进行，同时也可以在林地相对较少的其他地区开展。随着森林教育的不断延伸，英国政府对森林教育的关注度与支持度也日益加强，开始加大经济投入来推进森林教育的发展。

2. 教育实践模式

作为传统学校教育的补充，英国自然教育被确定为五个"跨课程主题"之一，并伴有"非法定"指导。英国的自然教育，是传统学校教育的补充，课程设计最大限度地利用城市公园、树林等自然资源，已逐步建立起区分年龄的规范化体系。自然教育是由孩子主导的体验式学习，而非传统学校的教师主导，教师更多的是设计、计划课程方案，观察、引导，与孩子进行互动。该教育为孩子提供了一个长期、定期的学习过程——课程至少持续一年，每周至少一次，每次半天——促进孩子与自然的联系。

由于英国是定期进行户外实践活动，这意味着并非全部的教学活动都在森林中进行，室内活动也占了相当一部分比例，例如，阅读、唱歌等活动都是在室内开展的。此外，英国森林幼儿园中的幼儿并非每天都能进入森林中，例如，在拉绍尔幼儿园，由于校园离林区有一定的距离，因此该森林幼儿园规定只有在周五才能进入森林中进行活动，持续时间为2小时。因此，英国的森林幼儿园与丹麦、德国均有所不同，户外环境只占了极小部分，其自然教育更多地体现在一整套遵循自然的教育理念以及亲自然教育的课程体系。

英国作为现代自然资源管理制度和教育体系最为完善的国家之一，在合理利用自然和历史资源开展自然教育的管理上积累了丰富的经验，其中英国田野学习协会(Field Studies Council，以下简称FSC)是主要的践行机构，其借助企业管理模式有效且永续地推动了自然教育，不仅在英国非正规教育领域成为典范，也成为国际上有志于推动自然教育的政府部门和非营利组织"取经"的对象。

截至2006年，英国已经拥有超过100所森林幼儿园。森林幼儿园的发展，不仅推动了英国学前教育的发展，同时也在经济上产生了效益，不少组织与个人已经开始尝试通过实质性的投资来扩展森林幼儿园中亲自然教育的项目，从而促进英国森林幼儿园的进一步发展，并不断增强森林幼儿园为社会带来的作用与影响。

3. 教育的内容和方式

在英国，森林幼儿园拥有和普通幼儿园一样的园所，当开展阅读、讲故事、唱歌、进餐等活动时，都会在室内的园所中进行。英国的户外环境形式多样，幼儿园附近的一片小树林，只要用栅栏将其围起，即可当作进行亲自然活动的教育场所。部分森林幼儿园的户外活动场地是一片由围栏保护起来的小森林，就在幼儿园园所的不远处。而另一部分森林幼儿园的户外活动场地则是自然保护区中的一部分，离幼儿园的园所只有十分钟左右的步行距离。在许多城市中，由于不具备自然林区，大多森林幼儿园则模仿自然环境开发和建造了草地、湿地和林地，或是将户外活动场地选址于城市的公园中，以此来将户外活动场地打造为"森林"的形式。尽管森林幼儿园中的户外活动场地多种多样，但在森林幼儿园中仍存在着一些共性的元素，即空气、土地、小动物和水源。在自然的土壤中，幼儿可以种植各种农作物、成片的花草树木，观察生长于其中的小动物，可以在沙地或水池里嬉戏。有的森林幼儿园也会在森林中搭建一两间小木屋当作储物间，以存放所需要的器材和工具，或者用作小动物的饲养房，养殖兔子、小鸟、蜗牛等小动物。

(四) 日本

20世纪70年代，日本成为经济高度繁荣的资本主义国家。随着都市化发展，公寓化的居住条件及电视的普及使儿童与自然日益远离。曾经有人描绘在这种环境下的现代儿童表现出来的"三无主义"，即对周围一切事物无兴趣、无感动、无气力。1990年后，人们逐渐意识到儿童"生存力"养成的重要性，认识到在野外的儿童游戏活动能够提高其想象力和协调性，促进儿童身心健康发展。这个时期以自然教育为主题的活动整体增多，自然学校也逐渐成立，成为日本自然教育的主体，其主要的实践模式是以"学校+社会+社区"为中心，设立环保教育中心，活动形式以营队活动、生态旅行、城市公园环境教育活动为主。

1. 教育立法

第二次世界大战后，战争带来的环境问题以及经济发展导致对资源的过度利用、开发使日本的环境遭到严重破坏。1951年，随着日本自然保护协会的建立，日本政府开始在民众中传播保护环境的思想，后来水俣病等事件的发生，加速了环境教育理念的形成。1967年，日本政府颁布了《公害对策基本法》。1983年，日本全国教师研讨会议题由"公害与教育"更名为"环境问题与教育",此项活动标志着日本环境教育理念的正式确立。面对日益严重的环境问题,2003年日本政府制定并颁布了《增进环保热情及推进环境教育法》,成为继美国之后世界上第二个制定并颁布环境教育法的国家,这标志着日本环境教育迈上了新的台阶,环境教育走上了法制化。

2. 教育实践模式

日本的自然教育注重自然体验学习,让儿童从小就接近自然、感悟自然,在自然体验中轻松愉快地成长,其实践模式主要为"自然学校+社会+社区",此模式覆盖范围广,涉及人群多,使得日本民众从幼儿到成人都在接受着自然教育的熏陶。日本自然学校的特点是将校内校外的两种生活模式相结合,校内会接受相关理论知识普及,校外进行的"修学旅行",是自然教育体验活动中非常有特色也很受学生喜爱的主要内容之一。同时,日本的自然学校会整合非政府组织(Non-Governmental Organization,以下简称NGO)、社会企业及各方面的环境教育资源,共同开展自然教育。例如,日本的环境协会会组织各种自然体验亲子活动,让家长和孩子都能亲近自然、感悟生命。此外,日本的许多社区都设有各种形式的环保教育中心(如东京板桥区的环境中心),面向社区的全部居民和学校免费开放,还有很多社区公园保留许多自然风貌,并拥有数量相当可观的野生动植物等,使其周边的民众随时能感受到自然气息,潜移默化地接受着自然教育。

3. 教育的内容和方式

日本的学校、自治团体、企业、志愿者、NGO、地区森林所有者和森林联合体等民有林相关主体共同合作推进基于森林体验的自然教育事业,让日本自然教育渗透到各个角落,公民的环境保护意识也很强烈,使得很多游客对日本的第一印象就是"干净"。

日本每所学校都有自己的特别活动,它的内容和形式多种多样,包括仪式性活动、文化活动、促进身心健康的安全体育活动、接近自然和文化来增强公众道德的旅行活动、集体住宿活动、志愿活动等,并在课程设置中占了很大比例。通过这些活动,能够发展人的个性,培养丰富的人格,使学生适应班级和学校生活,并且加深学生作为集体或社会一员的认识,增强其责任感以及推动其良好人际关系建立。例如,千叶县八千代市某所初中的修学旅行定在长野县的一个山区,出发集合地点不是在学校,而是在目的地的车站,就是为了锻炼学生们自己查时刻表、查路线的能力;住宿也不是集中住在某个旅馆,而是去农家民宿。第一天帮借住的农家干农活;第二天山谷行走,与农家交流联欢和分组活动等;第三天顺河流行走，沿途到寺院练习坐禅、参观博物馆等。学生们通过三天的修学旅行体验了平时体验不到的事情，留下了极其深刻的印象。通过这些自然学习和集体生活，孩子们不仅增长了见识，而且学到了许多书本上没有的知识，诸如与同学的合作、人际交往、生存能力等，自然学习中的体验和快乐往往是孩子们学生生活中最难忘的事。

在日本的自然教育发展进程中，民间组织一直有着不可忽视的作用，例如，以保护野鸟为宗旨的民间环境保护团体"日本野鸟会"，其会员大都是中小学生，他们在成年人的支持下，通过举办一些户外观鸟、保护栖息地等活动，不仅获取了环境保护知识，还培养了自身热爱自然的意识。

此外，日本政府会通过与学校合作在国有林中开展校园实践活动，与学校分担部分造林费用，不仅拓宽了自然教育途径，也解决了国有林运营的资金问题；通过推进森林管理局、森林管理署等举办森林俱乐部和森林教室等活动，不仅让民众真切体验森林环境，还使得民众自发形成环保意识。日本的森林技术人员还会向大众提供林业相关的信息和服务，并且会公开制定区域管理经营计划，通过对森林进行宣传报道等方式提高国民对国有林的关注度，增强国民对国有林事业的理解和支持。

案例拓展：日本完整地球自然学校

完整地球自然学校(The Whole Earth，简称TWE)是日本的第一所自然学校，从1982年创立，至今已有近40年历史。盈利模式主要为学生、家庭、社会团体提供自然教育体验活动并收取费用，同时，资金来源还包含政府、企业社团的拨款及赞助。每年的4~6月每天都在经营。每年有8成收入都是来源于政府机构、企业委托承接体验式课程，而学校的支出有6成都是员工工资。日本一般服务型企业的人员工资占比通常为3成，相对于一般服务型企业，自然教育学校在人员工资方面占比过大。但因为自然教育需要通过老师引领参与者体验，对老师的要求非常之高，而通常一位老师单次带领课程的人数也极为有限，通常不超过10人，因此人员成本也很难降低。自然教育学校完全靠商业运营难度是非常大的，也就是说政府和社会团体的大力支持，才保证了自然学校的正常运营。

案例来源：安玉姝. 中国自然教育商业模式研究[D]. 北京：对外经济贸易大学，2018.

(五)澳大利亚

在澳大利亚,自然教育是国家教育体制中的重要组成部分,其发展历程超过50年,澳大利亚的自然教育依据杜威教育哲学来实施,尤其是其"从做中学"的教育哲学观念,这使得澳大利亚的自然教育呈现出独有的面貌。

1. 教育立法

从世界范围来看,澳大利亚是较早开始重视环境教育的国家之一,在20世纪70年代就召开了"教育与环境危机会议",在20世纪90年代就确立了走可持续发展环境教育的基本方向。1989年,《澳大利亚学校教育的国家目标》中关于环境教育的目标规定:"让学生理解并关注地球平衡发展的问题。"澳大利亚的环境教育目标只体现在:理解可持续发展理论,形成可持续发展观念,掌握可持续发展技能。1999年,在南澳大利亚州的阿德莱德(Adelaide)召开的州和地区教育部长级会议上,各州教育部长共同签署了《21世纪国家学校目标宣言》,也称《阿德莱德宣言》,为了实现《阿德莱德宣言》所规定的环境教育目标,2000年7月,澳大利亚环境和遗产部颁布了《为了可持续未来环境教育的国家行动计划》(以下简称《国家行动计划》),在《国家行动计划》下指导环境教育的发展,特别是"可持续学校"的建立。

2. 教育实践模式

澳大利亚人把尊重学习者的生命体验与乐趣作为学习的前提,因此,澳大利亚的自然教育实践体现出"全方位围绕式"的特征,即:在家庭教育、学校教育、社会教育中都呈现出尊重生命、自然生长的理念,各个方面都渗透着全方位的自然教育理念,围绕自然性质展开教育。例如,在家庭中,学前儿童在游戏的模仿中愉悦自我、提高自我、升华自我,这体现着一个生命个体该有的自然状态教育;政府以各种奖励制度来鼓励成人双休日参与亲子活动,以此来倡导一个家庭自然的其乐融融的生活状态;在学校里,不仅注重学校环境贴近自然的设计,还注重引领学生在神奇的大自然中学习,引导孩子们在自然环境中去主动思考、摸索。自然环境中的游戏空间及其材料包括植物、树木、花园、种植区、沙、石头、泥、水和其他自然物,这些能够激发孩子们与自然之间的开放性互动,助其挑战自我,探索、体验并感知自然,从而潜移默化地提高儿童的自然保护意识,感恩自然界带给人类的一切;在社会中,有众多的政府和非政府环境组织,推动学校和社会的环境教育的发展。澳大利亚的"可持续学校"是自然学校(也称绿色学校)的一种形式,学校强调学生户外活动的重要性,其首要目标便是培养学生的环境实践能力。此外,学校善于开发学校内部及周边的环境和生态系统作为环境教育资源,且注重与当地社区的积极合作,通过当地社区开发更多的人力及实践资源来共同开展自然教育。最后,澳大利亚国家规定中、小学学生每年要到国家公园、自然保护区的教育中心活动至少2个星期的国家政策大大促进了自然教育的发展。

3. 教育的内容和方式

澳大利亚有众多的政府和非政府环境组织——特别是专门的环境教育中心和动物教育中心——共同推进了自然教育的发展。在澳大利亚,每个公园、保护区都能成为大众环境教育基地。其中,有的环境教育基地会采取定期组织学校教师培训的方式,让教师学习有关自然环境保护方面的知识和技能,如植物园教育基地培训教师种植植物的技能,自然保护区教育基地培训教师物种保护和生物多样性等知识之后,教师再在课堂和实践中对学生进行自然环境保护教育。此种方式是"保护地+学校"的高效整合,保护地提供场地、知识、技能,提前对教师进行培训,再由教师对学生进行理论讲解和实践指导,环环相扣,最终学生、教师都从中得到系统、全面的自然教育体验。

(六) 韩国

在韩国,对森林的研究历史悠久,林业的可持续发展被政府作为造福民众的重要事业,自然教育也逐渐成为森林体验活动的重要组成部分,以此促进社会环境意识的提高。同时,生态保护被纳入日常教学内容,从小学阶段便开始进行生态保护教育。通过制定法律、完善设施、培养人才等方式,韩国逐步建立起符合本国国情的自然教育体系。

1. 教育立法

韩国在环境教育方面,主要围绕森林资源进行法律法规制定。1961年,韩国颁布实施了第一部《山林法》;随着山林植被的全面恢复,2000年颁布实施了新的《山林基本法》;2001年又颁布实施了《树木保护法》。截至目前,韩国已出台了9部关于山林建设的法律,其中包括《森林休养法》和《森林教育法》。《森林休养法》和《森林教育法》的颁布使得韩国基于森林体验的自然教育走上系统、全面、稳定、快速的发展道路。

2. 教育实践模式

韩国很注重生态环境保护意识教育,从小学阶段便开始进行生态保护教育,其着重于"森林体验式"自然教育模式,主要形式为:依靠森林资源,通过设立公园、博物馆,搭配专业森林疗养师、林道体验师、自然解说员全面、系统地开展自然教育活动。韩国山林厅从2008年开始在全国的休养林和树木园中运营儿童森林体验项目,每周或每月与地方幼儿园合作,定期对儿童开展2~3天的森林教育,并由十几位具备专业生态知识的森林导师深入幼儿园指导。

3. 自然教育的内容和方式

韩国的自然教育是主要基于森林体验的自然教育方式。值得一提的是,韩国为森林教育而建的幼儿园和教辅机构,大多具备完善的体验和教育设施,如原木建造的"森林之家"、文化馆、宿营场、野生植物园、观景台、探访路、野炊区等。同时,韩国政府部门从2008年开始与地方教育机构合作在全国的休养林和树木园中运营儿童森林体验项目,每月定期对儿童开放。

韩国共建立总面积为674300 hm^2 的20个国立公园以及13个森林博物馆,并针对树木园进行科学的功能分区,设有森林浴场、学生教育区、盲人树木园、特别保护区、爱心林、游戏林等多个区域,利用"传统+科技"的方式向民众展示树木生命、用途、森林的历史和文化等。此外,韩国还发展了一批具有专业资格的森林从业人员以及森林疗养师、森林体验师,构建了一系列自然解说员资格评定与培训体系,保障了自然教育开展的人员基础。值得一提的是,韩国在设计方面很注重细节,在保护地内会针对不同群体对森林的需求不同,设计和提供不同重点的服务,例如,韩国森林解说项目的服务对象,有针对孕妇、幼儿、青少年、中老年甚至残障人士等各个群体的讲解项目,每个人都能享受森林的福利。针对不同的对象提供不同的项目或者服务不仅增强了自然教育的体验性、丰富了自然教育的内容,还拓宽了自然教育的发展方向。

前面介绍的各国的自然模式及内容和特点见附表。

附表 典型国家自然教育特点

国家	模式	内容和特点
德国	森林教育+主题教学——孩子可以到原始森林上课,在自由、放松的状态下,培养孩子的探究欲望。上小学后,学校不定期组织学生到野外去学习,并按一定的主题进行实践活动。高中毕业时,要求在生物、历史、艺术、德语4个科目中同时完成以"自然"为主题的专业论文或作业	1. 没有固定的课程,教育内容以体验性活动为主,主要有游戏活动、生活教育、环境教育、语言教育、音乐教育、美术教育、劳动教育,等等; 2. 实行混龄编班的方式,以3~6岁混龄为主,教师通过小组对话的方式与不同的幼儿进行交流,给予指导; 3. 并没有专门的园所,最常见的简易活动室是安装在轮子上的小木屋。选择户外活动场地时,它通常被拖到一个离森林入口不太远的地方

(续)

国家	模式	内容和特点
美国	教学+自然学校+项目——学校内开展的自然教育体验课，在各种贴近生活的实践活动中（包括参观国家公园等保护地活动）帮助学生学习认识自然以及教授保护环境的相关知识	1. 成立了自然学校，针对不同认知程度的孩子设计系统的、体验式的课程，让孩子在大自然中通过观察、动手等一系列自主的学习方式去探索、感知自然的魅力和获取知识的乐趣； 2. 美国国家公园通过解说与教育服务提升游客对公园环境资源的保护意识。主要针对青少年开展公园课堂，旨在让青少年在国家公园里学习自然科学和人文历史知识，解说与教育主要形式有游客中心服务、正式解说、非正式解说及艺术表演、展览和展品、路边展牌、路标、印刷物、视频、网站等； 3. 还有很多以探索自然为目的的教育课程项目组织，带领人们到森林、农场等户外开展远足、野营、生活实践等，使参与者发现自然之美
英国	传统学校教育的补充——室内活动占了相当一部分比例。课程设计最大限度地利用城市公园、树林等自然资源，已逐步建立起区分年龄的规范化体系	1. 英国森林幼儿园拥有和普通幼儿园一样的园所，当开展阅读、讲故事、唱歌、进餐等活动时，都会在室内的园所中进行； 2. 英国的户外环境形式多样，幼儿园附近的一片小树林、自然保护区一部分、城市的公园、仿自然环境营造"森林"的形式，空气、土地、森林、小动物和水源是其共性的元素
日本	自然学校+社会+社区——将校内校外的两种生活模式相结合，校内会接受相关理论知识普及，校外进行"修学旅行"	1. 许多社区都设有各种形式的环保教育中心，如东京板桥区的环境中心，面向社区的全部居民和学校免费开放，还有很多社区公园保留许多自然风貌，并拥有相当可观数量的野生动植物等，使其周边的民众随时能感受到自然气息，潜移默化地接受着自然教育； 2. 日本政府会通过与学校合作在国有林中开展校园实践活动，与学校分担部分造林费用，不仅拓宽了自然教育途径，也解决了国有林运营的资金问题； 3. 森林管理局、森林管理署等举办林业俱乐部和森林教室等活动，向大众提供林业相关的信息和服务，对森林进行宣传报道，不仅让民众真切体验森林环境，提高国民对国有林的关注度，增强对国有林事业的理解和支持，还使得民众自发形成环保意识
澳大利亚	全方位围绕式——在家庭教育、学校教育、社会教育中都呈现出尊重生命、自然生长的理念，各个方面都渗透着全方位的自然教育理念，围绕自然性质展开教育	1. 众多的政府和非政府环境组织，特别是专门的环境教育中心和动物教育中心共同推进自然教育的发展； 2. "保护地+学校"高效整合，保护地提供场地、知识、技能，提前对教师进行培训，再由教师对学生进行理论讲解和实践指导，环环相扣，学生、教师都从中得到系统、全面的自然教育体验

(续)

国家	模式	内容和特点
韩国	森林体验式——依靠森林资源通过设立公园、博物馆，搭配专业森林疗养师、林道体验师、自然解说员全面、系统地开展自然教育活动	1. 针对树木园进行科学的功能分区，设有森林浴场、学生教育区、盲人树木园、特别保护区、爱心林、游戏林等多个区域，并且利用"传统+科技"的方式向民众展示树木生命、用途、森林的历史和文化等； 2. 发展了一批具有专业资格的森林从业人员以及森林疗养师、森林体验师，还构建了一系列自然解说员资格评定与培训体系，保障了自然教育开展的人员基础； 3. 在设计方面很注重细节，在保护地内会针对不同群体对森林的需求提供不同的项目或服务，例如，韩国森林解说项目的服务对象，有针对孕妇、幼儿、青少年、中老年甚至残障人士等各个群体的讲解项目，每个人都能享受森林的福利

通过以上表格可以看出，目前国外自然教育的发展呈现多元化的状态。开展自然教育的场所从森林幼儿园、自然教育中心，到森林公园、城市公园、社区、林场；在开展自然教育活动方面，各国的政府、学校、社区工作组织、地方自然保护组织等机构均展开广泛而又紧密的合作，但合作的方式、效果各有特色；就自然教育发展的软环境而言，发达国家无论是对自然教育的理论研究，还是对发挥好自然教育场地的作用，帮助人们更好地认识自然、了解自然、培养正确的人与自然关系，都有着比较成熟的理解并形成了较为成熟的体系。这些模式、制度、理念可以为我国自然教育产业发展提供重要的借鉴和启示。

第二节 中国自然教育的产生与发展

一、中国的自然教育实践

(一) 兴起

中国自然教育是在环境教育的发展中逐步展开的。一般认为，我国的环境教育开始于1973年。当年，我国第一次环境保护会议召开，会议通过了《关于保护和改善环境的若干规定》，提出"大力发展环境保护的科学研究和宣传教育"，环境教育随之开始在全国起步。

我国的环境教育大体分为三个阶段：一是面向环境保护的环境教育阶段（1973—1992年）；二是面向可持续发展的环境教育阶段（1992—2007年）；三是面向生态文明的环境教育阶段（2007年至今）。

在面向环境保护的环境教育阶段,我国的环境教育主要是普及环境科学知识,这些环境科学知识对我国环境教育有启蒙的作用。正如环保部门的人常说的,环境保护靠宣传教育起家。

在面向可持续发展的环境教育阶段,联合国环境与发展大会于1992年召开(图2-4),大会通过了《里约环境与发展宣言》《21世纪议程》等。由此国际上已经开始关注如何可持续发展。国内社会普遍认为要从发展的角度看环境,环境问题不能仅限于在环境范围内解决,必须谋求生态、经济、社会三个方面的和谐,推进可持续发展。

图2-4 1992年联合国环境与发展大会

在面向生态文明的环境教育阶段,国内社会开始关注怎么保证可持续发展。2007年10月,党的十七大报告首次提出了建设生态文明的要求,强调要基本形成节约能源资源和保护生态环境的产业结构、增长方式、消费模式。党的十八大把生态文明建设列入"五位一体"的总体布局,与经济建设、政治建设、文化建设、社会建设并列提出,把生态文明建设提高到前所未有的地位,把生态文明建设与建设特色社会主义紧密联在一起,成为国家的奋斗目标。

在此期间,中国的自然教育在环境教育发展中逐步兴起。1996年,《全国环境宣传教育行动纲要(1996—2010)》提出建立国际级环境教育基地;2010年,中日公益伙伴在上海举办了第一次以"自然学校"为主题的工作坊;同一时期,环境保护非政府组织"自然之友"组织翻译了美国专栏作家理查德·洛夫所著的《林间最后的小孩——拯救自然缺失症儿童》一书,本书的出版引起了国内社会对"自然缺失症"的广泛关注与反思;2012年,原环境保护部和教育部共同发文推动中小学环境教育社会实践基地建设,在某种程度上推动了中国自然教育的出现和发展,由此还促进了中国"自然学校"项目推广;2013年,上海绿洲生态保护交流中心发布了《城市中的孩子与自然紧密度调研报告》，在参与调查的 1300 多名儿童中，12.4%具有自然缺失症倾向，如注意力不集中，情绪调节能力和环境适应能力较差，对大自然缺乏好奇心，报告再次引起了社会对"自然缺失症"的进一步关注及对重建人与自然联结的重要性的认同；2014 年，首届全国自然教育论坛在厦门举行，自此每年举办一次，成为众多自然教育机构和从业人员交流学习的重要平台。

(二) 实践形式

我国早期的自然教育主要是通过倡导呼吁民众热爱自然、与大自然和谐相处，在中小学生间通过课程教育、户外实践等方式进行。2012 年以来，我国的自然教育机构呈现快速增长的趋势，目前在北京、上海、广州等大城市较为集中，规模以中小型居多，工作领域以亲子、儿童教育和自然体验为主。自然教育机构利用我国各类自然资源，包括森林公园、湿地公园、野生动物园等开展着各类自然教育活动。我国拥有丰富的自然资源以及宽阔的自然教育场所，鉴于我国各类保护地的进入便利性以及短时间可重复性，目前我国的自然教育主要是以森林资源为基础的自然体验教育，逐渐增多的城郊森林公园已成为自然教育阵地的首选(图 2-5)。

图 2-5　贵阳长坡岭国家森林公园

目前，国内现存的自然教育组织机构绝大部分都处于独立生存发展阶段，并没有完全存在能整合全国所有的非营利性组织、专业人员、志愿者以及城市和乡村中自然教育的支持者的组织机构，大部分的自然教育非政府组织机构(NGO)主要是依靠强大而有序的志愿者团队和当地居民的参与开展相关的自然教育活动,从而引导自然教育发展成为有组织、有制度的组织机构。其中,自然教育的运作资金也往往是由 NGO 筹集私人捐赠以及官方补助。而在自然教育的活动开展过程中,还有来自高等院校、动植物园和生态环保组织等自然生态环境学术研究机构的志愿者的参与。

根据北京林业大学王清春和刘正源调研团队编写的《中国自然教育行业调查报告》,在 2015—2016 年间,我国自然教育的开展主要集中于北京、上海、浙江、福建、广东、云南、四川等地。其中,现存的自然教育机构类型中,以自然教育为核心的自然学校(自然中心)占比最高,占总体的 47%;其次是户外旅行类,占 18%;然后分别为自然观察类及生态保育类,各占 7%;保护区、公园游客中心以及其他类型,各占 6%;农牧场类占 5%;博物场馆类占 4%。自然教育正按照这种趋势逐渐渗透到各个场所和领域之中,使之不断地实践和发展。

随着我国经济社会的快速发展和人们生态文明意识的提高,以走进自然保护地、回归自然为主要特点的自然教育成为公众的新需求。人们对自然生态、旅游观光、休闲游憩、森林康养、山水摄影、自然探索等方面的愿望越来越迫切。我国各地涌现了专注自然教育的机构,开展了类型丰富、形式多样的自然教育,期望借助自然教育蓬勃发展的态势,为传统行业转型发展注入新活力。

> **案例拓展:中国官方的自然教育**
>
> 国家林业和草原局(国家公园管理局)负责管理我国各类自然保护地,于 2019 年 4 月,印发《国家林业和草原局关于充分发挥各类自然保护地社会功能大力开展自然教育工作的通知》,这是第一个国家政府机构部署全国自然教育的文件。为贯彻落实文件精神,由中国林学会发起,全国 305 家自然教育机构倡议,成立了全国自然教育总校,打造了服务大众特别是青少年教育需求的全国性新平台。2019 年 11 月,中国林学会与阿里巴巴集团联合,在武汉召开全国自然教育大会,举办了 20 个专题性分论坛,1300 多名代表参加,发布 2 项团体标准,公布 56 个优质活动课程,推荐 82 个优质书籍读本,发布《中国自然教育发展报告》,此次大会是我国自然教育发展史上的历史性盛会。
>
> 案例来源:陈幸良. 自然教育与研学营地教育的融合与未来方向[J]. 宁夏林业,2020(02):7-9.

(三) 主要场所

我国拥有丰富的自然资源以及宽广的自然教育场所，鉴于我国各类保护地的进入便利性以及短时间可重复性，目前我国的自然教育主要是以森林资源为基础的自然体验教育。包括逐渐增多的城、郊森林公园等各类自然保护地，已逐渐成为自然教育"阵地"的首选。

改革开放以来，我国自然保护事业得到较快发展，先后建立了国家公园、自然保护区、风景名胜区、森林公园、地质公园、海洋公园等十多种自然保护地类型，数量超过10000处，面积约为陆地国土面积的18%，基本覆盖了我国绝大多数重要的自然生态系统和重要自然遗产资源，目前已经形成了类型齐全、分布合理的以国家公园为主体的自然保护地体系。各类自然保护地具有保护重要生态系统、珍稀濒危物种和自然遗迹的作用，是推进生态文明建设的重要载体，也是开展自然教育活动的主要场所。

二、中国传统文化中的自然教育思想

(一) 儒家文化中的自然教育思想

儒家生态道德观蕴含着丰富的生态伦理思想，能为自然教育提供丰富的理论素材。

儒家认为，人类社会天然地存在于自然环境之中，大自然是人类的衣食父母，人们的衣食住行用的一切原料无不来自自然界，人类本身就是自然环境的一部分。从这种认识出发，儒家有认识自然、敬畏自然，保护自然、适度利用自然，植树惠民、克己节制，生态教化、以人为本，天人相类、天人合一等生态意识。儒家传统的"天人合一""仁爱万物""贵和尚中"等生态思想以人与自然的关系为核心，着重论述了人与自然的和谐共生，其辩证的整体思维方式、浓厚的生态道德关怀、中庸的生态关系准则既丰富了自然教育的内容，又为自然教育提供了道德支撑和原则借鉴。儒家生态意识首先是建立在认识自然的基础上的。"有天地，然后有万物；有万物，然后有男女。"(《周易·序卦传》)"天何言哉？四时行焉，百物生焉。"(《论语·阳货》)这段话揭示了孔子对大自然规律的敬畏。敬畏自然是人们社会活动的前提和基本规则。将儒家传统的生态伦理思想融入自然教育，既有利于引导公众养成辩证的整体思维方式和浓郁的生态道德情怀，又有利于公众积极践履生态行为，更有利于提高公众教育的实效性。

（二）道家关于自然教育的理论基础

道家的天道自然观，其核心是人与自然的和谐统一。天道自然无为，人道也自然无为。在道家眼中，"自然"——如我们熟悉的"道法自然"，意谓事物的本来面目，即"自己如此"的意思，强调没有外力的强迫或突然的变化，表现在教育思想上，就是教育目的"合于道"，读"自然之书"的自然知识观，无为抱朴的伦理道德思想。老子预想理想世界里，万物是平等的，并因其自身属性所具有的独一无二价值，遵循合乎"道"的规律并表现出"自然"的生存发展状态。"人法地，地法天，天法道，道法自然。"（《道德经》）由于"道"是道家最高的哲学范畴，所以比较中肯地说，"道法自然"就是"道"自己使它这样，自然而然。"天之道，损有余而补不足；人之道，损不足以奉有余。"（《道德经》）张忆在《老子·白话今译》中在解释这句话的意思时指出，自然界的一切现象都是既相互对立又相互统一，体现着均衡、合理的自然法则。道家学说把人看作是自然界的一部分，不是抽象地理解人，目的是把人作为具体的社会条件下的人来分析。老庄相信，人与自然之间存在着一种天然的和谐，脱离自然的人是不能获得幸福的，这一点与我们今天强调改善人类的生态环境，走可持续发展的道路的思想有颇多相似之处。

三、中国自然教育面临的挑战

（一）宏观层面的问题

经过多年的发展，自然教育在我国受到越来越多的关注，其产业形态更加丰富，产业参与主体更加多元，产业发展的趋势愈发明朗，但与发展势头相比，法律法规建设滞后，全局性统筹规划缺乏。我国自然教育事业起步晚，工作开展不平衡，很多自然保护地还没有开展自然教育工作，自然教育资源还没有得到有效的利用，教育机构和自然保护地衔接不够。

自然教育立法的空白，不仅仅使自然教育发展不规范、不完善，还会影响社会认知度以及与自然教育相关的保护地自然教育建设、社会经济行业（旅游中的自然教育项目等）的发展、公益组织的发展、自然教育公益性与商业性关系等。所以，要想自然教育更全面、更系统、更快速地在中国发展，就必须加快我国自然教育立法进程，引起民众的重视，为环境教育实施提供全方位的保障。

自然教育对新时代合格公民养成的必要性的认知以及人与自然和谐共生的理念尚未在全社会形成。多数人还把自然教育看作是一种进入大自然的游憩活动，还没有认识到这是一种完善人格必不可少的受教育过程。因此，要在全社会宣传和树立自然教育对人品格品质塑造的不可替代性，强化人们通过在大自然中对自然万物的感知和感应，让绿色净化精神和心灵。

自然教育公益性与商业性关系平衡机制缺乏，对教育目标与实现动力的协调存在不良影响。自然教育是人类共同福祉，在塑造当代人健康身心的同时，也为后代竖起一片绿荫。这是具有公益性质的自然教育才能够产生的效果。通常，这种公益性是需要作为公共物品供给主体的政府来保障的。但是，自然教育的另一个特征，即社会公众的广泛参与性，又决定了实现自然教育公益性的动力，需要政府、社会和公众来共同提供。此外，在我国自然教育过去的几年里，市场力量推动的自然教育迅速发展，发挥了重要的作用，表明自然教育的市场潜力巨大，自然教育产业也是一个正在兴起的朝阳产业。有市场则会带来利益，有了利益也将有利于自然教育的持续发展。如何在保证自然教育公益性目标的前提下，充分发挥市场的动力作用，促进自然教育健康持续的发展，是宏观管理需要解决的重大课题。因此，就需要在"政府主导，多方合作"的理念下，建立多方力量共同参与的目标实现保障机制，自然教育工作者需要在利益、公益、教育等多种要素中找到平衡点，政府管理部门亟须规范自然教育市场，通过综合措施，促使自然教育健康发展。

自然教育缺乏科学理论和实践研究的支撑。调查表明，自然教育对儿童发展影响的研究、公众对自然教育的意识和态度研究、自然教育项目评估方法研究等，是目前需要展开研究和探索的重点问题。

(二) 微观层面的问题

近年来自然教育从业机构的持续增长尤其显著，但机构类型仍以小微规模为主，机构专业人员数量较少，年运营资金量较低，运营时间3~5年甚至更少时间的占较大比例。由此看来，当前自然教育行业虽然整体数据呈现叠加上升的明显趋势，但无论是从业人员还是执业机构都有较高的新陈代谢率。这也说明行业目前处在快速迭代的发展初期。一些关乎自然教育机构能否稳定发展，乃至整个自然教育行业能否健康、持续地发展下去的问题也逐渐浮出水面，引起行业乃至全社会的关注。

缺乏权威行业标准规范，限制了行业质量的基本保障以及未来产业系统化的长期有序发展。因此，应当在师资培养、市场准入、课程设置以及自然教育活动效果评估等方面建立行业标准与规范。

行业人才不足成为自然教育发展最大的瓶颈。自然教育在国内发展的历程太短，不足以培养足够的适宜人才。其深层次原因之一可能是目前高校未提供针对自然教育的人才培养机制，包括国内对博物和生态保育相关方向人才的培养相对薄弱。同时，系统化、专业化的培训缺失以及当前从业人员良莠不齐，也是行业人才不足的原因。因此，需要尽快建设专业化人才支持体系，一是建立阶梯式人才培养机构；二是提供负担得起的优质培训；三是鼓励高校设立相关专业；四是完善人才激励制度；五是建设人才交流的有效平台等。

政府参与推动有限，难以与体制内的教育结合和获得广泛的深度认可。因此，需要做到以下几点：首先，纳入相关的法律法规，明确各相关部门的职责，尤其是与体制内教育的融合；其次，控制准入门槛，谨慎发放牌照；第三，提供项目机会和基金，加强经费投入；第四，加大官方宣传力度，出台自然教育相关的政策意见文件等。

平台化、日常化的合作和资源共享不足，限制了行业发展的效率和可能性。因此，需做到以下几点：首先，打破各自为政的现状和地区限制，加强行业交流合作，抱团取暖；其次，借助互联网优势，搭建行业资源开放平台网络，共享优质资源，共同培养人才，扩大影响力；第三，成立行业协会等组织，建设行业资源共享的交流平台，提高合作效率。

四、中国自然教育的发展

在中国经济发展的大背景下，解决经济与科技发展所带来的自然缺失、增加教育的内容多元化以及实现更全面的健康教育以达到下一代孩子整体核心素养的提升等相关问题，逐渐成为国民所关注的焦点。当前，自然教育已经从一个社会问题发展成一个行业，此时教学内容的研发、行业标准的建立、新方向的探索将会填补行业空缺，打开国内自然教育领域的新局面，为社会提供正向价值。

行业的发展必将推动着人才结构调整，新内容的推行过程中，商业扩张必将带来人才的流动，从而引发人才培养方向的转变，以及新的用人模式的探索，这也是一种社会与人文效益的体现。自然教育这一新的行业发展方向，会带来新消费的产生，市场需求将推动高校、职业院校的教育开启新的人才培养方向。发展过程中，不仅急需传统的专业院校进行人才培养，同时也需要社会和企业对人才进行培养。未来市场会出现更多新的自然教育服务细分的人才类型。因此，灵活用人、标准化培养，在行业发展前期、人才缺乏之际，是一种重要方式。

在新冠病毒疫情肆虐的当下，环境和生态效益已经不再是一个口号，从"绿水青山就是金山银山"可持续发展的环境保护主题，到人和自然的和谐共处，自然教育已经成为与每个人息息相关的主题，这也是整个人类社会都亟须关注的内容。下一代是自然教育的核心人群，在未来，人和自然的共处关系会更加复杂，这一社会价值也将更加凸显。开展自然教育，发挥区域科普、宣传、教育的职能，充分了解当地的生态，了解保护当地野生动植物的重要性及紧迫性，将是自然教育实践过程中，需要逐步推行与普及的知识内容，这样才能帮助我们逐渐找寻到人与自然的合理位置，实现自然教育的根本目标。

第三章 自然教育思想的发展

自然教育概论

第一节 国外自然教育思想的起源与发展

一、古希腊时期的自然教育观

在西方教育史上，古希腊教育家亚里士多德首次提出教育应当"效法自然"，他认为，合理的教育就应当效法自然并对自然的缺漏加以补缀，感受并遵循自然进程，使人得到全面和谐的发展。亚里士多德认为"人是理性的动物"，教育应立足于人的本性，特别是面向儿童的教育，应该遵循儿童的灵魂或心灵的自然秩序。他将人的灵魂分为三部分：植物性灵魂、动物性灵魂以及理性灵魂，这种论断开创了西方历史上"教育要遵循自然"原则的先河，极大地促进了自然教育思想的萌芽。虽然亚里士多德的自然教育观是初步的、有些观点不够深刻，没有进行系统阐明，但它为西方自然教育思想的发展起到了伟大的奠基作用。

二、文艺复兴时期的自然教育观

自亚里士多德之后，在相当长的时间里，自然教育停步不前。中世纪基督教神学教育思想一统天下，不仅束缚了教育的发展，也严重窒息了人们认识自然和人类自身的热情和需要，一直到出生于文艺复兴时期的弗朗西斯·培根（Francis Bacon）的出现，自然教育观才得到一些复苏。培根认为人类不过是自然的奴隶和自然的解释者，人类所能做得到或所能知道的，仅仅是事实及思想观察所得的自然秩序，除此之外一无所知、一无所能。在他看来，发展科学的目的，是使科学造福于人类。既然科学的目的是控制自然，使自然成为人的幸福的源泉，而要控制自然，首先就要了解自然和服从自然。了解自然就是通过科学实验来认识自然规律，服从自然就是按照自然规律行事。人不能超越自然规律，要遵从"自然的安排"，否则人既无知识又没有力量，因此人必须向自然学习。从某种意义上来说，培根不能称得上一个自然教育家，最多只能算一个自然主义者，但他在自然教育发展史上起着承前启后的作用，其意义不容我们忽视。文艺复兴的到来，才使得科学得到了极大的发展，理性得到了尊崇；在教育上，人文主义教育家在反对压抑人性的经院教育的同时，提倡"师法自然"的思想，使得自然教育得到了发展。

三、近代的自然教育观

捷克伟大的教育家夸美纽斯（Johann Amos Comenius，1592—1670 年），

在西方教育史上是一个里程碑式的人物，教育适应自然的思想是其教育思想的核心，并贯穿其整个教育体系之中。夸美纽斯认为，在自然界中存在着一种起支配作用的普遍法则，他称其为"秩序"或"事物的灵魂"，教学是自然事物的一部分，也要遵循自然的"秩序"，他的代表作《大教学论》第十四章的题目就是"教导的恰切的秩序应当从自然去借来，不能受到任何障碍"。

　　说到自然教育必然要提到卢梭，可以说卢梭是自然教育观上的一面旗帜，卢梭的《爱弥儿》可以称得上是自然教育的圣书。卢梭（Jean-Jacques Rousseau，1712—1778年）的根本思想是认识到自然有绝对的价值，即如他的初期的论文，认为文明完全妨害了自然的状态。《爱弥儿》开篇第一句话就是："出自造物主之手的东西，都是好的，而一到了人手里，就全变坏了。"卢梭的自然教育观有其特定的社会背景，当时资本主义处于上升阶段，传统的封建教育对于人性的压抑已经不能满足社会的需要，资本主义社会要求每个人时时顾及自己的利益，个人价值高于社会价值。卢梭认为人类的教育有三种来源：来源于天性、来源于人事、来源于事物。天性是人的善良禀赋，人事是教导者的启发培养，事物指环境，三者只有相互配合才能产生好的教育效果。可是这三者怎样才能相互配合呢？卢梭认为教导和环境应该依从于天性，因为天性是自然生成而非人力所能控制的，教导是完全可由人意控制的，环境虽然不能完全为人所控制，却是可以在一定限度内加以控制的。为将三者统一起来，人力能够控制的因素只好服从不能控制的因素。

第二节　国内自然教育思想的起源与发展

一、春秋战国时期的自然教育观

　　自然教育观在中国这片文化沃土中的出现是相当早的，首先是萌芽在以老子和庄子为代表的道家思想中。老子的自然教育观的核心是"无为"，若要求得自然，就必须不断地减少人为的作用，最后才能达到"无为"。但老子的"无为"绝不是什么也不做，"无为"的含义有两个：一是顺任事物之自然，二是排除不必要的作为或反对强作妄为。老子将"无为"思想用于教学中，主张"行不言之教"，因为其认为天地（即大自然）是最好的老师，而天地（大自然）是"不言"的，却能引导天地间万物——大至鲲鹏、小至蝼蚁——和谐共存、相互促进与发展。因为天地（大自然）不言，遵循自然的老子也认为智者不言，主张行不言之教，任何不必要的外在作用都是强加的，都是妄为的，不但不能有助于事物的存在和发展，反而会破坏事物发展的自然过程。只有不妄为，顺其自然，让事物自由发展，才是唯一合理的态度。

庄子是老子思想的后继者，同样重视自然的教育。庄子在其作品《大宗师》里面提出的"不以心捐道，不以人助天"的思想，就是告诫人们不要以人为来改变自然。在《秋水》篇里，庄子对什么是自然和人为进行了论述："牛马四足，是谓天；落马首，穿牛鼻，是谓人。故曰：'无以人灭天，无以故灭命，无以得殉名。谨守而勿失，是谓反其真。'"在庄子看来，人类社会的发展就是不断地以人为破坏自然，这种做法无异于"落马首，穿牛鼻"。我们可以清楚地看到庄子对自然状态的追求："南海之帝为儵，北海之帝为忽，中央之帝为浑沌。儵与忽时相与遇于浑沌之地，混沌待之甚善。儵与忽谋报浑沌之德，曰：'人皆有七窍以视听食息。此独无有，尝试凿之。'日凿一窍，七日而浑沌死。"这则故事告诫人们一个道理："自然"虽然在某些人看来有些不足，可是它确确实实是最好的，人为地加以修正，只会把事情办得更糟。

二、魏晋南北朝时期的自然教育观

这个时期主要有嵇康和王弼的自然教育观。嵇康敢于冲破礼教陈规陋习，向往以符合人性自然的方式展现一个率真自然的自我，但现实的阻隔使他只能将自然教育转化为对理想人格的追求，最后以其生命来捍卫其毕生的信条。在自然教育观上，他提出了"越名教而任自然"的观点，并在《声无哀乐论》中描绘了理想中的自然教育的模式："古之王者，承天理物，必崇简易之教，御无为之治，君静于上，臣顺于下，玄化潜通，天人交泰，枯槁之类，浸育灵液，六合之内，沐浴鸿流，荡涤尘垢，群生安逸，自求多福，默然从道，怀忠抱义，而不觉其所以然也……然后文之以采章，照之以《风》《雅》，播之以八音，感之以太和，导其神气，养而就之。"可见，嵇康提倡的教育是以自然为师，通过观察、模仿万物的本性，以最大限度地融合于自然之中，与其他自然万物和谐共存，人只有在这样的教育下，才能发展得更好。

王弼直接继承了老子的自然教育观，并将其作进一步发展。"故从事于道者，以无为为君，不言为教，绵绵若存，而物得其真。"王弼认为如果要达到理想的社会状态就必须"以无为为居，以不言为教，以恬淡为味，治之极也。"只有这样才能使百姓自服，"统说观为之道，不以刑制使物，而以观感化物者也……不见圣人使百姓，而有百姓自服也。"百姓自服显然是受到自然教育的影响，才使之感化。王弼认为"名教①出于自然"，将封建社会的伦理道德和秩序等同于社会的自然秩序。这在当时是一个了不起的思想，显然是在理论上试图剥去名教头上的光环，提升自然的地位。

三、唐代的自然教育观

在中国的自然教育发展史上，柳宗元应该说是一个比较奇特的人物，因为大多数主张自然教育的人对儒家抱有很大成见，而柳宗元作为一个以维护封建道统为己任的儒家学派的后继者，教育上却独辟蹊径，大力宣扬自然教育理论。柳宗元的自然教育观主要体现在《种树郭橐驼传》一文中。文中有人问主人公郭橐驼，为什么他种的树，"或移徙，无不活；且硕茂，早实以蕃？"郭橐驼回答道："能顺木之天，以致其性焉尔。凡植木之性，其本欲舒，其培欲平，其土欲故，其筑欲密。既然已，勿动勿虑，去不复顾。其莳也若子，其置也若弃，则其天者全而其性得矣。"柳宗元借郭橐驼的口来阐述自己的教育主张：人的成长是有规律可循的，教育要遵循自然发展的规律，即"顺木之天"，这样才能让受教育者得到"硕茂，早实以蕃"的结果，也就是"以致其性"。

四、宋元明清时期的自然教育观

李贽的自然教育观主要表现在提倡"随其资性，一任其道"，主张重视发展学生的个性，在教学中要注意因材施教，让每个学生都得到充分的发展。他在《焚书》中写道："平生师友散在四方，不下十百，尽是仕宦忠烈丈夫，如兄辈等耳。弟初不敢以彼等为徇人，彼等亦不以我为绝世，各务以自得而已矣。故相期甚远，而形假遗。愿作圣者师圣，愿为佛者宗佛，不同在家出家，人知与否，随其资性，一任进道，故得相与共为学耳。"与此同时，李贽对儒家的经典大力批判，反对"以孔子之是非为是非"，主张"童心"，认为童心是"真心"，是"绝假纯真，最初一念之本心"，而一切"闻见道理"都是童心的障碍，因为闻见道理是从"多读书识义理"中来的，所以"多读书识义理"都是"障其童心"。和成年人相比，儿童是较少世故的，对世界是一种朴素的、纯真的认识，而成年人多是从功利的角度来对待事情的，虽然成熟了，但多的只是一种圆滑、世故、老成。李贽之所以提倡"童心说"，是对童心的一种怀念，是对成年人倾轧、欺诈的普遍现象的一种反抗。

---

① 一般指以正名分、定尊卑为主要内容的封建礼教和道德规范。

第三节　中西方自然教育观之异同

一、相同点

中西方自然教育观的相同点在于二者均主张教育要顺应大自然的规律。中国早在春秋战国时期，老庄就提出教育要顺应人的自然本性的思想。老子曾说："人法地，地法天，天法道，道法自然。"可以看出，老子认为人的教育要依据自然的法则、遵循大自然的规律。庄子在《养生主》中提出"缘督以为经"，主张凡事都要顺着自然的路径而行，教育当然也不例外。郭象主张教育要遵循受教育者的天性，不要试图改变它。"物各任性，乃至正也。""故至正者不以己正天下，使天下各得其正而已。"对于自己不知道的，没有能力达到的，他主张不要强迫达到，"所不能者，不能强能也。由此观之，知与不知，能与不能，制不由我也，当付之自然耳。"在郭象看来，教育是一个"自行"的过程，其特点是"不言之教"："夫物有自然，理有至极，循而直往，则冥然自合，非所言也。故言之者孟浪，而闻之者听荧。"也就是说万事万物都有其"自然"的规律，教育也有其"自合"的机理。"自合"是对"自然之道"的"循而直往"，因而用不着繁琐的说教。这种观点显然是对老庄的自然教育观的继承和发展。柳宗元借种树者郭橐驼之口说出了以自然为师的教育理念："勿动勿虑，去不复顾。"种树要正确地对待树木，爱树木也要有爱的方法，表面上不去管它，可是实际上是对树木真正的负责，更利于树木的生长。反之，则变成了"虽曰爱之，其实害之；虽曰忧之，其实仇之"。

西方的自然教育家也多强调"自然顺应"，即教育要顺应自然的规律、受教育者的天性。亚里士多德在西方教育史上首次提出了教育要"效法自然"的原理。他说"教育的目的及其作用有如一般的艺术，原来就在效法自然，并对自然的任何缺漏加以殷勤的补缀而已。"夸美纽斯（Komenský）针对当时封建教育压抑人性的现象，主张教育方法应遵循"教育适应自然"的原则，其内容包括：遵循自然界的"秩序"。他认为在自然界存在着一种起支配作用的普遍法则，并称其为"秩序"。他把人看作是整个自然的一部分，因此，人的发展以及对人进行的教育应服从于这一普遍法则，依据人的自然本性和身心发展的规律进行教育。他说："凡事都要跟随自然的领导，要去观察能力发展的次第，要使我们的方法依据这种顺序的原则。"在《大教学论》中，夸美纽斯还列举了鸟类在气候温暖适宜的春天而不是寒冬或酷热的夏天来孵化小鸟、园丁和建筑师也选择适宜的季节进行种植和建造房屋等事例，来说明适应自然的教育也应该从人类的春天——儿童开始，这就是"自然遵守适合的时机"的教育法则。瑞士著名民主主义教育家裴斯泰洛齐(Pestalozzi)在其第一本著作《一个隐士的黄昏》里写道："一个人的有益能力不基于艺术和机缘，而基于自然。"他认为只有自然才使我们善良；它单独地引导我们不致腐败，毫不动摇地通向真理和智慧。"教育，它不是仅仅考虑要向受教育者传授什么，它应该首先考虑受教育者已经拥有的，可以让他们表达出来的一切；如果受教育者具有的一切不是作为已经发展起来的才能，那么至少也应该把它们看作是能够发展的天生固有的才能……教育不仅应该决定用什么来塑造受教育者，而更重要的是应该探索什么是适合受教育者的，作为具有创造性和责任感的人，受教育者的命运是什么，作为具有理性和德行的人，什么是受教育者的才能。"这样，成人的责任是尽力"促进存在于人类身上的一切和不能在人类身上实行的一切。虽然从受教育者本身来说培养只是一种可能。"裴斯泰洛齐教育孤儿的方针就是"舍弃人为的方法，尊重受教育者的自然天性以及受教育者们的日常要求，开展教育"。

二、不同点

中西方自然教育观的不同点在于二者对教育年龄分期的认识不同。中国自然教育理论是一种泛泛的、概括的、描述性的论述，对受教育者的心理关注很少，可以说几乎没有。老子和庄子对自然教育的论述是从一个整体的人的角度来论述的，没有把教育的对象分成儿童和成人，也就更不存在像西方那样把人从出生到成年这一过程分成几个时期进行教育的情况。老子和庄子以后，中国其他的自然教育家们也没有突破老子和庄子的模式，没能发现教育年龄分期问题。

在西方，自亚里士多德开始就对教育顺应心理年龄的问题进行了探索，亚里士多德在西方教育史上，乃至世界教育史上第一个提出按年龄进行分期教育的思想。他把一个人受教育的年龄按每7年为一个自然阶段共划分为三个时期，从0~7岁为第一个时期，这一时期的主要任务是发展儿童的身体，要注意儿童的饮食，要培养儿童的良好习惯；从7~14岁为第二个时期，这一阶段要以培养儿童的情感道德教育为主，传授儿童基本的读、写、算知识，并进行以音乐教育为核心的和谐教育，使儿童德、智、体、美都得到发展；从14~21岁为第三个时期，这一时期的教育应发展学生的理智灵魂，以智力教育为主。夸美纽斯依据自己对儿童的心理特征的理解把人的教育过程分为四个阶段：第一个阶段婴儿期，即0~6岁，与之相应的学制系统是母育学校；第二个阶段儿童期，即6~12岁，与之相应的学制系统是国语学校；第三个阶段少年期，即12~18岁，与之相应的学制系统是拉丁语学校；第四个阶段青年期，即18~24岁，与之相应的学制系统是大学。卢梭把儿童的教育划分为四个阶段，即0~2岁的婴儿期，这一时期的主要任务是保障婴儿的身体健康；2~12岁，这一时期应该锻炼和发展其身体；12~15岁，要广泛地进行文化知识的学习，并接受劳动教育；15~18岁，进行道德教育、宗教教育。巴泽多(Johann Bernhard Basedow)认为教育是成就儿童幸福生活的根本，一切教育都应以自然的具体方法为标准，且同时要顺应儿童精神的自然发育，由易及难、由近及远、循序渐进；教授的形式，以对话的方法为基础，从而使儿童自由活动。巴泽多把教育分为三个时期：第一个时期为儿童期，即1~10岁；第二个时期是少年期，即11~16岁；第三个时期为青年期，即17~20岁。他主张应根据儿童的不同时期施以相当的教育。德国教育家福禄贝尔(Friedrich Wilhelm August Fröbel)把人的发展分成几个阶段，即婴儿期、幼儿期、少年期和青年期。但是，他根据自己对发展是分阶段又是连续的理论，没有指出每一个阶段的年龄界限。他认为，人的发展的每一个阶段不是由年龄限度而定的，而是由某些显著的特征决定的，也就是每一阶段的基本倾向支配一切其他的发展，并为每一阶段确定教育的目标。每一阶段的完成是下一个阶段发展的必要的条件、基础。在福禄贝尔的眼里这四个时期中的每一个时期都一样重要。第斯多惠根据当时心理学的最新成就来认识儿童心理的发展规律，把儿童心理发展分为3个阶段，一是感性认识阶段，即6~9岁，儿童在这一阶段里表现为渴求感性知识的强烈欲望，教育需通过对事物的观察来发展儿童的感觉；二是发展记忆力阶段，即9~14岁，教育应把通过感觉积累起来的丰富观念巩固下来，使儿童牢记所观察的事物；三是悟性理性发展阶段，即14岁以后，此时儿童的身心都发生了明显的变化，身体的敏捷性和力量进一步增强，思维能力迅速发展，情感意志和道德信念也在逐渐形成。教育应当在发展感性认识的基础上，有计划地发展其思考力，并培养他们独立研究以及口头表达和文字表达的能力。西方自然教育家尝试着对教育过程分成几个阶段，根据人的不同的教育阶段来实施不同的教育，这样就顾及了儿童的心理、身体的发展变化，是一种努力使教育学更加科学的过程。它表现了西方自然教育家勇于探索、追求科学的进步精神。

第四节 自然教育的理论基础

一、自然教育的哲学基础

人本主义是自然教育最基本的哲学基础。在西方哲学中，人本主义是指从人本身出发来研究人的本质，以及人与自然、人与人之间关系的理论，这是确立自然教育目标的终极依据和指导方针。因此，把人本主义的思想、理论引进当代自然教育中，并树立正确的人本主义的教育理念，不仅具有重大的理论价值，而且也有积极的现实意义。这对我们克服当前的功利主义教育取向和唯科学主义教育取向，转而注重教育的内在成长、人文关怀、良好关系、学生主体具有导向性。

人本主义心理学是人本主义哲学的直接理论基础，它的发展大大推动了人本主义哲学的发展。人本主义心理学主张研究人的整体意识，研究人的尊严和价值，研究人的本性。它不是把人的各个从属方面如认知过程、行为表现等割裂开来加以分析；学习者是主动的、负责任的，有独立解决问题的能力。学习是为了每一位学习者个人的发展，满足其健康成长、个性整合和素质提升的需要。人的自我认知不是靠外部的灌输或行为的塑造能够完成的，必须依靠个人自身的体验或经验来完成。因此，自然教育应该建立在学习者内在动机的基础上，让他们有权力选择自己的侧重点，对学习感兴趣。基于人本主义心理学的人性观，教育更强调人的潜力的发展，尤其是那种成为一个"真正的人"的潜力；强调人要理解自己和他人，并与他人很好地相处；强调满足人的基本需要；强调人向自我实现的发展。这种教育将帮助人尽其所能成为最好的人。

人本主义之于自然教育的重要指导思想有以下三点。

第一，人本主义哲学观关于人的认识有三种基本概念和四个基本属性。三种基本概念是指：类、群体和个人，人作为个人的个体存在，人作为人这个类的类存在，人作为群体意义上的社会存在。四个基本属性是指自然性、社会性、发展性和实践性。按照人本主义哲学观的指导，自然教育中不仅要关注人与自然界其他生物在形态上的区别，还要关注人与自然界其他生物乃至人与人之间的本质区别。自然教育中要最大限度地以人为本，在实践中关照人的自然属性与社会属性的平衡，关注教育对于人的发展属性和实践属性的诉求。

第二，人本主义哲学关于人的发展教育目标。经历了人本主义从远古

封建时代的以神为本,发展到资本主义物化至上的以物为本,再到当今时代的以人为本的进化,这个时代比任何一个时代更关注人自身,整个社会和教育都需要努力做到发现人的价值、发展人的个性、发挥人的潜能,做到关爱人、尊重人、发展人和依靠人,使曾经的应然问题变为关注人的整体发展实然问题,而弘扬人的主体性、提高人的主体能力、强化人的主体意识是人本主义哲学观最朴素的要求,也是自然教育实践的理论原点与目标。

第三,人本主义哲学对于教育的价值。其倡导的"人性不断完善,自由而全面的发展"的以人为本的思想当前具有宏观指导意义,并重构教育理论体系。张岱年曾说"所谓以人为本,不是人是宇宙之本,而是说人是社会活动之本,即非人类中心主义",在环境和大自然面临更大人类挑战的当今时代,对以人本主义为哲学基础的自然教育具有重要指导意义,从而有助于实现文化上塑造新型人格,社会建设层面构建和谐社会的大教育目标。

二、基于"大教育观"的自然教育

杜威(John Dewey)的《我的教育信条》第一条中写道:"一切教育都是通过个人参与人类的社会意识而进行的。这个过程几乎是在出生时就在无意识中开始了。它不断地发展个人的能力,熏染他的意识,形成他的习惯,锻炼他的思想,并激发他的感情和情绪。由于这种不知不觉的教育,个人便渐渐分享人类曾经积累下来的智慧和道德的财富。他就成了一个固有文化资本的继承者。世界上最正式、最专门的教育也不能离开这个普遍过程。"大教育观认为,教育现象绝不只限于制度化领域,而是广泛存在于人的整个生存世界的。哪里有人,哪里就会存在教育现象。教育系统是一个有机联系的整体,所谓有机联系包含两层含义,一指教育系统各部分在运行过程中的结构与功能意义上的紧密联系,二指各部分之间界限划分的相对性。王道俊、王汉澜主编的《教育学》认为:广义教育指的是,凡是有目的地增进人的知识技能、影响人的思想品德、增强人的体质的活动,不论是有组织的或是无组织的、系统的或是零碎的,都是教育。它包括人们在家庭中、学校里、亲友间、社会上所受到的各种有目的的影响。不过,杜威认为的"教育即生长""教育即生活"和"教育即经验的改组或改造"是一种更为广阔和全面的大教育观。大教育伴随所有人,以及所有人的一生,终身教育思想、泛教育思想都是这一观点的表达,而自然教育就是基于大教育观指导下的具体教育实践的体现。

三、基于"建构主义教育思想"的自然教育

康德认为人在认识世界的同时认识自身,人在建构与创造世界的同时

建构与创造自身。建构主义认为，知识是在对真实世界体验的解释中由个体建构或以社会方式共同建构的。建构主义的主要代表人物有皮亚杰(Jean Piaget)、维果斯基(Lev Vigotsky)、杜威和布鲁纳(Jerome Seymour Bruner)等。人们也是在学习和体验的过程中，不断地将新事物、新体验和新思想一一改造内化后，归入自己原有的图式的心智模式中。认知建构主义理论奠基人皮亚杰提出四个重要概念。第一是图式，它的形成和变化是认知发展的实质，而认知发展又受三个因素的影响，即同化、顺化和平衡。第二是同化，它是指学习个体对刺激信号的过滤或改变过程，把感受的刺激纳入头脑中并使其成为自身的一部分。第三是顺应，它是指学习者通过调整自己的内部结构以适应特定的外界刺激情境的阶段，学习者对原有图式加以适应或重建以适应环境。第四是平衡，它是指个体通过自身调节机制促进认知发展水平从平衡向另一个平衡状态过渡的过程，儿童的认知结构通过同化与顺应过程在动态的平衡的循环中得到不断的丰富、提高和发展。维果斯基是社会建构主义的创建者，他提出了"文化历史发展理论"，强调认知过程中社会文化历史背景对学习者的作用，并且提出了"最近发展区"的经典理论。他认为，个体的学习离不开一定的历史、社会文化背景，这种背景可以支持和促进个体的学习发展。维果斯基辨别了个体发展水平的两种类别：现实的发展水平与潜在的发展水平。个体独立活动所能达到的水平是现实的发展水平，而个体在成人或比他成熟的个体的帮助下可以达到的活动水平被称为潜在的发展水平，两种水平之间的区域就是所谓的"最近发展区"。教学应该成为促进发展的决定性动力，只有走在发展前面的教学才是好的教学。布鲁纳提出了发现学习的建构主义教育思想。他认为，学生发现学习的"发现"与科学家的"发现"只是形式和程度的不同，而性质是相同的，因此学生要像数学家那样思考数学，像历史学家那样思考历史，亲自去发现问题的结论和规律，成为一个发现者。布鲁纳认为，认知是一个过程。就认识者而言，认识的过程本身含有积极的意义，而不是消极的。加入认识者要使呈现在他面前的知识成为他自己的知识，他就必须亲自从事"发现的行动"，亲自从事构成模式的过程。

四、基于"体验式教育思想"的自然教育

体验式教育是一种教育理念，也是一种方法和手段。在参与者知识观的指导下，近年来生成性教育、情境教育、发现学习、研究性教育、探究式教育、合作学习等一系列侧重于体验式教育的形式逐渐进入我们的视野。若从学习理论演变的历史角度，将学习分为旁观者知识观和参与者知

识观,体验式教育则属于"先在本质"破灭,带来的参与者知识观的学习方式。杜威比喻"旁观者就像一个身在监狱,注视着窗外下雨的囚徒,对他来说,窗外下不下雨都是一样。参与者就像一个计划着第二天要去郊游的人,下雨不停会挫败他的郊游热情"。杜威认为教育是在经验中、由于经验和为着经验的一种发展过程。经验要具有连续性和交互性方可产生教育效果,这也是检验经验的两大标准。经验的连续性原则应用到教育上,是指要在教育的每个阶段都顾及未来的情况。交互性原则指个人与自然环境、社会环境之间的互动和影响。人在与环境的主动的互动中就可以寻求到经验、获取知识,正如杜威给知识定义:"知识乃是通过操作把一个有问题的情境改变为一个解决了问题的情境的结果。"这种互动加上连续的体验构成了一个人认知和成长所必要的学习条件。这种连续性还包括学校和社区的连续性、个人和社会的联系性、理论与实践的连续性,而这些连续性遭到了传统课堂教育模式的分割。体验式教育的成败不在于体验的数量或时长,而在于体验的质量以及学生在体验中是否进行了充分学习。这是因为不是所有的体验都具有教育意义或是具有同等的教育意义。因为教育就是有意义和价值的经验组成,通常有效的教育遵循着这样一个循环:有意义的体验带来有价值的经验,有价值的经验带来有意义的体验。而体验式教育严格遵循着体验、反思、归纳整合和应用的学习圈。美国凯斯西储大学教授大卫·库伯(David Kolb)于1984年提出了一个著名的、广为人们接受的"体验式学习圈"。大卫·库伯高度强调一切学习以体验、注意为起点,而后进行反思、解释与共享,然后在此基础上深入处理和转化、有效地归纳整合,成为对个人成长有用的信息,最后经过实践应用验证它的可行性,并利用经验又进入另一次学习循环。

  自然教育的思想从古至今绵延赓续不断发展,中外自然教育思潮更是交相辉映、相得益彰,近现代思想家、学者在古今中外、自然教育思想的引领下逐渐将自然教育发展为能够指导人们实践的理论学科。正是在这些思想理论的指导下,自然教育事业才有了今天的繁荣发展,这些自然教育理论也将激励着今后的自然教育者不断思考并实践创新,为自然教育事业的发展创造更多的精神财富。

第四章 自然教育的基本要素及实操管理

第一节　自然教育的基本要素

作为一个新兴产业，自然教育有其特有的产业发展要素。结合当前我国自然教育产业发展的现状和特征，可将自然教育的基本要素总结为三个部分，其中，自然教育场域是自然教育产业发展的主体，也是产业的基础外部条件，各类型的自然教育活动都必须依托特定的自然教育场域才能顺利开展；自然教育受众是自然教育的客体，也是自然教育的施教对象，自然教育产业发展的根本目标是培养与提高人们保护自然、热爱自然的生态意识；自然教育从业人员和课程是自然教育的载体，也是进行自然教育的媒介和手段，自然教育的过程需要专业的从业人员通过专业的活动课程设计带领自然教育受众感受自然、体验自然，通过不同形式的课程建立人与自然和谐统一的联结，更好地促进自然教育目标的实现。

自然教育场域、自然教育受众、自然教育从业人员和课程共同构成了自然教育产业发展的基本要素，三者通过"主体-载体-客体"的模式共同构成了自然教育的基本内核。

一、自然教育的主体——自然教育场域

自然教育的开展必须依托自然环境，通过带领受众亲身体验不同的自然场域，探索自然界的奥秘，建立人与自然的联结，从而形成人与自然和谐共生的关系。在自然教育中，施教场域有人工改造的公园、自然保护地等。在开展自然教育的过程中，考虑到安全因素和便捷性因素，主要在经人工改造建设的场域中开展自然教育。这些场地具备了自然教育所需要的动植物、水体、地质地形等自然资源，也有道路、景观、基础设施、科普设施等基础的物质条件，包括动物园、植物园、城市公园等。此外，我国以国家公园为主体的自然保护地体系也是开展自然教育的主要场所。

目前，我国开展自然教育的户外场所主要有国家公园、自然保护区、国家级森林公园、城市动植物园以及小型城市公园等。

（一）国家公园

2019年6月，中共中央办公厅、国务院办公厅印发了《关于建立以国家公园为主体的自然保护地体系的指导意见》（以下简称《意见》）。《意见》指出要"逐步形成以国家公园为主体、自然保护区为基础、各类自然公园为补充的自然保护地分类系统"。同时对国家公园进行了定义：国家公园

是指以保护具有国家代表性的自然生态系统为主要目的，实现自然资源科学保护和合理利用的特定陆域或海域，是我国自然生态系统中最重要、自然景观最独特、自然遗产最精华、生物多样性最富集的部分，保护范围大，生态过程完整，具有全球价值、国家象征，国民认同度高。

在我国，国家公园基本功能有四项：自然保护、科学研究、自然教育和游憩展示，其中，国家公园开展自然教育是实现其资源合理利用的重要体现。国家公园是天然的教育基地，公园内保存有众多具有代表性的自然和人文资源，依托于公园内代表性资源相关知识和价值进行教育，能够增强国民的自然保护意识，提高我国国民的科学文化素养和思想文化素养。

按照功能和管理目标，我国一般将国家公园划分为严格保护区、生态保育区、科教游憩区和传统利用区。国家公园开展自然教育的功能区为生态保育区、科教游憩区和传统利用区。目前，我们熟知的三江源国家公园、东北虎豹国家公园、大熊猫国家公园、武夷山国家公园（图4-1）等国家公园，都是按照划区域管理来实现国家公园的自然教育功能的。

图4-1　武夷山国家公园

生态保育区是自然或半自然的区域，是严格保护区的外围缓冲区，目标是保护和恢复自然生态系统，手段为以自然恢复为主，辅以必要的人工修复和保育措施，确保生态过程连续性和生态系统的完整性，包括生态系统退化的修复、生物多样性的保护修复等，活动形式必须是针对生态修复过程和技术相关性而开展的简单性观察学习，以及专业科研考察团队的生态修复活动，可开展的自然教育活动形式较少。

科教游憩区是在保护的前提下使国家公园满足人们的游憩需求、展示活动、公众教育而设立的区域,其主要实现的是国家公园的自然教育和科研功能。科教游憩区是国家公园内可开展自然教育活动的主要功能区域,通过利用多种形式对国家公园珍稀自然和人文资源开展自然教育活动,使受访者了解国家公园相关知识,培养国民了解自然价值、尊重自然、保护自然的意识。

传统利用区是原住居民生活和生产的区域,其主要实现国家公园的社区发展功能。传统利用区可以开展的自然教育活动为互动体验式,例如,田园体验、儿童农场、农耕体验、动物饲养、农作物的种植与收割等农村生活体验,使参观者体验原住民的生存策略和生活状态。

(二)自然保护区

自然保护区,是指保护典型的自然生态系统、珍稀濒危野生动植物种的天然集中分布区、有特殊意义的自然遗迹的区域;具有较大面积,确保主要保护对象安全,维持和恢复珍稀濒危野生动植物种群数量及赖以生存的栖息环境。自然保护区是宣传教育的"活的自然博物馆",对于开展自然教育工作具有独特的作用。我国的自然保护区保留了各种类型的生态系统,是大量濒危物种的基因贮备地,是开展各种生态研究的天然实验室。目前,在国家法律允许的范围内,可以在自然保护区的部分区域开展自然教育活动。自然保护区范围内的研学旅行(图4-2)、科学考察、生态监测、自然生态景观研究等自然教育课程正广泛引起社会关注,未来也将成为主流的自然教育模式面向更多人群开展。

图4-2 百花山国家级自然保护区的森林旅行

(三)各类自然公园

除国家公园、自然保护区以外,开展自然教育的一类重要场域是各类自然公园。《意见》对自然公园做了如下定义:"自然公园是指保护重要的自然生态系统、自然遗迹和自然景观,具有生态、观赏、文化和科学价值,可持续利用的区域。确保森林、海洋、湿地、水域、冰川、草原、生物等珍贵自然资源,以及所承载的景观、地质地貌和文化多样性得到有效保护。包括森林公园、地质公园、湿地公园等各类自然公园。"

1. 森林公园

森林公园拥有丰富的自然资源,并具有一定开发基础,是开展自然教育最直接、最合适的自然场所。森林公园的主体功能是保护森林风景资源和生物多样性、普及生态文化知识、开展森林生态旅游。在我国,国家森林公园是指森林景观特别优美,人文景物比较集中,观赏、科学、文化价值高,地理位置特殊,具有一定的区域代表性,旅游服务设施齐全,有较高的知名度,可供人们游览、休息或进行科学、文化、教育活动的场所,由国家林业和草原局(国家公园管理局)作出准予设立的行政许可决定。目前,在我国境内已经有超过800家国家级森林公园通过审核,大多数森林公园配备了专业的森林文化科普人员和自然教育解说员。在国家级森林公园开展自然教育相关活动,已经成为森林公园的常态化的业务工作,如北京八达岭国家森林公园(图4-3)依托八达岭国家森林公园独特的自然特色

图4-3 北京八达岭国家森林公园

研发了自然体验教育课程，建设了森林体验教育场馆，目前已经探索出国内领先的自然教育新模式。

2. 地质公园

地质公园是以具有特殊地质科学意义、稀有的自然属性、较高的美学观赏价值、具有一定规模和分布范围的地质遗迹景观为主体，并融合其他自然景观与人文景观而构成的一种独特的自然区域。它既为人们提供较多科学知识普及的观光旅游、度假休闲、保健疗养、文化娱乐的场所，又是地质遗迹景观和生态环境的重点保护区，地质科学研究与普及的基地。例如，我国张掖丹霞地质公园（图4-4）目前已经形成了室内场馆式、开放体验式、媒介传播式、沟通交流式以及标识解说式的自然教育科普形式，以丹霞地貌为基础，开展了多元化的自然教育课程。

图4-4　张掖丹霞地质公园

3. 湿地公园

湿地公园是指以水为主体的公园，如黄果树国家湿地公园（图4-5）。湿地公园以湿地良好生态环境和多样化湿地景观资源为基础，以湿地的科普宣教、湿地功能利用、湿地文化弘扬等为主题，并建有一定规模的旅游休闲设施，旨在建成可供人们旅游观光、休闲娱乐的生态型主题公园。湿地公园具有湿地保护与利用、科普教育、湿地研究、生态观光、休闲娱乐等多种功能，是国家湿地保护体系的重要组成部分，与湿地自然保护区、保护小区、湿地野生动植物保护栖息地以及湿地多用途管理区等共同构成了湿地保护管理体系。目前，在北京、上海、广州等自然教育发展较快的城市，围绕湿地资源设计的自然教育课程体系已经相对成熟，湿地公园以其独特的生态系统资源正逐渐成为开展自然教育活动的重要场地。

图 4-5　黄果树国家湿地公园

(四)动(植)物园

动(植)物园的主要功能是野生动植物保护、科学研究、科普宣传教育及为公众提供休闲娱乐场所。在做好野生动植物救治和保护工作的同时，城市动(植)物园依托丰富的动(植)物资源，面向青少年群体广泛开展科普教育活动和自然性研究学习活动，已经成为当下我国青少年素质教育中一个不可或缺的重要内容，如北京植物园(图 4-6)；在动(植)物园中通过开

图 4-6　北京植物园

展动(植)物观察和辨识课程,能够引导社会大众了解自然界丰富的物种资源,感受生物多样性的魅力,进而建立保护野生动(植)物、实现人与自然和谐共生的生活方式。

(五)城市公园

城市公园在开展自然教育方面有其天然的优势,靠近人居环境为城市公园带来了更多的游客,这对于自然教育社会化推广和大众化普及十分关键,如北京南海子郊野公园(图4-7)。与此同时,相比国家公园和动(植)物园,专业的自然教育机构更容易进入近社区的城市公园开展活动。通过设计优质的自然教育课程,并由专业人士带领学习,在城市公园开展自然教育活动也有很好的课程效果和社会影响。

图4-7 北京南海子郊野公园

二、自然教育的客体——自然教育受众

我国开展自然教育活动的受众是全体国民,自然教育涵盖了全社会各个阶层的人,并且需要让各个年龄段都参与其中。因此,在进行自然教育时,了解自然教育不同受众群体的特点及需求,对于自然教育活动的开展和成效具有十分重要的作用。

自然教育受众按照不同的分类标准,可以细分为不同的需求类型。开展自然教育活动时,根据资源特色及受众的能力条件,可以按照年龄、性别、受教育程度、职业、健康程度等进行受众的需求分类。如按是否在校进行分类,可以将受众分为学生群体和普通公众。按照年龄分类,可将受众分为三个年龄段。

一是儿童阶段,这一阶段的受众主要是幼儿园和小学学生。这一时期是儿童心理发展的重要时期,儿童对自然、环境的认识处于初始状态,对自然有着强烈好奇心,因此这是进行自然教育的最佳阶段。

二是青少年阶段,这一阶段的受众主要是中学、大学阶段学生。这一阶段的学生具有一定判断力和价值观,但尚未成型。此外,这一阶段学生学习能力最强,个人目标强烈,个人目标是动机系统的核心;一旦对自然产生兴趣,不仅能够树立正确的自然观、价值观,还能在未来的生活和工作过程中,对环境保护、自然教育事业作出较大的贡献。

三是成人阶段,成人阶段主要在18周岁之后,通常以脱离学校教育后的阶段为主。成人教育具有知识传授、职业培训、能力建构等多重功能。在由联合国教科文组织与联合国环境规划署共同组织编写的《非正规环境教育的指南》中,提到"世界上大部分的人在学校系统之外接受教育,如果加上终身教育的目标,那么大部分负担就落到了校外教育或者说非正规教育的计划、过程和活动中"。要想实现全社会自然意识、环境意识的提高,必然要将成年人也纳入自然教育之中。

在儿童阶段应当以通俗易懂的方式,以身边密切相关的自然知识、环境知识为内容,帮助儿童构建亲近、感受、认识、关心、热爱自然的行为模式(图4-8)。针对学生群体可以开展的自然教育活动主要为相关自然知识的科普和青少年身心健康培养,开展形式应适应学生群体的学习特点和

图 4-8 儿童阶段自然教育行为模式

接受能力，注重丰富有趣的活动形式（图 4-9）；针对亲子家庭可以开展的自然教育内容主要为自然价值和自然意识培养，形式以参与性体验活动为主；针对青年企业团体可以开展的自然教育内容主要为自然价值观念的培养，形式主要以参与性、探险和感悟性活动为主；针对中老年群体可以开展的自然教育内容主要有自然价值和自然伦理教育，形式主要有森林康养教育、感受大自然等以修养身心为主体的自然教育形式（图 4-10）。

图 4-9　青少年阶段的自然教育行为模式

图 4-10　成人阶段的自然教育行为模式

三、自然教育的载体——自然教育从业者和课程

开展自然教育活动,除了主客体要素以外,还需要通过一定的载体联结主体和客体。所谓自然教育载体,就是将自然生态资源以更加专业性、科普性、系统性和人文性的形式传递给全体自然教育受众的媒介,这区别于一般的自然景观旅行、公园游玩等简单观光体验式的活动。一般来说,自然教育的载体分为自然教育从业者和自然教育课程。

(一)自然教育从业者

1. 自然教育机构

2010年以来,中国的自然教育呈现出井喷式发展的态势,2016年开始又有更多新的自然教育机构(图4-11)涌现出来。根据2016年、2018年自然教育行业报告,按照机构的运营方式,将自然教育机构分为八类。

(1)自然学校、自然中心类:以自然教育为核心发展目标与宗旨的自然教育机构。

(2)生态保育类:以生态保育为核心目标的自然教育机构。

(3)自然观察类:观鸟协会、植物观察协会等自然观察类型的民间组织。

(4)户外旅行类:在户外活动或旅行方案中融合自然教育内容的机构。

图4-11 自然教育机构——番薯乐园团队

(5)农牧场类:民间经营的农场、牧场。

(6)博物场馆类:具有推广环境可持续、自然保护目标的博物馆、社区教育场馆。

(7)公园游客中心与保护区类:国家公园、自然保护区等自然资源管理机构里的游客中心与有关场馆。

(8)其他:艺术、科普等其他教育类型中融合自然教育内容的机构。

自然教育按照机构运营的主体形态,分为:由机关事业单位自行管理、机关事业单位委托私企经营、私企自营、非营利组织运作型、个人运作和其他六大类。

2. 自然教育从业人员

近年来,随着自然教育行业的壮大,我国自然教育从业人员类型逐渐丰富起来。从专业的自然解说员到国家公园、自然保护地的科普工作人员,从自然教育机构的课程讲师到中小学教师,从自然教育志愿者团队到学生家长,越来越多的人参与自然教育事业,极大地推动了我国自然教育的快速发展。

自然教育行业属于新兴的服务行业,根据2018年自然教育行业发展报告,目前我国自然教育还没有开展官方权威的从业资格认证,现有的从业人员队伍多是由从事园林科普、生态保护、野生动植物研究等相关领域的工作者和大量自然爱好者组成的。

3. 自然教育相关社会团体

除了相关政府机关、事业单位和各种形式的自然教育机构,当前,官方或民间社会团体是推动国内自然教育发展的一股不可忽视的力量。这些社会团体有的是处在产业层面为自然教育的发展搭建平台,有的是利用团体成员的社会关系围绕自然教育事业组成联盟,有的则是以自然教育为主营业务参与开展自然教育课程、自然教育从业人员培训等相关活动。例如,中林联林业规划设计院、北京林学会、守望地球等非政府组织,已经在自然体验、自然知识科普、森林疗养等领域深耕多年,为推广自然教育作出了很大的贡献。

(二)自然教育课程

1. 自然教育课程的形式

现阶段,我国自然教育的课程形式主要有自然观察、自然体验、自然探险、自然解说四种,分别对其主要内容、受众群体和主题活动等进行梳理和总结,提出适宜于不同形式的主题活动类型。

(1) 自然观察

自然观察是指受众在游览过程中,对森林动植物资源和森林中各种生态现象进行直接的观察和感受的活动形式。以受访者自身主观意识为引导而进行教育活动,侧重于受访者的主动接受能力和主观感受。在自然观察设计的过程中,需要注重避免或减少观察活动对国家公园等自然保护地自然生态环境的影响。在自然环境中开展自然观察活动,能够使受众感受大自然的奇妙,培养受众的自然保护意识。

自然观察的主要内容　自然观察旨在使受众通过视、听、说、嗅、味、触等多种器官来获得观察经验,强调受众通过亲自观察而得到自然信息。自然观察主要包括观鸟活动、植物生长观察、动物生活习性观察、树叶周期观察(图4-12)、树叶拼图等。观鸟活动是对鸟类的观察和鸟类知识的学习,包括鸟类的识别、鸟类食物链、鸟类的生活习性等。可在国家公园等自然保护地内建造观鸟屋、观鸟平台、鸟类投食点等设施,同时配备相关的望远镜等观察设施,旁边设置解说图片或文字等进行鸟类知识的解说和教育。植物生长观察和采集是对植物知识的教育和学习,包括定期或非定期的植物周期观察(图4-13)、植物特征识别、标本采集和利用自然素材进行创作等。树叶周期观察是了解树叶在不同季节的特征变化以及植物生命循环过程,需要在不同季节不同时间段开展多次自然观察活动,了解树叶等植物的生命周期和自然生命循环的过程。动物生活习性观察是

图4-12　野外调查和树叶观察活动

图 4-13 植物年轮观察活动

对动物的观察活动，通过观察动物生活习性，使受众了解我国的动物资源情况及动物食物链情况，增进对我国动物资源的了解，进一步形成保护珍稀野生动物的价值观。针对土壤知识的观察活动是指通过对不同土壤或土壤剖面的观察，了解土壤的价值和功能；气象、气候的观察活动是对气象等天气的模拟显示，使受众进行观察；地质地貌观察是在国家公园等保护地内开展地质实习等观察活动。

自然观察的受众群体　自然观察的主要受众分为学生群体和普通公众，不同的观察内容适合不同的受众群体。植物生长观察、树叶周期观察、土壤知识考察等活动，特别是昆虫观察和植物观察活动，通常适用于学生群体；观鸟活动、气候气象、土壤、地貌和生态系统等观察活动通常适用于普通公众。

（2）自然体验

自然体验是对自然环境进行体验性认知和学习，感受自然环境的价值和意义的活动形式。自然体验的侧重点在于"大自然环境"和"亲身动手参与"，强调的是"在体验中获取知识，在实践中学习"。可依托国家公园等自然保护地的自然和人文资源，设置多个自然环境体验的户外场所，通过自然体验场所和体验主题活动为受众提供一种在户外感受和学习的机会，进行潜移默化的自然教育。

自然体验的主要内容　自然体验教育主要是根据设计的主题活动来进

行感悟体验，受众对于不同体验类型产生的愉悦感受是不同的。具体的活动形式是在自然环境中设置一系列的活动设备使受众自己动手和亲身体验，采用寓教于乐的方式，在欢快的氛围下进行自然教育活动，提高自然意识和价值伦理观等。

　　自然体验的受众群体　自然体验是自然教育形式中最普遍和最重要的一种形式，适用于全体国民。学生群体通常适合组织活动进行体验和动手实践的形式(图4-14)，这类活动不光能使学生体验到活动的乐趣，还能达到自然教育的理论与实践相结合的效果；普通公众更适合体验和游憩活动的形式，这类活动能使普通公众感受户外自然环境的美好，体验自然环境的价值。

图4-14　自然体验游戏式教学课程——用触觉感受自然

(3) 自然探险

　　自然探险主要是受众群体以个体或团队的形式，到一个相对遥远或者相对原始的地方进行户外探索的活动(图4-15)。自然探险侧重于在自然环境下的生存体验和生存技能知识教育，目的是使受众通过自然探险活动学习人类在自然环境下的生存技能。自然探险不同于常规的自然活动，并且不依托于常规的旅游设施，具有一定的危险程度。

　　自然探险的主要内容　根据危险性及活动强度的大小，自然探险可分为硬探险和软探险。硬探险是指强度较大的户外探险活动，需要借助专业的设备，危险性较大，例如，攀岩、大型滑雪、远洋航行等。软探险是指强度较小的户外探险活动，类似于生态旅游，例如，自然徒步旅游、山地自行车、小型滑雪活动、登山活动、野外露营、野外科学考察等。开展自然探险的重点在于对探险线路的设计，这是获得好的教育效果的十分重要的一个环节。在探险线路设计的过程中要遵循突出探险的主题特色、维护可持续发展，同时保护自然环境等。

图 4-15 大海陀自然保护区自然探险

自然探险的受众群体 自然探险活动的开展需要受众群体具有一定的心理素质和体力素质,特别是对于高等级的探险活动,例如,攀岩、徒步穿越等活动,需要专业探险人员陪同或具备专业的探险技巧,适用于专业的探险爱好者和户外探险团体。

(4) 自然解说

自然解说是开展自然教育最主要的形式。解说是一种以实物、人工模型、景观和现场资料向受众介绍自然遗产与文化的意义及人类与它们相互关系的交流过程,旨在帮助人们更多地了解自身与环境的关系。解说不仅仅是简单资讯的传达,更是信息的交流,因此,理应具有科学性、趣味性、教育性、艺术性,能引导受众全面准确地了解自然环境,启发受众的环保意识,给受众以有意义的自然教育体验。自然解说是自然教育的载体,通过解说媒介能够使受众在自然环境场域内更好地理解资源和环境,并使其思考和反思自己对待自然环境的态度、意识和行为,最终培养其养成正确的自然价值观和行为活动。

自然解说的主要内容 自然解说的内容即是开展自然教育的内容,主要有自然科学知识、自然技能知识、自然价值和自然伦理等。一般来说,自然资源是自然解说的基础,也是开展自然解说的主要内容,自然解说的媒介通过对自然教育场域内自然资源和人文资源的调查与评价,挖掘可利用的信息,并融入自然教育相关知识、自然保护理念等,通过具体的方式,将信息传递给受访者。

自然解说的受众群体 由于受众的年龄、受教育程度、专业背景、出游方式等不同，不同的受众对解说的理解和对自然解说形式的接受能力不同，对解说的需求也不尽相同，为了能使环境解说达到较好的结果，自然解说过程中需要不同的解说方式。这就需要对解说的教育对象进行深入研究，了解不同受访者的解说需求、解说偏好、期望等，根据不同受众的需求，不断优化自然解说教育系统，在解说的过程中确保受众得到相关自然知识和自然价值的教育。

自然解说的媒介　自然解说媒介是进行自然教育的一种强化方式。自然解说媒介分为向导式解说媒介和自导式解说媒介。向导式解说媒介指的是以具有能动性的专门人员向受众进行主动的、动态的信息传导服务，向导式解说媒介一般有导游员、解说员（图 4-16）、咨询服务中心服务人员等。自导式解说媒介指的是由书面材料、标准公共信息图形符号、语音等无生命设施、设备向游客提供静态的、被动的信息服务，自导式解说媒介有标识牌、旅游手册、导览图、语音讲解、视频放映等。向导式解说媒介和自导式解说媒介都具有直观性和参与性等特点，但不同的解说媒介适用于不同的解说主题和解说内容，在选择自导式解说媒介或者向导式解说媒介的时候，应考虑信息传递的效果性和实际可操作性。

图 4-16　自然教育解说员

自然解说媒介的选取和解说形式的组织，对于自然教育效果是十分重要的。要根据不同的受众者和不同的自然资源进行不同形式的解说：如针对比较专业、枯燥的自然科学知识，应该采用趣味性解说、体验感受式解说，使枯燥的知识生动起来；针对感悟、反思类的自然价值和自然伦理方面的知识解说，应该采用启发式教育解说，使受众在此解说过程中通过亲自参与体验来反思和获得感悟。

2. 自然教育课程的特征

(1) 教育环境的广阔性

大自然教育提倡者哈蒙曼（Hammermann）认为，没有一个学习环境像户外教室那么宽广、那么多变、那么吸引人。自然教育课程把教室搬到了大自然中，充分体现了其利用自然环境教育孩子的适宜性。

(2) 教育资源的丰富性

自然教育课程的教育资源就是大自然中所拥有的一切可以利用的资源。从植物、动物、农作物到石块、树皮、土壤，还有塑料、金属零件等，应有尽有，只要你能想得到、看得到的都可以用作自然教育课程的材料，可谓包罗万象、无所不有，而且相当一部分都是大自然中可利用、可再生的资源。大自然就像是一个大仓库，不论是自然教育从业人员还是自然教育活动参与者都可以随意取用——自己选、自己裁、自己做。根据课程的安排，自然教育从业人员还可以带参与者到田野、山间，在不同季节收获不同的瓜果蔬菜，同时，还可以组织各种有意义的活动等。

(3) 教育功能的多元性

自然教育课程提供给人们丰富的学习环境，它的教育领域是多元的，除了认知教育以外，还具有艺术教育、社会教育、健康教育、环保教育等多种教育功能。自然教育课程追求顺应自然和回归自然，它依托全息化的大自然教育场，对假自然进行彻底摒弃或改造。自然教育课程会尽可能保留一些原始的、天然的、未经人为开发和破坏的原生态自然资源，在这样一种真实的自然物景与情境中，人们会更加愿意调动身体的多种感官去感知周围世界，因此，自然教育在社会、环保等多领域都具有教育作用。

3. 自然教育课程的分类

在现阶段的自然教育行业发展过程中，涌现出了多种形式、主题丰富的自然教育课程，面对不同年龄层次的受众，从业机构对自然教育课程的设置也进行了不同的设计。

按照自然教育课程的持续时间，我们可将自然教育课程分为：体验式课程、专题型课程（图4-17，图4-18）和持续学习型课程。

(1) 体验式课程

体验式课程指的是为初次接触自然教育的人群设计的引导性、体验性的课程形式，这类课程注重参与者的体验感受，旨在通过参与者与自然亲

图 4-17　番薯乐园植物课程专题活动

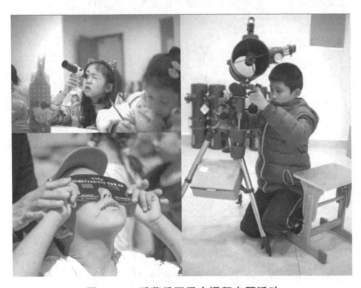

图 4-18　番薯乐园星空课程专题活动

密接触,令参与者产生对大自然的向往。一般的活动内容设计是以自然界中的某个小的现象入手,激发参与者的兴趣,进而引导参与者亲自实践,感受自然的独特魅力。这类课程的活动时间设计一般为一天或者几个小时。

(2) 专题型课程

专题型课程指的是通过专业人员的带领,参与者对自然界中某个领域、某个现象进行深入的学习、研究、实践的课程形式。这类课程具有一定的科学性和探索性,通过专业的自然教育讲师或者更高层次的专业知识水平的教授、讲师带领参与者对自然现象进行探究、实验,从而感知自然的奥秘,使参与者产生对大自然的探索热情,并逐渐形成敬畏自然、保护自然的自然观念。这类课程的活动时间设计一般以集中性学习课程为主。

专题型课程——生命的起源:水与生命的关系

2019年1月21日,由旗山森林学校与番薯乐园共同承办的"伊甸园计划"冬令营正式启动。本次冬令营由"伊甸园之岛""生命的起源""怪兽的世界"三个相互衔接的模块组成,融合数学、艺术、自然等多学科知识体系,旨在让孩子们在了解万物形成发展的同时结合所学去动手创造心中的所想,亲近大自然的同时,培养孩子们团队协作、自我观察、学习及思考能力。

"生命的起源"为"伊甸园计划"冬令营课程第二模块,贯穿22日整天。本模块的内容为探索生命的起源,窥探物种的最初形态。

一、课程主题:水与生命的关系

二、开课时间:2019年1月22日

三、授课地点:福州旗山森林温泉度假村

四、主办单位:福州旗山森林学校 番薯乐园

五、课程内容

(一)生物的奥妙

1. 时间:9:30—11:30

2. 授课地点:旗山登山步行道(康养2号线)

3. 授课内容:

走入旗山深处的自然观察,辨别不同的植物与动物,感悟不同植物、动物的特征、生长习性,拾取大自然的馈赠,在老师的讲解传授中学习、探索大自然生物的奥妙,激起孩子们投身于爱护大自然、保护生物多样性的行动之中。

(二)水底世界

1. 时间:14:30—15:30

2. 授课地点:自然宣教中心

3. 授课内容:

本次课程中我们将会

①感悟水的起源，了解水起源的三大假说(外源说、太阳风生水论、自缘说)；
②感知水的物态变化(固态、液态、气态)；
③感知岩石中的水，识别水晶与玛瑙；
④了解原始海洋及海洋的变迁，感知远古的生命(蓝细菌)；
⑤认识单细胞生命体及其构造；
⑥认识显微镜的组成及类型；
⑦利用便携式显微镜观察显微镜下的世界，邀请小朋友作为志愿者，探索肉眼不可见的微观世界。

(三)发现水的世界

1. 时间：15：30—16：30
2. 授课地点：自然宣教中心
3. 道具准备：垫纸板、轻黏土
4. 授课内容：

认识水中的单细胞生物——草履虫的形态、器官及生长习性，利用各色轻黏土，捏制一只完整的草履虫(包括形状及各器官)。

案例来源：番薯乐园。

(3)持续学习型课程

持续学习型课程指的是为特定的人群专门设计的完整的课程体系，这个课程体系关注参与者的持续性学习，自然教育课程设计可以涵盖更广的领域，也可以针对某一领域进行课程设计。通过参与完整的自然教育课程，参与者可以基本形成对自然界的全面认识，在自己的思维体系中建立相应的自然理念，不仅参与者可以学习到很多自然知识，更重要的是可以潜移默化地影响参与者对大自然的根本认识，从而达到自然教育的最终目的。这类课程的活动时间设计以学期或者以学年为单位。

持续学习型课程——流星花园：园艺提升环境价值系列课程

课程意义：园艺是"园"与"艺"的集合，"园"字是指种植蔬菜、花木的地方，"艺"字则是指技能、技术。"艺"字作为动词时，本义是"种植"的意思。

该课程用9个月的时间，以园艺为主要技术项目，通过对沙土环境进行改良，不仅展示园艺之美，更能在城市相对恶劣的小面积环境里，提高环境的使用价值。

课程参与人员：5~16岁儿童

课程安排：每年2~10月份每周一次

课程内容：1. 平整土壤（去杂物、除草根）。选择一块面积约为20平方米的工地废弃角落，土壤主体含有沙子和大量的野生草，草根深达1米左右。先除草，然后对土地进行平整。

2. 播种。选择春季进行播种，此时气候温暖湿润；同时，选取向日葵、波斯菊等10种维管束草本植物种子数量共约1000颗，采用间隔种植法，坑与坑之间间隔1分米，每个种植坑种3~6颗种子。

3. 养护（除虫、施肥、浇水）。自然生长的植物容易出现黄叶或虫斑，采用植物自然驱虫法，尽量少用农药制剂，浇水时控制好间隔以及浇水量。

4. 记录。结合自然笔记的课程，从发芽开始，每周一次的常规观察和特殊节点的观察相结合。

5. 管护。对于过于密集或者坏死的部分进行间隙采摘，采摘的花可以结合自然创作课程，例如，花瓣画。

6. 收获。经过3个月的种植、栽培，现在的这个角落已经成为一个阳光灿烂、五彩缤纷、生机勃勃的小花园，期间可以观察到有近20种昆虫寄居、传粉，形成一个独立而又完成的生态小环境！

可以开展的相关的课程：

自然观察、自然笔记、自然创作、自然游戏

案例来源：福建旗山森林学校、番薯乐园。

按照自然教育课程的内容，我们可将自然教育课程分为健康领域的自然教育课程、语言领域的自然教育课程、社会领域的自然教育课程、科学领域的自然教育课程和艺术领域的自然教育课程。

(1) 健康领域的自然教育课程

实践表明，经常参与户外活动的人们身体更加健壮，动作更加协调灵活，情绪控制也更加稳定。健康领域的自然教育课程通过充分调动感官与周围环境互动，使各种感官共同作用帮助人们开发完整而全面的大脑功能，对提高认知能力、促进身心健康具有非常重要的作用。徒步、露营、登山、探索边界、林地土坡攀爬便是典型的健康领域自然教育课程。

(2)语言领域的自然教育课程

发展语言能力的关键在于使人们善于运用语言,乐于表达、敢于表达。因此,要为人们创设一个好的语言环境,让他们想说、敢说、乐于说。苏联教育实践家苏霍姆林斯基(Василий Александрович Сухомлинский)把大自然称为取之不尽的"活的语言和思想的源头",他认为,置身于大自然中,人们对语言的亲身体验也更加强烈,自然美景对人们想象力的激发,可以使人们的语言变得丰富和生动。通过对大自然的细致观察和亲身体验,人们的语言才会鲜明、贴切而丰富多彩。该领域的自然教育课程有围圈发言、生物描述等。

(3)社会领域的自然教育课程

"社会"是一个综合的学习领域。社会学习渗透在人们日常生活的各个环节,并融入各种学习活动中。社会态度和社会情感等往往在潜移默化中形成,主要通过积累现实生活和活动中的相关经验来学习,而不是辅导员直接"教"的结果。自然教育课程将生活经验作为社会课程内容的重要来源和依据,通过环境影响和感染参与者,进而提升人们的社会态度和社会情感。一起搭鸟窝、放羊、玩泥巴、垂钓可以锻炼人们的团结合作和沟通能力;在名胜古迹、园林等与自然关系亲密的场所开展的文化、诗学、传统风俗等活动可以提高人们的人文素养,加强精神追求,开启思维源泉;此外,农耕种植、摄影、野炊等活动也可帮助人建立与自然的联结,使人们感受自然,学会与自然和谐相处。

(4)科学领域的自然教育课程

该领域的课程主要是认识自然活动,以博物学为基础,开展各种生物(昆虫、菌类、植物、鸟类)、地理气候(物候、区域自然环境)、地质(水纹)岩石矿物、天文等认识活动。辅导员可以指导学生自己种植植物,让学生将自己收集的种子进行栽培,每天观察其生长变化,自主探寻事物的本源,以培养学生的动手、动脑能力。辅导员还可以带领学生到农村去,到田间地头去看耕种与收获。此外,在进行科学教学时,园中的小动物也可以作为实践、教学的素材,提供给学生进行观察、饲养等。可以组织学生饲养蚕宝宝,观察校园中的蚂蚁、蜗牛等各种动物。

(5)艺术领域的自然教育课程

大自然自由宽松的创作环境可以很好地激发人们的想象力与创造力,自然教育活动和艺术活动的结合,能够很好地释放人们的天性,提高人们的思维能力,促进其审美与艺术的发展。例如,在自然教育美术活动课程设计中,可以引导学生以"自然"为主题,采集大自然的素材进行美术创作

(图4-19)。首先，激发学生亲近自然，热爱自然的情感，让他们在自由、宽松的自然环境中观察、思考，从而激发他们的美术创作兴趣。其次，引导他们通过对自然素材的理解和应用，采用多样的表达方式和方法，从而创作出自己满意的作品，比如，利用枯枝、树叶等原始材料设计制作昆虫与动物的模型。

图4-19　番薯乐园持续性课程自然笔记(折叠书)展示

从自然教育课程的内容来看，无论是健康、语言、社会领域，还是科学与艺术领域，各个领域的课程都可以巧妙地与自然联结，让人们在活动中认识自然、了解自然，感受大自然的美妙。当然，各个领域的自然教育课程也不是孤立存在的，只有做到各领域相互融合、相互贯通，才能达到事半功倍的教学效果，从而帮助人们获得更加全面的发展。

第二节　自然教育实操

一、自然教育课程设计

(一)含义

课程设计，也称课程系统设计，是面向课程系统，解决课程问题的一种特殊的设计活动。它既具有设计的一般性质，又须遵循课程的基本规律。设计课程的过程就犹如创作剧本，只有完成收集素材，构思情节，加工组织，并以合适的方式加以展现，最后才能做到打动对方，实现课程设计目标。

自然教育课程设计就是针对教育目标以及课程过程中可能出现的问题，运用系统方法进行分析研究，结合自然教育实施者与接受者的实际情况，设计课程方案，恰当地选择课程媒介实施课程方案，评价反思试行结果并对设计方案反馈修正的循环过程。

(二) 基本要求

对自然教育进行课程设计需要遵循以下要求。

1. 注意设计的系统性

课程设计是一项系统工程，它是由课程目标对课程对象的分析、课程内容和方法的选择以及课程评估等子系统所组成，各子系统既相对独立又相互依存、相互制约，共同组成一个有机的整体。各子系统的功能并不等价，其中，课程目标起指导作用。因此，课程设计应立足于整体，每个子系统应协调于整个课程系统中，做到整体与部分辩证地统一，各系统间有机地结合，最终达到课程系统的整体优化。

2. 注意设计的程序性

课程设计是一项系统工程，诸子系统的排列组合具有程序性特点，即诸子系统有序地成等级结构排列，前后环节区别有序、环环相扣。根据课程设计的程序性特点，课程设计中应体现出其程序的规定性及联系性，确保课程设计的科学性。

3. 注意设计的可行性

自然教育课程设计要成为现实，必须具备两个可行性条件。一是符合主客观条件，主观条件为应考虑学生的年龄特点、已有知识基础和师资水平；客观条件为应考虑课程设备、地区差异等因素。二是具有可操作性，课程设计应能指导具体的实践。

4. 注意设计的反馈性

自然教育课程成效考评只能以学生在课程过程前后的变化以及对学生认识转变的科学测量为依据。测评课程效果的目的是为了获取反馈信息，以修正、完善原有的课程设计。

5. 注意设计的主体性

以人为本是自然教育课程设计主体性原则的本质特征。主体性的重要表现是主动性，即指自然教育课程中应充分调动学生的积极性，发挥学生的主体作用，使学生有效地参与到自然教育活动中去，积极主动地探索和发现自然的奥秘、感受人与自然的关系。因此，课程设计要善于不断地创造具有激发性的课程情景，让学生产生对探索自然的兴趣，诱导学生主体性发挥。

6. 注意设计的生态性

自然教育就是教育人们认识自然、保护自然、敬畏自然的一门科学，是追求"自然—人—社会"和谐发展的学科，它所具有的最本质属性就是生态性，它要求实现人与自然环境、生态系统的统一。因此，在进行环境课程设计时要充分考虑生态性，并将生态性融入自然教育的课程当中。

7. 注意设计的实践性

自然教育是一门以知识传授为基础，重点培养技能、情感、意识的学科。在课程中进行实践活动，使学生在实践中学习才是最好的自然教育课程方法，所以在条件允许的情况下，自然教育教学最好采用综合实践活动的课程方式，这种方式有利于学生的成长。

8. 注意设计的可持续发展

自然教育发展到现在，其伦理基础就是可持续发展理论。可持续发展的标志是资源的永续利用和良好生态环境的保持。可持续发展的目标是谋求社会的全面进步。但是可持续发展这一目标的实现是个长期的过程，因此，如果想真正实现可持续发展，在对受众进行自然教育时融入可持续发展的理念是必不可少的。

(三) 流程

自然教育课程设计作为课程设计的一个分支学科，由于其独特的学科属性，除了与一般的课程设计基本相同的设计流程与方法外，它的课程设计流程也有其独特的地方。自然教育课程设计的流程应分为如下几步。

1. 学前分析

如果说课程设计是一个解决问题的过程，那么学前分析便是解决问题的起点，这对自然教育课程设计来说也无例外。若想将自然教育顺利地开展下去并取得令人满意的成绩，第一个环节就是进行学前分析，以此认识课程中存在的问题与需要，确定课程问题的性质，阐明学习者满足学习需要所需的知识、技能、行为经验，规定学习者学习内容的深度与广度，了解学习者的学习风格、学习者的知识基础等关键要素，从而使课程设计更加具有针对性，实用性。学前分析主要包括以下三个方面。

学习需要分析。学习需要是指学习者现有的知识水平与预期达到的知识水平之间的差距。自然教育参与者的学习需要即指学习者在接受自然教育之前与接受自然教育之后，其自身关于自然知识、技能、意识等多方面所产生的差距，也可以说是自然素养上的差距，这一差距就是学习者对于自然教育的学习需要。通过对学习需要的分析，认识到现实与预期的差距，有利于自然教育者发现问题的本质，有利于形成课程设计项目的总目标，为课程设计往下进行的系列步骤提供指导，有利于理顺问题与方法、目的与手段间的关系。因此，在自然教育课程设计之前，对学习需要进行有效的分析是十分必要的。

学习内容分析。学习内容是指为实现课程目标而要求学习者系统学习的知识、技能、行为经验的总和。分析学习内容旨在说明学习者所要学习的知识、技能等，规定学习者需要学习内容的深度和广度。自然教育的学习内容涉及很广，包括自然生态科学知识、环保技能、环境伦理等，同时由于它独特的学科性质，使得自然教育可以渗透到几乎所有学科的教学当中，因此这就导致了自然教育者对学习内容分析的必然性。有些自然教育的内容是显性的，令人一看就明白此处可以展开自然教育，而有些自然教育的内容却是隐性的，需要教育者通过对课程内容的分析来挖掘。

学习者分析。传统的教育忽视了学习者的地位、学习者的身心发展特点等众多方面的因素，现实却是每个学习者都有自己独特的学习风格、认知习惯、心理特征，忽视了这些要素的教育必然是不成功的。自然教育的学习者分析更加关注自然教育学习者的年龄、心理特点、兴趣点等个性化特征，根据不同类型的目标受众设计特色课程，这符合自然教育的产业发展特点，也符合自然教育的根本目标。除此之外，在自然教育活动过程中，专业的从业人员更加注重建立受众和自然的情感联系，更加注重对其自然保护意识和生态素养的培育，这也是自然教育学习者分析的重要内容。

2. 确定课程目标

自然教育课程设计的第二个环节就是确定课程目标。课程目标是课程的出发点与归宿，它对受众的发展起着调整和控制作用，并最终决定自然教育活动的效果。因此，在进行自然教育课程设计时，自然也要对课程目标进行设计以确定预期达到的效果。

从自然体验和自然探究的基本需求出发，在横向维度上可将课程目标划分为"自然品性""自然能力"和"自然认知"三个基本方面。

自然品性是指人们在与自然互动的过程中表现出来的良好的情感倾向、行为习惯和学习品质。人们与自然的互动，需要遵守一定的规则，养成一定的行为习惯。反之，自然也会滋养人们的心灵，就如艾默生所说"培养好人的秘诀就是让他在大自然中生活"。

自然能力包括自然适应和自然探索两个基本方面。自然适应方面主要包括对于不同自然环境的适应能力、在自然中的自我管理及自我保护能力等，这是人们探索自然最为基础的能力要求。自然探索方面，则是人们与自然互动的过程中获取和处理信息的能力，包括自然观察能力，自然探究（核心是问题解决）能力和自然表征能力三个基本方面。

自然认知主要指人们在与自然互动的过程中对周围自然事物和现象的认识。这种认识不是对具体知识的掌握，而是形成一些基本的认知概念，包括对自然的多样性、独特性、相互关联、生存要素、生命历程、生存与适应、人与自然等基本方面的认知。需要强调的是，"博物"不是自然教育的主要目标，在认知层面应重在协助人们建立对自然基本的、整体性的感受和初步认识。

3. 制定课程策略

通过对学习需要和课程目标的分析，课程设计进入了第三个环节——制定课程策略。课程策略是对完成特定的课程目标而采用的教学活动的内容、程序、方法、形式和媒体等因素的总体考虑。

在制定课程内容时，既要考虑不同年龄阶段的差异性，也要关注不同年龄阶段之间的衔接性。在纵向的维度上，不同年龄阶段发展的侧重点不同。低年龄段的幼儿应该更侧重对自然的亲近，借助基本的感官感知自然的多样性，感受自然事物的基本的显性特征。中年龄段的青少年应该更侧重感受自然的乐趣，通过细致的观察和探究发现自然更多的独特性，认识到自然中的事物是相互关联的，等等，并借助某些方式将自己的发现表征出来。高年龄段的成人则更应该关注自己与自然关系的认识，侧重对自然中事物的一些隐性特征的体验或探索，更加强调深度的探究，形成整体性的概念或认识，并通过自然笔记、自然戏剧等形式进行表征。自然教育课程在设计时需要充分关注以上提到的不同年龄阶段的差异性，同时，也要关注自然教育学习发展的整体性和连贯性，使学习者从"走进自然"到"乐在自然"再到"关爱自然"，形成对自然的整体认识，不断实现自然情感和整体认识的升华。

课程内容设计完成后，在制定课程策略时也要考虑课程形式，一般以主题形式进行课程组织。不同的内容，采用不同的主题组织形式。有的采用强调横向广度的概念主题，如《花儿朵朵》。有的采用追求纵向深度的项目主题，如《蚕宝宝成长记》。具体采用什么样的组织形式取决于课程主题的内容及课程受众的年龄阶段。部分课程主题会在不同年龄阶段重复出现，但侧重点又有所不同，课程深度随学习者年龄的增长逐步递进，有效衔接。此外，在衔接性主题的设定上，还会考虑季节的因素。部分主题在同一个季节不同年龄阶段进行，如秋季"种子"的主题和春季"花"的主题。部分主题则会选择不同季节的轮换，如"树"的主题和"叶"的主题，以尽可能帮助人们感受到同一种自然事物在不同季节的变化。

4. 拟定教案与活动计划

自然教育的两种最主要的教学方式就是课堂教学与综合实践活动。这两种教学方式的实施并不是盲目的、随意的。我们不否认这两种教学活动在实施的过程中存在着随机性和灵活性，但这不代表教育者可以随意地、毫无准备地展开教学。自然教育者同其他学科的教师一样，也需要在教学活动开展前，做好详细的策划与准备，即课程设计的第四个环节——拟定教案与活动计划。

如果将要教授的内容以课堂教学的方式来传授，则应当准备好一份教案，把将要传授的内容以纲要的形式呈现出来，以指导接下来的教学；如果将要教授的内容以综合实践活动的方式来传授，则要准备好一份活动计划书，记录关于活动的整体推进过程、实施地点、所需器具等内容，并将活动过程中可能出现的问题一一列出，以避免在活动实施过程中遇到问题时不知所措。

教案与活动计划书的编写只是对将要进行的课程活动的一种预判，它们不可能真实、完全地反映出教学活动的全貌。于是，这就需要教授者充分发挥自身的主观能动性，做好充分的准备，一旦遇到各种问题时，可以及时有效地给予解决，同时积极反思，对已拟定的课程方案不断进行补充、更正和修改，以期在未来的教学中发挥更好的指导作用。

5. 选择课程媒介

经历了前四个阶段的理论梳理，接下来进入课程设计的第五个环节——选择课程媒介。课程媒介的使用可以增强课程效果，在枯燥无味的课程中添加一些直观、显性的元素。

自然教育更是如此，它同样需要各式的媒介、资源作为课程媒介来推动课程效果。自然教育课程媒介的选择除了与其他传统学科在媒介选择方面存在相同之外，如多媒体的使用，模型、实验器具的使用，也有其独特的媒介及媒介选择依据。

第一是自然教育所选择的媒介除传统课程用具之外，教育者与学习者所在的周围环境也是其用来教学的媒介，如进行水污染调查活动时，被调查的水环境亦是媒介。第二是自然教育所选择的媒介不一定是传统的课程用具，如进行固体废弃物调查活动时，一次性筷子、塑料垃圾袋泡沫塑料等是最好的课程媒介，这与传统课程媒介截然不同。第三是自然教育的学科性质决定了其选择媒介的方法也有所不同。传统的媒介选择依据是备选的课程媒介是否与课程目标、课程内容相符，是否与教学对象的基础和心理特征相符，是否有这样的教学条件满足教学，而自然教育课程媒介的选择不仅要考虑这些因素，还要考虑所选择的课程媒介是否具有生态性、是否绿色化、是否可循环利用等多种因素，它要求不要为了教学而制造污染，否则就违背了自然教育的初衷，如进行化学实验时要考虑这一实验的引入是否会产生有污染的物质，所使用的课程媒介是否可以循环使用，等等。

6. 课程设计成果评价

课程设计整个流程的最后一个环节是课程设计成果评价，评价课程设计即指对教师所做的课程设计进行评价，从而肯定其设计的优良之处，发现设计的不足与遗漏，及时反馈信息，对课程设计进行修改、更正和补充。这个环节的作用在于：一是可以对前面所做的课程设计工作在教学中所起到的实际效果做一个评估；二是可以对所做课程设计本身进行评估，不但可以发现设计的优点，还可查缺补漏。

(四) 实操

关于自然教育课程设计实操，这里列举了一些适合在城市公园、湿地公园开展的课程案例，供读者参考。

1. 城市公园的自然教育课程设计

随着我国城市化建设的发展，公园建设也得到了长足的发展。公园不仅仅是娱乐休闲的场所，更是一本活教材，是孩子认识自然和了解自然的重要窗口。从孩子的认知能力出发，我们可以利用城市公园进行一些课程设计。

利用丰富的动植物资源，设计生命教育课程。现代城市公园建设类型多样，有主题式公园、综合性公园、社区性的公园，结合学校周边的自然环境设计生命教育课程，不仅仅能开展认识公园内的动植物等观察记录类的课程，还可以通过生态角色扮演、生命周期游戏等设计，让孩子对生命循环规律、对周围的世界与生命有更透彻的理解。

立足公园的地理特征，设计体能教育课程。我们可以设计多样的体能运动，在奔跑躲闪、攀爬躲藏等游戏中充分调动孩子的各种感官，促进孩子身体机能的协调发展，增强孩子体质，从小锻炼孩子克服困难、坚强勇敢等意志品质，这也是在幼儿园场所中不能实现的教育功能。

基于园林规划与自然材料，设计艺术创作课程。现代公园的园林设计，本身就是一门艺术，我们可以利用公园的规划设计，利用有不同地域公园特征的自然物，进行艺术作品的欣赏与创作，比如，艺术压花、组合盆栽等，陶冶孩子的审美情趣。

结合公园可回收资源，设计建筑建构课程。公园里可供娱乐的设置各有不同，可因地制宜，利用公园掉落的树条、废弃的木头等可回收资源制作简单实用的绳索、辅助家具、树屋、家庭周边工具等，在公园里接触、了解、感知、探索中提高孩子对自然事物的辨别能力，通过简单的建筑知识与建构设计，提高孩子的生存和生活能力。

结合传统节日与自然教育理念，设计节日自然课程。将传统节日作为自然教育理论视野下课程开发的起点，在课程设计中顺应儿童天性和自然体验的原则，我们可以设计不同时节、不同主题的自然教育课程。比如，在植物节，可以通过植物、救治动植物等活动，让孩子学会保护环境；在环境保护日，可以设计垃圾分类、公园环保提示牌设计等活动，增强孩子们的环保意识；在中秋节可设计相应的天文地理活动，帮助学习日月更替、时光流转、气候变化等知识……

其实，利用公园的优势，我们可以设计出很多自然教育相关的课程，通过在公园开展丰富多彩的自然教育活动，将人们吸引到自然中，帮助人们去真实地体验、认识自然，最大限度地解放自己的身体和思维，去感受来自自然环境的刺激，形成并逐步提升对自然、社会、自我三者内在联系的整体认识，同时，也会因地制宜，形成符合自然教育学习者发展核心素养需求的自然教育课程体系(图4-20)。

图4-20　城市公园的课程体系效果示意图

2. 湿地公园的自然教育课程设计

湿地公园因其特殊的自然资源具备了开展自然教育活动的先决条件，结合对自然教育三大要素的考量，围绕湿地资源的自然教育课程设计如下。

(1) 自然观察类体验课程活动

自然观察类体验课程活动应在静态自然教育区域开展，课程活动内容以湿地自然山水风光游赏为主，参与者以成年游客为主，幼儿、学生群体为辅，课程活动开展需要有专业解说员或自然体验师进行引导。可以开展的活动主要有：湿地植物鉴赏、湿地生态系统观察、湿地沼泽观察水鸟觅食等生活习性等。

(2) 户外教学类体验课程活动

户外教学类体验课程活动应在合理利用区及自然教育区域开展，参与者以幼儿、中小学生群体为主，课程活动应简单有趣、易于操作，活动开展需要专业的自然体验师进行引导。活动可包括：湿地讲堂、动植物识别、标本制作、湿地植被种植、植物认养、水鸟保护、拼图拓印、水的三态变化等自然教育活动。参与者通过参与这类课程活动，不仅能增长知识，还能培养起自己对自然更敏锐的洞察力，提高理解自然现象、发现环境问题的能力。

(3) 互动体验类课程活动

互动体验类课程活动应在合理利用区的动态自然教育区内开展，参与者以亲子家庭、中小学生为主。活动仍以自然教育为目的，帮助参与者通过参与富有新意的体验活动，加深对自然的认知，提升孩子们的动手能力、辨别能力、团队协作能力以及处理社会关系、人际关系的能力，学会正确处理"自然—人—社会"三者关系。活动主要有：生态趣味问答、户外拓展训练、模拟自然游戏、自然物手工艺制作、手作步道、亲子DIY、吹叶子比赛等。

(4) 休闲养生类体验课程活动

休闲养生类体验课程活动参与者以成年群体，尤其是中老年人群为主。活动主要有：登山、漫步、瑜伽、品茗、垂钓、露营、采摘、骑行、阳光浴、森林浴、森林疗养。通过这类亲近自然的活动，旨在让参与者了解自然对于人类生存和健康的重要意义，从而树立起人与自然和谐共生的生态价值观。

(5) 文艺创作类体验课程活动

文艺创作类体验课程活动参与者以学生、艺术爱好者为主。活动主要有：湿地写生、摄影、书法、大自然彩绘、叶子自然创作、手工编织以及各类节庆活动等。

(6)公益保育类体验课程活动

组织各类公益和志愿活动,如定期招募志愿者进行河漂垃圾清理、"打绿怪"等活动,还可发动志愿者进行公民科学活动调查等,倡导人们关注和保护湿地,帮助人们认识湿地保育的重要性,了解简单的湿地保育技能,树立起"爱护湿地,人人有责;保护湿地,从我做起"的良好行为。

二、自然教育活动安全风险管理

(一)自然教育活动安全风险

1. 自然教育活动安全风险的来源

风险含有多方面的意思,就自然教育活动而言,风险指可能造成伤害、事故和损失的危险或事件。自然教育活动安全风险主要来自自然安全风险和人为安全风险。自然安全风险指自然界发生的,对自然教育活动以及参与者本身构成威胁和危害的一切非人为因素,属于不可抗力范畴。人为安全风险主要指自然教育活动参与人员自身存在的风险因素,包括自然教育活动组织者风险和参与者风险。

(1)自然安全风险

由于自然教育活动的项目特点,大多数的活动都需要在大自然的环境中进行,而自然环境的复杂性、多变性也构成了自然教育活动的自然安全风险。在参与自然教育活动时由于天气变化、地形地貌、自然灾害和野兽袭击等一些不确定的因素所造成的风险事故即自然安全风险。常见的自然安全风险如下。

①天气、季节:同一地点,天气和季节的不同会导致危险因素及程度也不尽相同。

②地形地貌:高海拔地区、森林、峡谷、湿地等所要面对的情况是不同的,各种复杂环境、地形可能会造成风险事故。

③不可抗的自然灾害:如地震、泥石流,狂风暴雨所造成的道路危险。

④毒蛇猛兽及猎人的各色陷阱:电猫、铁夹(绳套)、地炮、土地雷等。

自然安全风险是进行自然教育活动过程中的一个较为重要的安全风险因素。自然教育活动参与者在进行自然教育活动时要保持对大自然的认识和对大自然的尊重,做到不去破坏自然生态环境,保护生态环境,只有这样才能真正地感受参与自然教育活动带给我们的快乐,同时保证自身和朋友的身体安全。

(2) 人为安全风险

①组织者风险：在自然教育户外活动的过程中，活动的组织者在整个过程中发挥着极为重要的作用，有时候自然教育活动安全事故的发生往往是由于一些领队或组织者、培训人员对自然教育活动技能掌握不够、缺少职业道德，例如，组织者没有对出行计划进行很好的设计，出行前未进行充分调研和考察，不能够很好地对突发事件做出合理的应急预案、进行辨识和判别，遇到危险时不能够及时地进行处理，领导能力不足等一些因素都能够造成安全事故的发生。

②参与者风险：有一些安全事故的发生是由于自然教育活动的参与者对一些基本的自然教育活动技能掌握不够、缺乏足够的安全意识、不能够理性地对待突发问题所导致的。受传统观念的影响，很多自然教育活动的参与者认为自然教育活动就是在"玩"，安全意识有所缺乏。由于意识上的淡薄，很多参与者容易将领队讲授的安全知识点忽略，最终在活动过程中出现安全事故。此外，在参加自然教育活动时过度膨胀的冒险精神与无知，总是冲在最前面、爱表现、专挑危险路段前行、存有一定侥幸心理、注意力不集中、自我保护意识薄弱、不遵守团队纪律、不尊重领队、不听队友的劝告、以自我为中心、不懂得队友之间团队协作等也都可能会造成自然教育活动的安全风险。这些因素不是独立存在的，而是相互综合在一起，使安全风险的级别呈几何倍数放大。

2. 自然教育活动安全风险的特征

(1) 客观性

由于自然教育的活动场所大多是大自然中存在着的自然场地，具有客观的存在状态和存在形式。因此，在自然教育活动的过程中，安全风险是客观存在的，且在活动整个过程中都有可能发生，很难去预判，并且不会因为人的意志而转移，这便造成了自然教育活动安全风险的客观性。

(2) 复杂性

自然教育活动安全风险的复杂性主要表现在自然环境的复杂性和人文因素的复杂性这两个方面。作为自然教育活动的参与者，人们在参与活动的过程中，首先需要尊重和理解大自然，不能想着去征服大自然，这一活动的参与过程，往往也是人们与大自然高度融合的过程。大自然中所存在各种不同的自然环境和不同气候所衍生出的不同地形、植被、动物等各种事物，其中的复杂性和不同之处，可以使得人们在接触大自然的同时，体验一种全新的乐趣，同时也构成了自然教育活动安全风险的复杂性。

(3) 不确定性

相对于个别风险事件而言，自然教育活动安全事故的发生存在偶然性与随机性，其是否发生、发生的概率、发生的严重程度等都是不确定的。自然教育活动安全风险受到各方面的因素影响，包括自然环境、天气、参与者的健康状况和心理品质等，这些因素使得自然教育活动安全风险存在着不确定性。

(二) 自然教育活动安全风险管理

1. 意义

随着自然教育行业的快速发展，自然教育机构数量增长，机构开展的活动也越来越多，活动过程中存在的安全风险也就成为组织者和参与者十分关注的问题。在自然环境下，让参加自然教育活动的人员获得安全保障是开展自然教育的前提。自然教育活动安全风险管理的意义便在于在风险发生前进行管理规划，识别与评估可能发生的风险，并建立方法来降低或避免风险的发生，而这些方法是将可能发生的风险提出后，所设想出的一套避免风险发生或降低风险发生率的事先处理流程。透过适当的风险管理，可减轻风险发生时所负担的损失，使风险发生时的不良影响降到最低。

2. 原则

(1) 全面周详原则

全面系统地了解并掌握自然教育活动各种风险因素引发安全事故的概率、可能造成损失的严重程度，是实施自然教育活动安全风险管理的重要基础。自然教育活动是一个由组织者、参与者、自然环境、人文环境、水源食品、动植物、活动项目等要素共同组成的有机整体，系统各要素之间会相互影响，相互作用，而且各要素也时刻处在动态变化与发展之中。有些潜在安全风险因素的量变会在一定外在条件下导致质变，甚至会转化为更大的安全风险事件，忽视某一个管理环节或疏忽某一个安全风险因素，轻则无法达到自然教育活动效果，重则可能引发重大的风险事故。因此，实施自然教育活动安全风险的识别、评估、应对等工作，均应坚持全面系统的原则。

(2) 预防为主原则

自然教育活动的诸多元素——组织者、实施者、参与者等人员，器材、装备、交通、水源、食品等物资，气候、地形等自然环境，制度、氛围、性格等人文环境因素——导致自然教育活动安全风险的发生具有客观性和不确定性。鉴于青少年是自然教育活动的主要受众，自然教育活动容不得半点粗心和闪失，否则后果将是参与者个人、家长、组织者乃至机构都无法承担的,组织机构声誉的无形损失也将无法估量。凡事预则立,不预则废,为了尽可能避免自然教育活动发生较严重的安全风险事故,应该做到事先预防为主,防患于未然。

(3) 及时反馈原则

循环动态变化是管理过程的固有属性,动态风险管理强调要针对管理对象的变化情况,不断调节各个环节以实现整体目标。在自然教育活动实施过程中,天气、地形、心态等方面的动态变化也是无时无处不在。作为自然教育活动的组织者,应该对活动中时刻出现的变化采取灵敏、准确、有力的反馈,做到及时把握、及时应对,将安全风险事件扼杀在萌芽状态,减少安全风险损失,达到有效控制安全风险和提高管理效能的目的。

(4) 弹性调整原则

动态管理原理主张凡事要降低刚性、留有余地,增加管理活动的柔性和弹性。自然教育活动通常具有团队规模较大、自然环境瞬息万变、参与者身体素质和心理素质参差不齐等特点,较难通过事先预防措施预见一切安全风险因素和未知事件,在具体的活动实施过程中,原先既定的安全风险管理步骤、目标、方法和手段可能需要根据实际情况灵活调整。

(5) "整分合"原则

自然教育活动活动是一个系统,涉及要素复杂,任务繁多,不能笼统盲目地"胡子眉毛一把抓"。要提高自然教育活动安全风险管理效率和效果,就必须遵循"整分合"原则,即从系统的整体性出发,预先充分细致地了解自然教育活动安全风险管理的目标、资源和环境,进而从系统的层次性将其逐一分解成单个基本要素,进行明确的任务分工,建立责任制,使每项工作规范化、具体化,最后从系统的目的性出发进行科学的组织综合,对各类的关系不断进行综合与协调,保证自然教育活动安全风险管理整体目标的实现。

3. 过程

自然教育活动安全风险管理的本质是自然教育活动安全风险规划的制定、实施和管理的过程,具体可以划分为自然教育活动安全风险管理规划、自然教育活动安全风险识别、自然教育活动安全风险评估和自然教育活动安全风险应对四个主要环节。

自然教育活动安全风险管理贯穿于自然教育活动整个过程,活动的设计、活动开展前的准备、活动进行中、活动结束后各个环节都需要采取积极的措施进行安全风险管理,它不是一成不变,而是一个循环往复,不断螺旋上升、逐步完善的动态过程。自然教育活动安全风险管理中每个步骤的工作任务和工作方法各不相同。自然教育活动安全风险管理规划是起点，是实施风险识别、风险评估和风险应对的基本指导方针，具体包括制定安全风险管理的范围、目标、方法以及开展识别、评估、应对工作的具体手段与措施等内容。安全风险的识别、评估和应对是自然教育活动安全风险管理的三大关键步骤，识别是评估的基础，评估是识别的进一步深入，为风险应对提供依据。自然教育活动安全风险识别主要是通过对以往所发生的风险事故进行分类和分析，识别分析风险源、风险因素并对其进行归纳分类；自然教育活动安全风险评估是以识别为前提评估测算安全风险因素引发风险事故的概率和风险后果程度；最后，在对安全风险因素引发事故的概率排序基础上，进一步提出自然教育活动安全风险应对的策略。

上述四个环节，环环相扣，层层递进，前一个环节为后一个环节提供工作方向和依据，后一个环节是前一个环节的深入和延续，共同形成自然教育活动安全风险管理的封闭系统。依照安全风险的规划、识别、评估和应对四个基本程序执行实施自然教育活动安全风险管理，可以更为深刻地认识自然教育活动安全风险的形成机理、更加全面地把握安全风险因素的重要程度、更加精准地探索安全风险的应对规律，由此实现对自然教育活动安全风险的有效管理，确保自然教育活动的健康发展。

(1) 安全风险管理规划

合理、完备的自然教育活动安全风险管理规划本身就能避免许多安全隐患的出现。一个好的安全风险管理规划能够在安全风险识别、评估和应对三个环节中给予全方位的指导，从而妥善地预防和解决自然教育活动中潜在的、或已经发生的安全事故。在构建自然教育活动安全风险管理规划时要全方位考量开展自然教育活动时所涉及的人的因素、环境的因素、组织管理的因素，同时需要明确重要的风险控制事宜。具体如表4-1所示。

(2) 安全风险识别

风险管理的第一步是进行危险因素的识别，即分析整个活动的环境、人以及医疗装备可能造成的危险、事故和损失，并进行排列。

识别自然教育活动安全风险，首先要了解风险系统的构成，然后根据系统要素依次分析归纳风险源和风险因素。自然教育活动安全风险的直接表现是人身伤害事故，事故通常是在忽视风险源或对风险源控制不力、控制危险情势不及时等情况下发生。风险源分类为全面地识别风险因素提供框架，分析归纳自然教育活动风险源种类是第一步需要完成的工作。把风险源进行分类后，每次活动便可有针对性地进行安全风险的识别。

表 4-1　进行自然教育活动安全风险管理规划时应考虑的因素及应明确的风险控制事宜

自然教育活动安全风险管理规划制定应考虑的因素			应明确的风险控制事宜
人的因素	环境条件因素	组织管理因素	
1. 学生： 学生规模 师生比 监督要求 控制/纪律行为 个体和全体学生的运动能力 学生的着装和首饰 安全装备/个人安全保护 医疗条件 其他方面 2. 教师： 教师资格/阅历/自信心 持续的职业发展规划 对学生个体和全班学生的了解 带队参加自然教育活动的能力 其他方面	1. 场域（自然环境） 确保干净、防滑地板 保证用水安全 确保充足的活动场地、空间 提前告知并（严格）执行自然教育活动的运作程序 严格执行防火条例 悬挂安全标志 提前进行野外动植物风险考察 其他方面 2. 程序/常规： 有秩序地到达工作区 准备急救设备 其他方面	1. 团队组织管理： 定期检查和清点学生人数 制定团队的组织/管理程序 热身活动的准备情况/安全练习 做好活动行为示范 其他方面 2. 课程风格： 根据活动计划上课 运用合适的教学风格 遵守从业守则 采用乎乎规律的、被批准认可的练习手段 采取合适的干预措施 其他方面	1. 确保教师、员工工作安全： 给教师、员工提供保护设备和服装 提供必要的持续职业发展规划 设计合理的工作程序 制定合适的纪律和控制标准 培养安全检查技能 2. 确保环境条件安全： 定期检查场域安全 放置警告通知或确保存在的地方设置保护装备 购买有相关标准机构认证的器材 检查设备安全 定期修理/维护设备 培训如何使用场地和设备 修改、完善设备使用条例

（续）

自然教育活动安全风险管理规划制定应考虑的因素

人的因素	环境条件因素	组织管理因素	应明确的风险控制事宜
3. 辅助人员和志愿者： 资质/经验/信心 与教师进行有效沟通的能力 清楚自身角色定位 协助购买活动保险 其他方面	3. 设备： 按活动设计的目的使用 按活动适合的项目使用 进行设备监测、检查 禁止临时改变用途或自造设备 提前预设集合/撤退/换场路线 其他方面 4. 行为/纪律： 遵守明确被允许的行为、纪律 坚决避免明确被禁止的行为 其他方面 5. 交通： 确保车辆性能良好 确保上、下车安全 确保座位安全带性能良好 其他方面	3. 准备： 书面工作计划应包括安全计划 检查设备器材——尺寸/类型/品质/适宜性 确保安全运送/移动/放置设备 其他方面 4. 进程： 活动应循序渐进、张弛有度 设置合适的练习安排 5. 突发事件应对突发事件/事故计划和程序 制定应对突发事件/事故计划和程序 其他方面	3. 确保组织管理安全 循序渐进地安排练习 按自然教育活动规则、制度进行教学 声明明确禁止到达的区域

以下是进行安全风险识别的步骤：

①感知风险，即通过调查和了解，识别安全风险的存在；

②识别、排查和归纳风险源的种类，从风险源出发分门别类查找对应的可能引发安全风险事故的因素；

③识别各种安全风险因素可能引发的风险事故的种类；

④识别可能导致人身伤害的事故类型及后果类型；

⑤评估伤害发生的可能性，即描述导致伤害的可能性。

（3）安全风险评估

风险评估又称为风险衡量、风险量化，在风险管理程序中处于风险识别与风险应对之间，是风险管理的关键环节之一。通过合适的工具和方法，对自然教育活动安全风险进行评估，可以实现对各种自然教育活动安全风险的分析定量化。自然教育活动安全风险的发生概率、损失严重程度的大小和损失分布情况的获取，能为自然教育活动安全风险管理者选择最佳的风险管理技术、有针对性制定科学有效的风险应对决策提供直观可靠的依据。因此，风险评估既是对风险识别的深化，也是选择和实施风险应对策略的依据。

自然教育活动的安全风险评估包括线路评估、天气评估、地形评估等多个方面（表4-2），活动参与者必须尽可能地了解活动中的安全风险因素所在，并据此做出自己正确的判断，同时组织者有责任有义务告知活动实施中可能存在的风险。

表4-2　自然教育活动风险评估表

评估内容	评估参数
安全	环境、地形、治安等
人数	小班、大班
学员经验和体力	年龄、学历、职业等
天数	长途、短途
气候	季节、晴天、烈日、暴雨、雷暴、台风、季候风
地形	高山、河谷、低地、沼泽、森林、草原等
路线	明显或不明显小径、人工加修的步径、密林、台风和暴雨后路况、山火后路况、穿越私人土地等
垂直高度	一次升高、分段升高；下降；连续升降；斜度等
休息地点	进餐地点等

(续)

评估内容	评估参数
住宿安排	酒店选择、地区地点、环境资料等
食物选择	餐单、数量、食物清单、后备食物等
后备路线、快捷方式	迅速离开或缩短行程
紧急救援路线	最短、安全面迅速获得救援或求救的路线

(4)安全风险应对

风险应对又称风险处置、风险对付，是指风险管理者或组织为了消除和减少风险发生的可能性或风险事故的损失，在识别风险、分析风险概率和风险影响程度的基础上，综合考虑风险性质和决策主体的风险承受能力，而制定采取的各种风险防范措施。自然教育活动安全风险应对是指组织者为了降低自然教育活动安全风险事件的发生概率或消除自然教育活动安全风险事件，有效控制和降低自然教育活动给机构、辅导员、活动参与者、家长等主体带来的伤害和损失，在识别自然教育活动的安全风险因素、分析潜在安全风险的发生概率和安全风险事故的严重程度的前提下，综合考虑风险本身的特异性和风险管理技术的特殊性而采取的一系列安全风险防范对策。一般来说，自然教育活动的安全风险应对策略有主动防范和风险转移两方面，其中，主动防范又可从自然教育组织者和参与者两方来进行。

①主动防范策略

主动防范自然教育活动安全风险的发生就是在活动开始之前，对于可能发生安全事故的各个因素进行分析，衡量自然教育活动过程中发生安全事故的概率，从而主动地选择相应的解决措施，避免风险的出现。主动防范自然教育活动安全风险主要从组织者和参与者两方面来完成。

对于组织者来说，应注意以下几点。

第一，制定详细计划。自然教育活动都具有一定安全风险，为了防患于未然，不但要充分评估可能出现的紧急事故，还要制作详尽的计划，以便在遭遇紧急状况时，可以迅速有效地处理。活动计划的内容主要包括出行的天气、出行的路线、活动的区域、人员的安排、活动的持续时间、活动的主题和应急处理以及活动结束后的反思和评价等。在活动开展前组织者就必须充分准备，奔着"让安全事故不发生，让参与者安全体验活动"的目标采取安全保障措施，告知家长饮食差异、衣物配置、住宿条件、交通换乘等细节安排，并认真对待不同参与者的安全要求和关注点，提供相应的服务，每一次活动都严阵以待，做好每一个安全基本点。同时，在每次活动前也要建立安全风险控制意识和风险预案，根据自然教育活动课程中的安全风险来源制定合理有效的风险管理应对策略，把风险防控时期划分为前期风险、中期风险和后期风险，制定安全风险处理措施时有针对性地进行分析，保证在安全风险事件处理时各个单位和人员能够及时配合，尽可能地规避、减少和防止安全事故的发生。

第二，探究风险规律。风险虽具不确定性，个别风险事件的发生可能存在偶然性，但通过统计分析大量风险信息，一般可以发现其概率规律。自然教育活动的组织实施过程、高危风险点分布、所处环境变化情况等都存在一定的规律，所以风险发生也存在内在规律，可以通过运用适当的方法加以预测。自然教育活动组织管理者可根据户外项目特点、气象条件、地形地貌特征、学生身心准备情况、团队氛围等对可能存在的安全风险进行定性判断，认识发现自然教育活动安全风险发生的基本规律，还可以通过概率统计的定量分析方法，对自然教育活动安全风险进行描述和预测，探究其发生规律。

第三，完善安全教育。安全教育是参与自然教育活动者的首要需求，一位合格的自然教育从业人员需要有足够的安全敏感性、风险识别能力、安全教育的能力以及应急处理能力。安全教育应该通过进校园、到培训基地等多种方式，利用理论教学、实践操作模拟等多种方法，让活动参与者了解到身边众多不可预知的安全危险，熟知能够识别安全危险的方法、掌握各种突发事件的应对方法，这样才能更好地在实践中减少意外的发生，在意外发生时，在专业人员到来前冷静正确应对，减少二次伤害。

具体来说，针对自然安全风险，自然教育活动组织者需要认真分析哪里有安全隐患，详细掌握场地及其周边的地质地貌情况，清楚如何防范事故，以及如果事故发生要怎么应对。另外，要关注自然教育活动区域未来3~7天的详细天气预报。根据天气预报，合理调整和改变日程安排，避开极端天气。做好各类气象灾害、地质灾害、火灾、生物危害的针对性防御计划，针对气象条件和场地基质情况，制订地质风险、火险分布图，标注预警等级并带领受众提前学习。针对突发情况，及时组织转移、疏散受到灾害威胁的人员，开展自救互救。针对人为安全风险，自然教育组织者风险应对的措施有：在场地存在受伤风险的地方设置警示牌，防止跌打损伤的发生；充分熟悉场地情况，随时提醒大家注意安全；活动开始前全面了解受众的身体健康状况，对有发病风险的受众制订针对性防控方案；系统学习突发伤病急救知识，并接受系统训练，掌握应急救治方法；常备突发伤病紧急救治设备；针对突发伤病情况，及时开展现场救治，并迅速组织伤病人员转移就医；认真准备讲解内容，充分熟悉活动场地和受众群体情况；针对意外导致的活动中断制订预备方案，并迅速启动预备方案，稳定受众情绪，防止衍生事故发生。

对于参与者来说，要提高安全意识。自然教育事故的发生，很多时候是因为无知或者无畏。就发生的自然教育安全事故而言，绝大多数事故是完全可以避免的，缺乏足够的安全风险意识往往是把自己置于危险之中的主要原因。因此，活动参与者要提高自身的安全意识，坚守安全第一的原则，在进行自然教育活动时，禁止做超出自身能力之外的"冒险"，及时预测和规避安全风险。不轻易提什么"挑战""超越""尝试"，在活动中要学会放弃，懂得规避安全风险。变化无穷的自然环境和同样不断变化的活动参与者相结合，总存在意外发生的可能，我们必须正视和接受可能出现的意外结果，同时，要有充分的安全意识与行动准备。

②风险转移策略

由于自然教育活动场所的特殊性，在进行活动的过程中，潜在的安全风险是不可避免的，因此可以通过一定的措施把安全风险转移出去。自然教育活动的安全措施有：各个组织合作创设保险，与专业律师签订协议，组织指导者、现场负责人、团体负责人参加安全研修会，等等。活动过程中如果遇到突发状况导致安全事故发生，一定要沉着冷静应对，及时通知保险公司，听取签约律师的建议；即刻前往现场进行取证；进行事故分析。

第五章 自然教育基地建设

自然教育概论

第一节 自然教育基地的类型及功能定位

自然教育基地是依附自然场地，配套有开展自然教育活动的设施及人员，且能够提供多种形式自然教育课程的场所。自然教育基地是开展自然教育活动的主要场域，是自然教育的重要组成部分，是自然教育行业可持续发展的重要保障。不同的自然教育理念催生出形态各异的自然教育基地，而不同的自然教育基地建设也能够反映出不同的自然教育目标。

一、自然教育基地的类型

依附于自然场地是自然教育基地区别于传统室内科普场馆的主要特征，因此，自然教育基地中必须包含自然场地。根据不同的分类标准，我们可以将自然教育基地分为不同的类型。

(一)按照环境划分

1. 植物类

植物是生命的主要形态之一，包含了如树木、灌木、藤类、青草、蕨类，及绿藻、地衣等生物。植物又可以分为种子植物、藻类植物、苔藓植物、蕨类植物等。植物类的自然教育基地可以根据不同的植物类型进行再分类，通过不同的植物主题，为参与者提供丰富的自然教育课程，引导参与者观察不同植物形态、颜色、味道，参与植物的生长过程，了解光合作用等植物相关的科学知识。

2. 动物类

动物是多细胞真核生命体中的一大类群，它们不能将无机物合成有机物，只能以有机物为食物，且具有摄食、消化、吸收、呼吸、循环、排泄、感觉、运动和繁殖等一系列生理功能。动物主要分为脊索动物和无脊索动物两大类；根据水生还是陆生，还可将它们分为水生动物、两栖动物和陆生动物等。动物的分类标准比植物更加丰富，因此，动物类自然教育基地的建设要突出动物区别于其他生物的特点，让参与者切身体会到动物的成长、发育、繁衍的神奇过程。

3. 微生物类

微生物是指肉眼难以看清，需要借助光学显微镜或电子显微镜才能观察到的一切微小生物的总称。微生物包括细菌、病毒、真菌和少数藻类等。根据存在的不同环境可以分为空间微生物、海洋微生物等，按照细胞

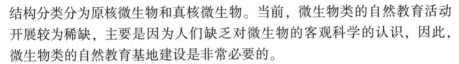

结构分类分为原核微生物和真核微生物。当前,微生物类的自然教育活动开展较为稀缺,主要是因为人们缺乏对微生物的客观科学的认识,因此,微生物类的自然教育基地建设是非常必要的。

4. 天文类

天文是观察和研究宇宙间天体的学科,它研究天体的分布、运动、位置、状态、结构、组成、性质及起源和演化,是自然科学中的一门基础学科。天文学与其他自然科学的一个显著不同之处在于,天文学的实验方法是观测,通过观测来收集天体的各种信息。因而,对观测方法和观测手段的研究,是天文学家努力的一个研究方向。因此,天文类自然教育基地建设在选址、人员配备以及基础设施投资规模等方面都比其他类型的基地建设更具挑战。

5. 地质类

地质是指地球的成分和结构。其可以在自然教育过程中拓展的内容包括:地壳组成物质,各种地质作用,地壳变动,地质时期中生物的形态、分类和演化,地球形成和发展历史,海洋地质现象等方面。地质类自然教育基地的建设不仅要涵盖不同的地质成分及结构,也需要附加一定的现代科技设施,模拟地质的运动和演化,以辅助自然教育活动更好地开展。

6. 水文类

水文是指自然界中水的变化、运动等的各种现象。通过观察自然界水的时空分布、变化规律,人们可以掌握河流湖泊的水位高低、水量大小、含沙量、汛期长短、结冰期、补给方式等情况,更好地了解水、认识水。在水文类自然教育基地的建设中,可以将"上善若水。水善利万物而不争,处众人之所恶,故几于道""源泉混混,不舍昼夜。盈科而后进,放乎四海"等我国传统文化中关于水的哲学融入进去,让人们体会水的精神,进而更好地体现自然教育的教育目的。

(二) 按照经营方式划分

经营方式是所有者和经营者相互关系的表现形式。自然教育的性质决定了它要兼具盈利性和公共性两个特征,即:一方面通过满足消费者的自然教育需求,从中获取经济收益;另一方面通过保护自然资源环境而产生正的外部效应。在现实中,由于自然资源的所有权和经营权并不一定统一在一个组织中,所有权与经营权之间客观上存在着不同的关系,两者既可以统一,也可以分离或者局部分离。因此,自然教育活动可以体现出多层次经营主体和多样化经营方式并存的特点,进而自然教育基地既可以是政府直接经营,也可以是非政府组织包括民营企业经营。

因此,按照经营方式,可以将自然教育基地划分为:以所有权和经营权相统一的公有经营自然教育基地、以国有或集体所有权与个人经营权相结合的公有民营自然教育基地和以公有与私有混合所有权相结合采取民营方式的民营自然教育基地等。

二、自然教育基地的主要功能定位

(一)自然科普

自然科普功能是自然教育基地最基本的功能定位。哲学上讲"社会存在决定社会意识",要想让体验者感知自然、认识自然,首先就要让他们产生并了解"什么是自然""自然具备哪些特征"等问题,只有"看到"自然,才有可能与自然产生共鸣,进而实现自然教育的目的。因此,自然教育基地在建设过程中应做到自然资源类型多样,生物多样性较高,具有较强针对性和独特性,能够满足不同年龄段、不同性别、不同种族、不同教育背景的体验者学习和了解自然知识的需求,尽可能地把自然的全貌展示给体验者们。为满足科普功能的需要,在自然教育基地建设中也可以适当添加文字说明内容,如科普展览柜台(图5-1),以充实自然教育的内容,辅助自然教育活动更好地开展。

图5-1 科普展览柜台

(二) 自然体验

自然体验是指体验者在自然环境中的生态体验，通过视觉、听觉、嗅觉、味觉、触觉等感官观察自然、感知自然、感受自然，并与自然产生共鸣的过程。自然体验功能是自然教育基地最重要的功能，直接关系自然教育的成败与否。通过自然体验，体验者们不仅能实现对自然的内心感受和体味，还能在更高的层次上感知自然与生命的内在联系，领悟人与大自然之间的关系。因此，在自然教育基地的建设中，要全方位实现对自然的立体刻画，能够满足体验者多种感官的全面参与，为体验者打造沉浸式体验的场所。在基地的设计理念中，应更注重人与自然的联结，弱化人与自然的矛盾感和距离感，这也进一步明确了自然教育基地的建设一定是依附于自然场地的(图5-2)，绝不能过度使用"人造自然"予以替代。

图5-2 内蒙古阿尔山国家森林公园

(三) 休闲游憩

自然教育基地也应具备休闲游憩的功能(图5-3)。一方面，自然教育基地可以提高在提供景观服务和大众游览服务的公园、自然景区等其他同类场所中的竞争力，提升自身的盈利能力。另一方面，也可以充实自然教育的活动内容，让体验者在空间开阔、亲近自然、安全性高的区域内游憩，开展类似球类运动、攀登、露营等形式多样的休闲活动。相关研究表明，这非常有助于提升体验者在自然教育活动中的参与满意度。因此，在自然教育基地的规划中，应该留有适当的场地供体验者们休闲游憩。

图 5-3　冰山梁风景区观景平台

第二节　自然教育基地的规划设计

一、自然教育基地规划设计的意义

自然教育基地的规划是结合自然资源和环境等禀赋条件，对自然教育基地的功能定位、项目目标、空间布局、市场方向、资源保育、设施设备、运营管理、资金筹集、专业队伍、保障体系和效益分析等进行的具有可行性和可操作性的总体策划和设计。

自然教育基地规划是自然教育经营主体进行开发建设、经营管理、科学发展必不可少的科学依据，是保证自然教育基地实现经济、社会和生态三大效益和可持续发展的重要保障。基地建设规划设计要有科学性，主要体现在自然教育基地建设要做到量力而行，要分步实施，不能一味求快，必须根据发展目标与现状，结合资金预算确定建设速度，通过滚动发展和良性互动做大做强基地，要形成顶层设计和规范管理，避免出现自然教育基地碎片化、低质化、短期化等问题，造成资源重复浪费和缺乏接续，导致难以满足自然教育更快更好发展的需求；与此同时，要始终把效益作为基地建设的出发点和落脚点，不断提高基地的经济效益、社会效益和单位面积的投入回报率。

因此，自然教育基地不仅需要必要的规划设计，更需要科学有效规划设计，在该领域特别要注重"产学研"的深度融合，协同发力，并充分发挥各自主体优势，促进基地建设创新所需各种生产要素的有效组合，为高质量的自然教育发展夯实基础。

二、自然教育基地规划设计的原则

自然教育基地的选址一般是在自然资源环境具备独特性、地域性、代表性以及有一定生态教育意义的自然场地，因此在对自然教育基地设计规划时应注意要遵循以下几点设计原则。

(一) 生态优先，保护环境原则

自然教育基地的规划建设要牢固树立"绿水青山就是金山银山"的理念，要始终把注重自然环境和自然资源的保护放在首要位置，对自然环境和自然资源进行全面的认识。自然环境有着强大的生态功能和丰富的自然资源，是人类生存的根本保障，是人类发展的物质基础。没有自然环境构成的良好生态系统，就不可能有人类的繁衍生息，也正因此，自然教育理念一经提出就受到广泛的关注。自然环境蕴含的丰富生物资源、基因资源和能源，是低碳、环保、可再生的重要自然资源，有着巨大的经济价值，是自然教育活动开展的重要依托，是实现自然教育经济收益的重要保障，在推动自然教育发展方面发挥着不可替代的作用。在自然教育基地的建设过程中，不能只重视其经济价值，而忽视自然资源富有的知识内涵。在建设过程中如果不重视对自然资源的保护，进行盲目地开发，会导致自然资源的破坏和消失。虽然我国目前积极推行自然资源相关的保护开发模式，通过建立国家公园等途径对自然资源的保护开发起到了良好的示范效应，但是不容忽视的是，许多地方政府借自然景观的知名度和相关国家政策优惠，过度开发利用自然景观资源，盲目追求单纯的经济效益，忽略了建立的初衷和目的是保护自然环境和自然景观。因此，自然教育基地的建设应引入多元化的优化模式，有效科学地进行开发建设，促使其在社会经济中发挥应有的作用。

因此，自然教育基地在建设和运营过程中应秉持"生态优先，保护环境"的原则，做到不破坏自然资源、自然景观，最小化影响动植物的生长栖息环境，不造成环境污染等。可以采取的具体措施有：基地建设材料尽量以木、石为主，使用本地环保的建筑材料和清洁能源；规划要顺应山水的自然形成，可以适当改造自然地形以适应道路和建筑的基本需求；选址过程中尽量避开有古树名木、非物质文化遗产等资源的区位等。

(二)合理规划，科学利用原则

自然教育基地的建设和运营过程中要合理规划设计，科学利用现有资源。自然教育基地总体规划上应因地制宜、突出特色，根据自然教育基地的山水地形设置步道与建筑，与之相适应。每个自然教育基地的山水地形各异，各有千秋。如果全部根据各自的山水地形来规划，自然教育基地建设也就不至于出现"千地一面"的尴尬局面。在步道规划方面，基地设计者也要别出心裁、灵活多变，在满足便利性的同时，更应注重基地步道的趣味性。另外，步道规划也要为独立的大型自然教育活动场域创造条件，而不要横切竖割地把整块场域分割成难以成为整体的碎块。对于一些靠近流域的自然教育基地来说，不仅要规划在滨水地带建设基地，还要保护好水岸的自然生态环境和自然景观，更要以人工疏浚淤积的泥沙以保证自然教育基地不被水淹。

自然教育基地建设要把有限的土地资源用到自然教育生产和自然环境保护上，并且要让它们同步协调发展。只有这样，自然教育基地才能稳定、可持续。因此，自然教育基地绿地规划要按照科学发展的合理的方向进行，因为它是开展自然教育活动的基础条件。只有自然教育基地建设与自然协调了，自然教育才会更好地持续发展。

(三)寓教于乐，寓学于趣原则

自然教育基地是自然教育活动开展的重要辅助因素，因此，自然教育基地的建设应体现出自然教育的"教育"特质，与其寓教于乐、寓学于趣的理念一脉相承。所谓的"寓教于乐"，"乐"只是手段，适当的游戏、活动可以带动参与者的学习积极性，营造一个欢乐的气氛。自然教育的"乐"主要应当体现在自然教育的课程设计上，这种"乐"不论从自然教育的深度上，或者从自然教育的广度上都比单纯的游戏有更大的影响，且是不分年龄的，任何年龄段的参与者都可以接受不同的"乐趣"。除此之外，自然教育的"乐"还应具有系统性，所谓系统性意味着不只是有一两次课程设计有趣，有一两次活动精彩，而是应长期保持"寓学于趣"的原则，这就需要在基地建设上下功夫。

自然教育的基地建设不仅要适合参与者的知识储备程度，更要注意知识性和情节性的结合，注意主题和形式的结合。古罗马诗人、文艺理论家贺拉斯(Quintus Horatius Flaccus)提出"一首诗仅仅具有美是不够的，还必须有魅力"，这样才能发挥艺术的教化作用。自然教育基地的建设也是一

第五章 自然教育基地建设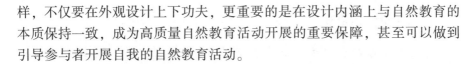

样，不仅要在外观设计上下功夫，更重要的是在设计内涵上与自然教育的本质保持一致，成为高质量自然教育活动开展的重要保障，甚至可以做到引导参与者开展自我的自然教育活动。

三、自然教育基地规划设计的主要任务

(一)评价自然环境

自然环境是自然教育基地的重要依托，自然教育基地规划应对自然教育基地及其周边的自然环境进行评价，具体内容包括：气候（所处气候区、年平均气温、季节平均风速、全年主导风向、平均相对湿度、年平均降水量、年积雪期、最大冻土深度、无霜期等），水文（水位、水量、水域面积、含沙量、汛期、结冰期、补给方式等），地质地貌（地形类型、主要地形分布、空间排列方式；地势起伏状况、地形倾斜方向和走势、区域极值；海拔状况，重要地形剖面特征等），地震基本烈度（基本地震加速度值、抗震设防烈度等）等。

(二)分析消费市场

消费市场分析是针对自然教育的营利性质而设定的，要实现持续有效地营利，就要对自然教育基地所在地的消费市场进行前期分析。主要分析的内容包括：市场供给分析及市场供给预测、市场需求分析及市场需求预测、市场需求层次和各类地区市场需求量分析、市场竞争格局分析等。

(三)评价市场环境

市场环境主要是指自然教育基地所在地的产业范围、经济增长率、产业政策及发展方向、行业设施利用率、税收政策与税率、政府体制结构与政治环境、人工成本等因素。通过对以上指标的综合评价，可以对自然教育基地所在地的营商环境作出判断，这有助于自然教育基地进行自我定位和长期规划。

(四)评价周边配套设施建设

周边配套设施建设是自然教育基地赖以生存的养分，良好的配套设施建设才能保证自然教育基地日常运转的正常进行。其具体内容包括：周边自然环境与交通条件，公共设施依托条件（供水、排水、供电、供热、电信及通信等），征地条件和拆迁条件等。

(五)总体方案设计

总体方案设计是自然教育基地规划的主体内容,是自然教育基地设计、施工、运营的行动指南。其中,包括的内容有:基地建设指导思想,基地规划原则,基地的功能定位、发展目标和空间布局,自然教育项目和相关设施装备,自然教育基地的服务内容、营销及支撑体系等。

(六)项目投资预算

预算管理是指对未来的经营活动和相应财务结果进行充分、全面的预测和筹划,并通过对执行过程的监控,将实际完成情况与预算目标不断对照和分析,从而及时指导经营活动的改善和调整,以帮助企业更加有效地、最大限度地实现目标。因此,自然教育基地的建设规划也需要科学的预算管理,以高效率、高质量实现基地建设的目标。

(七)项目效益评价

项目效益评价是项目管理的重要环节及投资决策的重要辅助手段。自然教育基地建设的效益评价主要包括三方面内容:经济效益评价(项目实施后的年经营收入、经营成本及费用、年利润总额、投资回收期等)、生态效益评价(植被覆盖率、空气质量、水质量、土壤质量、噪声环境、水土保持与荒漠化等)和社会效益评价(就业、财政收入、教育环境、医疗环境、灾害发生频次等)。

第三节 自然教育基地的设施设备

一、活动设施

自然教育活动设施是自然教育基地的重要组成部分,是衡量自然教育基地建设质量的重要因素。开展自然教育活动时需要有特定的配套设施,如自然体验馆、自然博物馆、自然工作坊、自然教室等室内设施以及自然观察径、露营地、步道、攀岩设施、观景台等室外设施。在众多自然教育设施之中,标识系统是每个自然教育基地都不可或缺的一部分,它将不同的自然教育设施有效地联通起来,是自然教育基地中重要的交通枢纽。

自然教育基地的标识系统是由各种动植物标志、景观介绍图板和各种文化符号组成的实现自然教育供给的辅助系统。标识系统是提升自然教育活动质量的关键要素，起着引导参与者游览和接受教育的作用，为参与者在自然教育过程中提供隐性服务，使参与者在体验自然教育的同时，又能满足他们多种多样的个性化游览需求。例如，基地介绍牌、基地说明牌、自然教育基地解说系统等，能增强参与者对自然教育基地的了解，激发参与者自然教育探索体验的兴奋点；而路径指示牌（图5-4）、导游线路牌、安全标识牌、参与者休息区指示牌等，则能使参与者对路径、基地等进行准确的分析和恰当的组合，提升参与者眼中自然教育活动的性价比，提高参与者对自然教育基地和基地设施的满意度。

图5-4 路径指示牌

一般说来，自然教育基地标识系统由交通导引标识系统、解说系统、服务中心（图5-5）三个部分组成。

交通导引标识系统不仅包括地图、路标、游览线路标识图等，还包括路口提醒、公交车次通告等。自然教育基地，无论是以动态自然教育为主还是以静态自然教育为主，总要布局内部的交通网络，因此，交通标示就至关重要。如自然保护历史较早国家的自然公园和保护地，一般在主要道路两侧路面都有明显的导视标志或英语文字说明。除此之外，其他如路口提醒、交通设备使用说明、乡野地区的路牌等都从参与者需要的角度加以设计。

图 5-5　自然教育服务中心

自然教育基地解说系统包括基地说明、导游画册、广播通知系统、幻灯片、语音解说、资料展示栏、公共信息标识系统等。该系统一般由软件部分包含的导游员、解说员、咨询服务等能动性的解说，与硬件部分包含的导游图、导游画册、牌示(图5-6)、录影带、幻灯片、语音解说、资料展示柜等多种表现手段共同构成。一般认为，只有导游才具备自然教育说明功能，实际上参与者一旦进入自然教育基地，自然教育基地就应该为参与者提供最佳的游览服务，让参与者"读懂"自然教育基地。

图 5-6　自然教育解说牌

服务中心是主要为参与者提供各类信息服务的问询部门，也是标示保障系统的组成部分，一般设置在自然教育基地的入口或交通站点。服务中心应设置自然教育项目介绍室、导游接洽室、自然教育纪念品商店等设施，并为参与者提供消费建议；还可以在服务中心增加广播通知系统，提供信息通知和寻人等各项服务，同时也可向参与者免费提供宣传印刷品。

二、安全系统保障设施

自然教育基地安全保障是依据国家和地方有关部门关于自然教育基地安全的制度、政策和法规，结合自然教育基地自身的特点，研究自然教育基地各类活动中的安全问题，发现自然教育基地存在的安全隐患，采取适当有效措施进行控制管理的一系列措施。

具体来说，自然教育基地安全管理主要是对人身安全、消防安全、设施安全、治安、节假日安全和停车场安全的管理。

(一) 人身安全保障设施

人身安全保障主要包括参与者人身安全保障和自然教育基地工作人员人身安全保障两个方面。参与者人身安全的保障包括交通、活动和餐饮安全的保障。首先，要合理规划自然教育基地的交通游览线路，统一管理自然教育基地内的营运车辆和路政设施，严格管理自然教育基地内的游船、缆车、索道等设施；其次，要定期进行自然教育基地游乐和各类运动、养生等设备的检测和维修；第三，对自然教育基地内的餐饮业及副食经销单位进行卫生检查登记，并建立严格的监督管理机制，保证餐饮品的质量；第四，多渠道、多方式监督自然教育商品销售点的经营行为，防止宰客、欺客行为的发生。自然教育基地员工的人身安全主要体现为生产安全，对员工人身安全的管理主要是新员工的安全教育和培训、岗前安全教育和培训以及现场督导等。

(二) 消防安全设施

消防安全设施对具有植被覆盖率高、木构建筑多、火灾引发因素多等特点的自然教育基地来说尤为重要。自然教育基地的特殊资源与地理状况又使得消防安全保障的难度非常大，需要建设行之有效的制度和机制保障。要严格按照国家有关规定合理设置消防水源、消防设施和消防器材，并按国家标准设置消防安全标志；要严格贯彻《中华人民共和国消防法》

《古建筑消防管理条例》等消防法规,建立消防制度及奖惩制度,组织防火检查,及时整改火灾隐患,制定灭火和应急疏散预案,组建消防队伍,并定期组织消防演练;自然教育基地内的消防器材(图5-7)应登记造册,有专人负责管理、检查、维修和保养等。

图5-7　室内烟雾报警器及消防阀

(三)应急救援保障

自然教育基地应当按照"以人为本,救援第一;属地救护,就近处置;及时报告,妥善沟通"的原则,以保障自然教育参与者生命安全为根本目的,尽一切可能为自然教育参与者提供救援、救助。应急救援保障具体包括:组织保障、机制保障和队伍保障等三个方面。

组织保障　自然教育基地应当成立事故应急救援指挥领导小组,由总经理、安保部经理及设备、卫生、物资等部门领导组成,下设应急救援办公室,日常工作由安保部门监管。

机制保障　建立灾害、突发事件等应急机制和预案。根据自然教育基地紧急事件的风险程度,建立基地与外部、基地内部各部门、各部门活动的各环节之间联动响应机制和处理紧急事件的预案。合理布置一定数量的医务室、救护车(图5-8);医务室配备抢救设备、气管插管箱、外伤包、诊箱、搬运设备等医疗救护设备;针对自然教育基地可能发生的意外情况,配备必要的药品和急救物品等(图5-8,图5-9)。

队伍保障　根据实际需要,同时要建立各种不脱产的专业救援队伍,包括抢险抢救队、医疗救护队、义务消防队、通信保障队、治安队等。救援队伍是应急救援的骨干力量,担负自然教育基地各类重大事故的处置工作。在平时,要加强对各救援队伍的培训。指挥领导小组要从实际出发,针对危险源可能发生的事故,每年至少组织一次模拟演习,把指挥机构和各救援队伍训练成一支思想好、技术精、作风硬的指挥班子和抢救队伍。一旦发生事故，指挥机构能准确指挥，各救援队伍能根据各自任务及时有效地排除险情、控制并消灭事故、抢救伤员，做好应急救援工作。

图 5-8　应急救援设施

图 5-9　湖边安全救生圈

第四节　自然教育基地的评定及认证

当前，我国的自然教育基地建设缺乏标准化规范。这一方面使得自然教育市场鱼龙混杂，优质的自然教育机构难以脱颖而出，扩大规模发展，创造规模优势。另一方面也使得自然教育的消费者难以辨别出自然教育机构的优劣，无形中承担了较高的试错成本，这大大缩小了自然教育行业的潜在消费人群。从长远看，自然教育行业的可持续发展一定是建立在规范化的优质自然教育基地上的，这不仅有利于自然教育机构的规模化发展，也有利于扩大自然教育行业的潜在消费市场。

一、自然教育基地的评定

自然教育基地的评定是证实自然教育基地满足有关规定要求的活动。评定对自然教育基地而言至关重要，它是对自然教育机构教育质量、以往业绩、机构信誉、人员状况、管理水平、报价水平、财务能力等方面的综合评价。自然教育基地的评定直接关系到自然教育机构的竞争力和对外品牌优势。此外，评定管理也会给机构带来危机感，让机构时刻注意提高人员素质、管理水平、技术能力、课程质量等综合实力，如果自然教育基地被取消资质，自然教育机构也将面临生存危机。

以北京市地方标准《森林体验教育基地评定导则（DB11/T 1660—2019）》为例，评定自然教育基地有以下几个主要要素。

（一）申报主体

申报单位具有法人资格或受法人委托，能独立或联合开展森林体验教育工作。

（二）基地权属

基地产权或使用权明晰、边界清楚，能够作为森林体验教育基地长期使用。

（三）管理保障

1. 运营能力

有完善的管理制度，各项制度实施效果良好；有年度工作计划；运营时间不少于 100 天/年。

2. 安全保障

有完善的安全制度，有应对突发事件、极端天气、地质灾害和重大事故等的安全预案；有逃生通道和应急避难场所；在基地明显位置张贴安全须知，设置安全警示标识，活动前针对参与者进行安全宣导；每次活动配备至少 1 名安全员，安全员定期接受培训；配备急救包和急救员，急救员定期接受培训，有简单处理突发伤病的能力，熟悉基地周边的医疗资源，能保障伤者及时转送医院。

(四)资源环境

1. 基地面积

山区基地面积不小于100hm^2;平原基地面积不小于5hm^2。

2. 森林环境

基地森林环境良好,生物多样性丰富,以北京地带性植被为主,长势良好,结构合理;山区森林覆盖率不低于50%,平原森林覆盖率不低于30%。周边5km范围内不存在大气、水源、土壤、噪声等固定污染源以及地质灾害等安全隐患。

3. 周边资源

基地周边可利用的其他自然资源和人文资源丰富,有利于设计和开发森林体验教育课程。

(五)设施

1. 室内场所设施

有专供开展室内活动的场所,面积不小于100m^2,功能分区合理;内容和环境营造突出森林特色。包括但不限于:

——服务型场所,如游客中心等;

——体验型场所,如森林体验馆、森林教室、森林创意坊等;

——展示型场所,如标本馆(图5-10)、森林博物馆等。

图5-10 动物标本馆

2. 室外活动设施

有户外活动区域，设施设置应与基地的森林环境相融合，体现基地特色，功能分区合理。包括但不限于：

——基础设施，如广场、步道、自然观察径等；

——体验设施，如森林科普设施、休闲疗养设施、景观欣赏设施（图5-11）、健身拓展设施等。

图 5-11　怀柔星空营地游憩设施

3. 解说系统设施

有自导性解说设施，如宣传折页、海报、课程介绍册、动植物图谱，解说标牌、网站、公众号等，内容科学准确、通俗易懂，具有教育性、启发性、体验性。

(六)人员配备

1. 管理团队

管理团队结构合理，岗位分工明确，人员不少于3人；能够承担基地日常运行、后勤保障、安全保障、宣传推广等工作。每年组织不少于4次的业务能力和安全培训。

2. 讲解团队

自然解说员接受过专业学习或专业机构的培训，不少于3人；能组织完成森林体验教育活动。

(七)课程设置

1. 课程开发

有专职课程开发团队或聘请外部专业机构进行课程开发,并定期更新和优化。

2. 课程类型

体验课程类型多样,至少包括感知型审美体验、认知型学习体验和参与型实践体验3种类型中的2种;体验课程数量不少于5项,其中,至少有1项基地特色体验课程(图5-12)。

图5-12 贵阳长坡岭国家森林公园自然教育课程示意图

二、自然教育基地的认证

国际标准化组织(ISO)将产品认证定义为:"是由第三方通过检验评定企业的质量管理体系和样品型式试验来确认企业的产品、过程或服务是否符合特定要求,是否具备持续稳定地生产符合标准要求产品的能力,并给予书面证明的程序。"其中,第三方在经济和隶属关系上既独立于产品的提供方,又独立于产品的使用方,其认证活动是公开、公正、公平,并具有权威性的。产品认证分为强制认证和自愿认证两种。

产品认证的本质,是通过具有独立性和专业性的第三方机构所进行的符合性评定和公示性证明活动,保障认证对象符合标准和技术规范的要求，并以此建立需求方对认证对象的信任，解决交易双方的信息不对称问题。如果一个企业的产品通过了国家著名认证机构的产品认证，就可获得国家级认证机构颁发的"认证证书"，并允许在认证的产品上加贴认证标志。这种被国际上公认的、有效的认证方式，可使企业或组织经过产品认证树立起良好的信誉和品牌形象，同时让顾客和消费者也通过认证标志来识别商品的质量好坏和安全与否。目前，世界各国政府都通过立法的形式建立起这种产品认证制度，设立了自己的产品认证机构，使用不同的认证标志来标明认证产品对相关标准的符合程度，以保证产品的质量和安全、维护消费者的切身利益，如 UL 美国保险商实验室安全试验和鉴定认证、CE 欧盟安全认证、VDE 德国电气工程师协会认证、中国 CCC 强制性产品认证和 CCTP 标志等。产品认证甚至已经成为一种新的国际贸易壁垒。

虽然，目前我国还比较缺乏自然教育基地相关的认证体系和认证机构，但从未来发展的角度看这是一个重要的发展趋势。自然教育基地的认证是指与自然教育基地（产品、过程、体系或人员）有关的第三方证明。固然，自然教育的类型多种多样，课程设计五花八门，但基地建设的未来发展应该是趋于标准化的，这不仅是保障参与者安全、规范自然教育机构的重要措施，也符合自然教育发展的客观要求。自然教育基地认证将极大地推动基地标准化的建设，推进自然教育领域"产学研"的高度融合，推动自然教育领域向纵深化发展，加速自然教育产业的市场化进程，进而真正形成和实现"基地标准化，项目特色化"的自然教育体系。

第五节 自然教育基地的保护

一、自然教育活动对自然教育基地的影响

自然教育基地作为自然教育活动开展的主要载体，承担着自然教育的多任务目标，因此，对自然教育基地的保护也不应该被忽视，只有自然教育基地良好地运转，科学地受到保护，才能保证自然教育活动健康有序地开展。

通常情况下，当自然环境遭受偶然性破坏时，其本身的生态系统无须经过人类的影响，完全有可能通过自身进行的物质与能量循环或人类较小的影响即可进行调节而恢复正常功能。然而，作为自然教育基地，由于受到开发利用等人类因素的影响，必然会导致承载人流多、输入物质多、产生的污物废物多、输出的有用物质相对减少等不良后果。也就是说，自然

教育基地是由许多相互关联、依存、制约的生物因素和非生物因素构成的，是兼有自然和人工两种属性的生态系统，并且每个系统中的生态要素，都遵循生态学规律进行着物质循环和能量交换。系统内的自动调节能力和代偿功能是有一定限度的。当干预因素的影响超过其生态系统的阈值时，自动调节能力就会随之降低或消失，从而引起生态失调或失衡。所以，在对自然教育基地大规模开发、建设时期，要强调生态环境意识的意义；在运营时期，要加强自然教育基地的生态系统的整体性保护，施行分级别的自然环境保护制度，把参与者限制在绝对或重点保护区域之外，尽力维持自然教育基地的生态平衡和生态环境效益。

二、自然教育基地保护的重要性及原则

当下，人类的生态行为的负效应长期累积已经导致了全球生态环境变化而危及人类生存，因此我们不仅要坚持以生态学为准则的自然景观区域适度、合理的开发，更要对已开发建设的生态建筑形成常态化的保护机制。对已建成的自然教育基地而言，要兼顾眼前利益与长远利益，要从社会效益、经济效益和生态效益三个方面全面衡量，要注重生态意识。应用生态学原则，合理开发和充分利用自然资源，协调统一自然资源的开发利用与保护，要坚持在可持续发展的前提下对自然资源进行开发利用，使自然教育基地的生态效益、社会效益、经济效益能相互协调统一，综合效益有所提高。

就具体的自然教育基地保护机制的方法论而言，应遵循以下具体的原则：①区域原则，即区域分异原则，实事求是，因地制宜，合理布局，统筹安排；②生态原则，即要遵守生态规律的原则；③发展的原则，即从发展的角度，从根本上能促进生态、社会、经济、文化的发展；④建设原则，即采取积极建设性的方针，避免破坏性的局面发生；⑤优化原则，即在生态规划中要强调质量进化，不断优化和美化生态环境；⑥持续原则，即要持续优化生态建设和发展，技术优化生态环境；⑦经济原则，坚持生态效益、经济效益和社会效益统一的生态经济。

三、自然教育基地保护的措施

在自然教育基地保护的实践过程中，我们可以采用以下措施完善和优化自然教育基地常态化保护。

(一)集中统一管理基地自然资源

在管理体制上对基地自然资源实行集中统一管理有利于规范各类自然

资源的保护开发，避免自然教育机构"政出多门"，管理部门之间互相扯皮，有利于对基地自然资源实行有效保护、合理开发和永续利用，最终实现自然教育基地社会、经济、生态环境效益的和谐发展，真正走可持续发展道路。

(二) 引入生态系统的管理理念

生态系统管理理念把各种资源看成是相互联系的整体，以建立健康的、具有生产力的多样化生态系统以及健康的人类社会作为终极目标，保障了生态系统的良性循环和健康发展。自然教育基地引入生态系统管理理念，沟通与协调行政、运营、销售、后勤等相关部门之间的利益，实现利益共享下的管理优化，最终保障自然环境不断优化与经济持续发展的双赢目标。

(三) 确定良性循环管理模式

自然教育基地的运营活动既要强调人们对自然资源的合理性、无害性利用，又要遏制对自然资源盲目的、破坏性、挥霍性的开垦。应以优势区域为支撑点，通过点线结合，有层次地合理开发自然教育基地，控制开发力度，建立自然教育基地良性管理体制。通过资源调查评价、分类、分级以及整合开发，实现"在保护中运营，在运营中保护"的良性循环、通过基地管理信息系统进行有效的动态监测管理，规划组合区间自然及教育资源，确保自然教育的参与者在容量范围内避免利益争夺下的恶意竞争。在自然教育基地的运营中要兼顾眼前利益与长远利益，将自然资源作为一种潜在的生产力来保护，以生态平衡的原则规划自然教育的课程设计，使其不违反生态规律，通过科学管理和有效保护取得经济效益和生态效益的同步最优化。

(四) 创新利益机制，实现有效管理

在建设自然教育基地，发展自然教育，带动相关产业发展的过程中，多元化的相关利益主体、多样化的利益需求、多方式的利益实现途径，共同构成了一个错综复杂的利益网络，涉及政府、自然教育机构、自然教育从业人员、当地居民、自然教育参与者等利益主体。从自然资源生态系统管理的要求来看，利益共享是实现系统良性循环和健康发展的保证。在自然教育基地的具体管理过程中，要设法避免利益驱动下多头管理带来的混乱及放任现象，克服原有利益分配机制中忽视资源所在地政府和居民利益

的弊病，通过建立科学、合理的利益联结机制，形成各方利益主体在合作发展中共生共赢的分配模式，建立科学、合理的利益联结机制，兼顾保护开发过程中各个利益主体的权益，实现利益共享和利益均衡，最终实现自然教育基地管理模式的优化。

（五）实施"动态监控"管理

自然教育基地的保护开发必须考虑环境承载力，在承载力允许的范围内对其进行开发运营，尽量减少自然教育活动对自然景观的破坏和污染，并对遭受破坏的内容进行补偿修复。以可持续发展为目标，通过发展自然教育来促进自然教育基地的保护，在合理保护自然教育基地的基础上，既能充分开发自然景观资源，又能使管理更为有效，是自然教育基地保护的当务之急。美国是最早在国家公园中利用地理信息系统（Geographic Information System，以下简称 GIS）来进行管理、监测、科学研究的国家。20 世纪 70 年代中期，美国约塞密提国家公园（Yosemite）和大烟山脉国家公园（Great Smoky）中开始进行 GIS 项目。GIS 允许公园管理者将那些看似不相关的数据结合起来，并找出其中的关系，这样公园管理者就可以很容易发现资源是否发生了变化以及变化的模式和趋势。在自然教育基地的保护性运营中，运用 GIS 技术建立基地管理信息系统，可以对自然教育基地实施"动态监控"管理。

通过"动态监控"管理这一环节，可以对自然教育基地日常运营进行有效地监控，并对自然教育基地的规划、自然教育基地的建设和维护、自然教育基地的保护等环节反馈信息，使整个自然教育基地的运营过程形成有机循环链，不断依据监测信息调整优化，完善自然教育基地的管理和运行，为自然教育基地注入新内涵，增加自然教育基地对参与者的吸引力，延长自然教育基地的生命周期，避免对自然教育基地中自然资源的浪费和破坏；同时，通过基地管理信息系统，监测自然教育基地的动态变化，实现有效的监测及保护，对自然教育基地规划、设计、建设和经营中存在的问题进行及时有效的整改，实现自然教育基地管理模式的优化。

第六章　自然教育辅导员的职业素养要求及培养

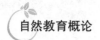
自然教育概论

第一节　自然教育辅导员[①]素质要求

自然教育辅导员必须具备的一些素质，是其履行自然教育职能的基本条件。

一、自然环境意识素质

自然环境意识作为一种现代化的意识形态，是人们对人与自然之间关系的重新认识。这种意识是在对自然及相关领域系统科学认识和把握基础上的全新的意识，是人类意识进步的表现，也是人类认识的一次伟大觉醒。对待自然的态度是衡量一个国家和民族的文明程度的一个重要标志。自然环境意识是自然教育辅导员首先要具备的。自然环境意识主要包括认识意识和参与意识。

(一)认识意识

认识意识是指人们对自然及自然与人之间关系的基本看法。它解决自然是什么与应该是怎样的问题，以及人与自然关系的认识问题。认识意识主要包括下面几个方面。

1. 自然环境道德

自然环境道德是调整人与人之间及个人与社会之间关系的行为规范的总和，是人与自然和谐相处的一种社会意识形态。自然环境道德解决自然环境意识中"应该怎样做"的问题。自然环境道德应坚持两个基本要求，一是所有的人享有自然不受污染和破坏，从而能够过健康和安全的生活的权利，并且承担不损害子孙后代生存需要且能满足其生存需要的责任。二是自然界是有价值的，因而地球上的所有物种都有生存和发展的权利，人类承担保护生态环境的责任。

自然环境道德具体包含以下五项原则：第一，要尊重自然，不损害必需的自然过程；第二，不能危及地球上的生物及其遗传能力，所有形式的生命，不管是野生的还是驯化的，其种群水平必须足以维持其生存；第三，保护地球上的任何区域，特别要保护那些独特的区域，保护各种生态系统类型的代表性样地，并保护珍稀濒危种的生态环境；第四，生态系统

[①] 自然教育辅导员又称"自然教育师"，是具备自然教育专业知识、素质和能力，符合基本职业条件和要求的专业职业；是推动自然教育事业持续健康发展的专业人才。开展自然教育需要自然教育辅导员带领。

和生物以及土地、海洋和人类利用的大气资源,都要得到认真管理,以获取和维持最大的持续生产力,但不能以这种方式对那些与之共存的其他生态系统或物种的完整性构成危险;第五,要保证不因战争或其他敌对行为而引起自然的退化。

2. 自然价值观念

自然价值观念反映人们对自然的理性思考,是人们对自然价值重要性的主观反映与对自然的态度。它解决自然意识中如何看待我们"该做什么,不该做什么"的问题。自然价值观念是人们制定自然规范和自身行为的依据。

3. 自然环境法治意识

自然环境法规是对每个人享有环境权和应承担的责任的保障和约束,通过法规的约束可以加速克服传统陋习和形成新的自然环境道德风尚。自然环境法治意识解决自然意识中"能做什么,不能做什么"的问题。它要求人们自觉了解国家的环境法律法规和条例,既要运用法律手段维护自己的环境权利,又要履行法律所规定的责任、义务;既要自身守法,又要监督他人守法,坚决同违法现象作斗争。

4. 自然环境危机意识

自然环境危机意识是产生和形成自然环境意识的一个重要方面,危机教育在自然环境意识教育中占有重要地位,可以使人们产生紧迫感、责任感,促使人们由被动地、消极地变为主动地、积极地投身保护自然的伟大事业中。

(二) 参与意识

参与意识,即意识到公民的本质在参与。参与社会政治生活、公共生活既是自己的权利,也是自己的义务,并依照规定或约定程序热情而理智地参与社会实务的方方面面,参与社会主义建设和公共事业管理。

在这里的自然环境参与意识就是要人们在自然认识意识提高的基础上,根据自己的价值判断产生的对自然保护的使命感、责任感以及自觉的行为习惯。它是解决自然环境意识中"怎么做"和"怎么做得好"的问题,也是自然环境意识的落实与体现环节。

自然教育辅导员要有积极学习自然教育相关课程的意识,要参与自然教育,要懂得自己是自然的一部分,是社会的一部分,还应该向普通大众或自己的学生普及自然教育的概念和意识。比如,中国科学院华南植物园举办自然教育系列课程——"感受自然之美,玩转别样秋天",就是一个很好的例子。自然教育辅导员为了让孩子们理解自己是大自然中的一分子，激发孩子们保护自然的使命感和融入自然的参与感，突破传统自我介绍方式，要求每位小朋友给自己取一个自然名，名字灵感来源于大自然中的动植物。孩子们大开脑洞为自己取了有趣的自然名，"胸有成竹的竹子""可爱精灵的小恐龙""千年铁树难开花的铁树"等，通过有趣的课程活动意识到自然就在身边，不是什么触不可及的东西，并且意识到自己也可以参与自然中。

自然教育辅导员还应该积极参与社会实践，并带领学生或其他大众参与自然教育相关的实践。同样是中国科学院华南植物园举办的自然教育方面活动的例子，自然教育辅导员带领着孩子们积极参与户外自然体验活动，循循善诱地告诉孩子们植物生存艰辛的故事，让他们明白每一朵花、每一片叶子、每一颗果实生长的不易，引导孩子们尊重大自然的每一个生命，感受人与自然的密切关系，让他们懂得每一个生命都身处大自然之中。在户外自然实践课结束之后，自然教育辅导员还介绍植物手工创作理念及具体制作方法，孩子与家长们一起动手创作植物种子立体花。课程最后，小朋友们带着自己的作品上台与大家分享参加这次课程的体验与感受，自然名为"虎皮兰"的小朋友开心地说道："我感受到了一个不一样的秋天，是一个很好玩的秋天。"自然名为"翠鸟"的小朋友告诉大家，"我认识到了很多新奇的植物，很开心认识了很多新的小伙伴"。通过亲身体验式的互动游戏进行自然教学，让孩子们运用各种感官来感知不同树叶的大小、形状、颜色、厚薄、味道等，进一步感受人与自然的密切关系。如此活泼生动的自然教育活动，让大家深刻懂得了参与自然的重要性以及亲身体验到自然知识的趣味性。

自然教育辅导员可根据需要选择不同的教育和科普形式，要注重培养学生的兴趣和参与度，可由学校的自然科学老师经过系统培训后执行，也可由学校委托自然学校平台内的自然教育机构负责。

二、文化科学素质

文化科学素质是普通自然教育辅导员必须具备的教育理论知识。作为一名自然教育辅导员，要知道自己"教什么"和"怎么教"，首先应掌握自然环境学科的基础知识，掌握不同环境问题的产生背景、产生过程、作用原理和治理方法，形成对自然环境问题的整体看法，应掌握人类与自然关系的基本知识，掌握有关的自然环境法规的知识，掌握一定的教育心理学、教育学、辅导员思想道德的知识，比较系统地了解教学目的、教学原则、教学过程、教学方法和学生的心理等，能根据学生的实际反应总结教学规律，调整教学内容。只有具备文化科学素质，才能做好自然教育的辅导员。

(一)掌握自然学科的专业知识

作为自然教育辅导员应对各学科的知识都有一定的了解。与自然教育密切相关的学科是环境科学，它是自然科学和社会科学的综合，是一门研究环境的地理、物理、化学、生物四个部分的学科，是一门研究人类生存的环境质量及其保护与改善的科学。环境科学研究的环境，是以人类为主体的外部世界，即人类赖以生存和发展的物质条件的综合体，包括自然环境和社会环境。自然环境是直接或间接影响人类的，一切自然形成的物质及其能量的总体。环境科学提供了综合、定量和跨学科的方法来研究环境系统。由于大多数环境问题涉及人类活动，因此经济、法律和社会科学知识往往也可用于环境科学研究。环境科学也是一门研究人类社会发展活动与环境演化规律之间相互作用关系，寻求人类社会与环境协同演化、持续发展途径与方法的科学。自然教育辅导员应能结合其他学科的知识分析具体的环境问题的产生，在一定程度上激发和加强学生保护自然的意识。

(二)了解其他相关的知识

与自然教育相关的学科除了环境科学，还有资源环境科学等。在现阶段，环境科学主要运用自然科学和社会科学的有关学科的理论、技术和方法来研究环境问题，并形成了与有关学科相互渗透、交叉的许多分支学科。属于自然科学方面的有环境地学、环境生物学、环境化学、环境物理学、环境医学、环境工程学；属于社会科学方面的有环境管理学、环境经济学、环境法学等。作为自然教育辅导员，应当对这些方面有所了解和知晓。

我国基础自然教育都是学科渗透模式，因此，自然教育辅导员必须具备从事学科专业教学的扎实的专业知识。例如，若从事国家公园相关的自然教育，自然教育辅导员就要积极学习和掌握自然生态的科学知识，熟悉国家公园的发展历史和我国建设国家公园的目的，掌握公园内的资源种类、资源分布及资源演替规律和野生动植物的生活特性；了解当地民风民俗、历史及人文，国家有关自然保护的法律法规和当前社会动态，公众对自然生态的心理需求；熟悉自然环境教育的路线、内容、目的等。此外，要做好自然教育，还要懂得知识和语言的有机结合。

三、职业技能素质

随着自然教育辅导员专业化程度的不断提高，对自然教育辅导员"职业技能"的要求也越来越具体明确，或者说对自然教育辅导员"职业技能"的要求越来越具体明确，体现了辅导员专业化程度的不断提高。这种具体明确的要求就体现在"专业技能"上，具体技能包括组织教育活动的技能；内容包括集体教育的技能，个别教育的技能，学科渗透德育的技能，组织班级活动、课外活动的技能，协调校内外教育力量的技能。

(一)组织教学活动的技能

如何组织教学活动是评价一个自然教育辅导员的关键指标，也是其教学能力的鲜活体现。组织教学活动的技能主要包括以下三个方面：课程设计技能、课堂教学技能、教学评价技能。其中，课程设计技能是关键，没有好的课程设计，很难保证自然教育的课程实施效果；课堂教学技能是重点，对于自然教育辅导员，课堂教学技能既包括基本的教学手段，也包括对受众以及课堂的整体把握能力，这一技能需要经年累月的实践积累才能形成；教学评价技能是保障，教学评价的目的是为了让自然教育的课程日益完善、其教学效果得到提升，因此，自然教育辅导员对课程的评价能力如何直接决定了自然教育活动效果的上限。

(二)现代教育技术技能

随着当今科学技术的不断发展，许多教育工具的更新换代频率也在飞速上升，只有掌握相关的现代教育技术技能，才能保持跟上时代的步伐，才能够更好地、更高效率地参与自然教育的过程中。现代教育技术技能包括：现代教育技术知识，现代教学媒体的特征及功能，现代教学媒体的硬件操作技能及软件的设计、制作，现代教学媒体在教学中的应用，课堂课程设计方法，应用现代教育技术实践及科研成果等。当前，自然教育和大数据、高新技术等新兴技术的融合日益紧密，自然教育辅导员必须具备这些方面的能力才能紧跟时代潮流，不断提升自然教育活动的水平。

(三)教育讲解艺术

作为自然教育辅导员，在实际的教育过程中，一定会涉及方方面面的自然知识普及讲解，那么在这个教育讲解的过程中，语言表达和语音沟通就显得非常重要。语音发音标准、音质优美、吐字清晰、声音洪亮是自然教育辅导员应具备的基本的语言艺术素质。要善于积累知识，有效创作讲解内容，理顺讲解内容的逻辑性和故事性；在进行自然知识的讲解过程中，针对不同自然教育主题活动，除了鲜明地表达观点，准确地阐述内容，还要运用一系列的提问、反问、设问等技巧，把控讲解节奏，调动和激发观众的兴趣，使观众与自然深度融合。此外，面对不同职业、年龄、性别、文化水平的观众时，需要应用不同的表述方式、节奏以及肢体动作辅助讲解，以此感染观众，这是自然教育辅导员应具备的情感艺术素质。

（四）沟通能力与公众形象

自然教育辅导员不能"闭门造车"似的做普及教育，要善于与公众沟通，尽量以亲和幽默的语言去调动观众对于自然知识的兴趣，和观众积极沟通，同时要善于激发观众对人与自然环境的深度思考，还要善于观察相关信息的传播效果，以达到自然教育的互动与科普的良好效果。因此，自然教育辅导员要与观众加强沟通交流，掌握一定的交流技巧。在讲解过程中，首先要态度热情，语言谦和，声调悦耳，感情真挚，让观众在接受自然科普知识的过程中，实现对自然的深刻理解。其次是公众形象，当今许多自然教育辅导员每天都要面对很多公众，需要特别注意个人形象。在进行自然教育科普等过程中，仪表妆容要端庄大方，表情要自然、庄重，真实恰当地表现讲解内容；站姿要有气质和风度，自然地挺胸收腹，双肩放松，双臂自然下垂或在体前交叉；行走时，步伐轻盈稳健，抬头挺胸，面带微笑，同时注意保持与游客之间的距离；眼神要自然、柔和、友善，讲解时目光平视，尽量兼顾所有观众；讲解指示手势要规范、优美，做到眼、口、手相互协调。此外，还要根据讲解活动的特点和场地，合理搭配服饰鞋帽，与讲解内容和环境相适应，树立良好的公众形象。

（五）身体心理素质

身体心理素质包括身体素质、心理素质和精神状态三个方面。

身体素质是指人体在运动中所表现出来的速度、力量、耐力、灵敏度等方面的机能能力。在素质教育的背景下，根据时代的发展和实践的要求，身体素质应该包括身体形态和结构、生理技能、运动素质与运动能力以及人体适应能力、应变能力和抗突发事件能力等方面。在这里，身体素质主要是指没有不适合自然教育教学工作的生理缺陷和疾病，身体健康，精力充沛。

心理素质本质上是一种稳定的心理品质，在心理健康机理中具有核心作用，是维护个体心理健康的重要条件，在这里主要是指自然教育辅导员应心胸开阔、性格开朗、心理和谐。

人们常用精神状态表述当时的心境以及传递给外界的感觉信息。我们每时每刻都处在某一种精神状态之中，且随着时间、环境的变化，每个人的精神状态都不一样。在这里，精神状态主要是指辅导员需要有一种饱满热情的精神状态来进行自然教育，对自然教育怀有巨大的热情，用积极的心态去进行自然教育，同时具有与时俱进的开拓精神。

(六) 其他综合能力

在自然教育中，自然教育辅导员既是宣传员，又是创作员，需要主动参与自然教育的创作过程中，将有关自然学科知识、国家公园保护对象及其保护价值、生物多样性及其美学价值、园区内传统文化与环保意识等信息传递给普通大众，在创作过程中深入了解自然教育的内容，并提高语言表达的水平，只有这样，观众才能更好地接收自然教育的知识，更好地去认识自然。创作过程既是个人心灵感受的过程，也是提高讲解才艺能力的过程，只有自然教育辅导员对于知识充分理解和糅合，才能以最普通、最浅显、生动趣味的讲解满足不同受众的需求，增强他们热爱自然环境的意识。在日常讲解工作中，要主动听取观众的意见，并加强探讨交流，合理科学地解答疑惑。此外，自然教育辅导员还应该努力拓展，不断提升个人综合能力。

四、职业道德

自然教育辅导员扮演着大众的宣传员与引导员的角色，是践行生态文明的窗口，需要具有过硬的政治品行、政治觉悟和良好的思想道德，具有强烈的爱国主义精神，具有服务大众和公众至上的理念以及敬业奉献的行业精神。同时，还需要热爱讲解，热爱从事自然方面的教育工作，具有较强的事业心和责任感，能够真情实感地、真心实意地投入自然教育的工作中，以生态文明引导者、传播者和践行者的姿态服务于自然教育。

◆ 补充阅读

"人员的专业发展"是自然教育领域面临的重要挑战之一。而现有的自然教育机构良莠不齐、鱼龙混杂，专业人员紧缺，从而导致了开设的课程单一、缺乏系统性、实施效果不佳等多种问题。了解人员配备的要求，做好人力资源的整合和培训，对提升自然教育水平是非常关键的。自然教育机构所需的人才可分为经营管理类和专业技术类两种。

> 经营管理类人员的要求

经营管理类人员应了解自然教育的理念和内涵，熟悉相关法律法规，具备基本的行政能力和经营管理能力，具体包括：能进行总体的策略规划；能做好市场宣传和营销，建立和维护好客户网络；能做好专业技术人员的管理和培训；具备处理突发状况的应急能力。

> 专业技术人员的要求

自然教育涉及的领域很多，包括教育、户外、旅游、环保、林学等，因而对从业人员的专业综合素质有非常高的要求。通过对自然教育的内涵、目标、课程体系的分析，得出专业技术人员应具备教育技术、户外知识和技能以及专业技术3个层次的能力。

- 教育技术

自然教育是教育的一种，因此技术人员应具备教育学、教育心理学的基本理论，了解教育规律和方法，保证课程的设计和实施有明确的目标、符合教育规律。

- 户外知识和技能

很大比例的自然教育课程实施是在户外，因此组织者需要具备一定的风险防控意识、户外组织能力以及野外生存技能。

- 两种以上的专业技术

自然教育涉及的学科范围极为庞杂，如植物识别与栽培类、动物识别与养殖类、生态保护类、地质科学类、地理类、美术创作类、摄影技术类等。某一门课程的实施往往需要2种以上的学科知识，因此技术人员应该具备跨学科学习的能力，根据课程需要，通过培训和自学，掌握2~3种学科知识。作为机构而言，在人才配备上应全面覆盖自然教育需要的所有专业类别。从长远来看，高校应设置自然教育类的专业，更加有针对性地培养技术人才。

第二节　自然教育辅导员专业人才培养

自然教育作为人类社会较新的教育现象，又是一项具有高度组织性和计划性的工作，其中，辅导员是全部教育计划的执行者，占主导地位，因此，辅导员队伍的素质是自然教育成败的关键。自然教育自诞生以来，在快速发展中伴随着大量新内容、新问题，这要求自然教育辅导员必须具备有关自然问题的前沿知识和自然教育的教学技能。

因此，自然教育辅导员的培养是保证自然教育健康、顺利进行的前提。但综观自然教育辅导员培养的现状，尤其对比自然教育学校的发展来说，自然教育师资培养的发展还是相对滞后的。从当今自然教育的自身发展状况来看，师资培养是自然教育发展的重中之重，也是当前最薄弱的环节，是一个亟待解决的问题。

一、自然教育辅导员培养概况

一般认为，我国的自然教育最早起步于20世纪70年代，当时国内将自然教育称为环境教育。几十年来，伴随着我国自然教育的蓬勃发展，我国自然教育师资培养事业也沿着自己独特的轨迹不断发展进步，与自然教育共同发展、相互联系、相互促进，并取得了一定的成就。

1981年，国务院在《关于国民经济调整时期加强环境保护工作的决定》中明确指出："中小学要普及环境科学知识。"与此同时，中小学环境教育师资培训也被提到议事日程，同年(1981年)中国环境科学学会第二次会议(即秦皇岛会议)提出：将环境教育已取得的成果进行推广，并着手解决辅导员培训和教材出版问题。1983年，中国环境科学学会教育委员会第三次会议(即郑州会议)进一步提出自然教育亟待迅速推广普及，并对师资培养提出了相应的建议。从此，环境教育师资培养事业进入快速发展时期。

1989年，国家环境保护局(现国家生态环境部)、国家教育委员会与中国环境科学学会在广州市番禺县联合召开了"全国部分省(直辖市)中小学环境教育座谈会"，对进一步开展环境教育工作及环境教育师资培训工作提出了具体的意见和建议，要求进一步深化环境教育。1992年，国家教育委员会与国家环境保护局联合召开第一次全国环境教育工作会议，提出"环境保护，教育为本"的方针，充分肯定了环境教育的地位和作用，指出在基础教育中开展环境教育的重要性，并对师资培养、辅导员培训等工作提出了具体意见。继此，中国环境教育及环境教育师资培训事业进入了一个发展的新阶段。

从1993年暑期开始，国家教育委员会和国家环境保护局宣传教育司每年在北戴河举办"全国中学校长、教导主任环境教育培训班"，提升中学领导的环境知识、环境意识和环境教育水平，为环境教育大规模进入基础教育打下了一个好的基础。在以后的历次重要环境会议和政策文献中，都会专门提及和强调环境专业人才与环境教育辅导员队伍的培养工作，为中国的环境专业人才培养工作创造了良好的政策条件。

◆ 补充阅读

2018年《自然教育行业调查报告》中自然教育辅导员维度的调研主要通过定量线上问卷的方式收集数据，问卷内容涵盖自然教育辅导员基本情况、专业能力、薪酬待遇以及满意度等。2018年度调研共收到有效问卷431份。其中，女性273人，占63%；男性158人，占37%。数据分析显示，自然教育辅导员学历普遍较高，74%拥有大专及本科学历，且近1/4的辅导员拥有硕士及以上学历。

对辅导员受教育背景调研结果显示，来自管理学类(23.4%)、教育学类(19.0%)和生物科学类(11.4%)占比最多。从不同专业的性别比例来看，男女比例差异最大的前三位分别是教育类(女性比例高于男性9%)、工学类(男性比例高于女性6.4%)、生物科学类(男性比例高于女性6%)。

辅导员们在自然教育领域内擅长的方向集中于体验引导、课程设计以及自然科普和讲解，市场运营能力普遍较弱，这呼应了机构在发展过程中急需开拓市场的诉求；此外，辅导员获得专业能力的最主要来源为实践总结，鲜少通过院校系统课程获得相关专业能力，这也和机构访谈中提到的"高等院校相关系统化教育体系缺失可能为目前行业人才缺乏的关键原因"相匹配。

进入21世纪以后，我国的自然教育师资队伍建设不仅仅局限于对中小学辅导员的在职培养，尤其是2010年以后，随着自然教育理念更加深化，国外自然教育先进理念在国内广泛传播，各类自然教育机构如雨后春笋般涌现出来，与之相对应的各类非政府主导的自然教育辅导员队伍培训也如火如荼地开展起来。除了专业的自然教育专家、讲师、引导员、讲解师，还产生了针对自然教育志愿者的培训。因此，目前我国自然教育辅导员队伍建设逐渐呈现出理念先进、层次多元、学科融合等发展态势。

二、自然教育辅导员培养分类

(一)在职教师的自然教育培训

目前，我国自然教育主要受众群体是青少年人群，因此，针对义务教育阶段在职教师的自然教育培训是我国自然教育师资队伍建设的重要组成部分。教师在职培训是一种区别于普通教育的特殊教育活动，其特殊性集中体现在教育目标、教育对象以及教育组织形式三个方面。

1. 教育目标的特殊性

由于自然教育的特殊性，自然教育课程更加关注人与自然的实践关系，这与在职教师日常开展的课程教育有所不同。对在职教师进行自然教育培训的目标主要是使教师具备自然教育的理念，同时更重要的是具备引导学生尊重自然、敬畏自然的观念和教学技能。

2. 教育对象的特殊性

一方面，教师团体是接触青少年群体的一线队伍，他们的言行举止、思维方式、知识水平、价值观念会直接影响青少年一代的成长和行为养成，其意义十分重要；另一方面，在职自然教育辅导员培训的对象是在职教师，他们一般有系统的理论基础，同时，他们经历过教育实践，也具有一定的教育实践经验。他们之所以参加和接受在职培训，目的是更新和深化知识，进一步提高自己的专业素养。

3. 教育组织形式的特殊性

在职教师群体一般具有比较高强度的备课、授课任务，工作与家庭压力使他们不具备接受完整的自然教育培训的时间和精力。因而，面对在职教师的自然教育培训形式有其特殊性，这就需要培训课程具有更大的内在灵活性，能迅速地适应随时出现的新的学习需求。这类培训主要以理论学习为主，实践带领培训形式辅之。

(二) 自然教育机构组织的师资培训

根据 2016 年、2018 年《自然教育行业调查报告》，近年来我国自然教育机构或从事自然教育业务的企(事)业单位明显增多，以民间自然教育机构为主导开展的师资培养也逐渐兴起，并因其丰富多样的课程设置和实力较强的师资团队，受到了业内人员的广泛认可。

这类培训主要是面向自然科普行业人士以及关注和乐于参与自然教育事业的社会大众开展的，开展此类培训的机构有鸟兽虫木自然保育中心、自然之友、北京盖娅自然教育学校等。与在职师资的自然教育培训相比，此类培训的教育对象、受众更加多元化。同时，由于其教育对象的复杂性，使得非正规自然教育面对的问题要比在职师资的自然教育培训所面对的问题多得多，针对特定的对象群体制定特定的教学课程就具有重要意义。

自然教育机构组织的师资培训面对更多人群，这也决定了自然教育机构组织的师资培训应该是全方位、多层次的，应注意以下几点。

一是以自然教育教学实践为基础，要大力探讨以实践为基础的培养模式，如以社区为本的教育模式等；二是要树立以人为本的观念，培养学生的环境道德、主体意识、做人的价值，让学生在环境中自己教育自己、自我完善；三是要确立学生的主体地位，要摒弃那种以辅导员为中心的教育模式，在教学中要充分体现学生的主体地位，注意培养和发展学生的主体意识；四是要反映环境学科前沿发展状况，及时充实与更新教学内容，帮助学生了解当今环境的热点，掌握最前沿的环境知识、环境研究与评价的方法等；五是要把方法与能力的训练作为教学重点，在师资培养过程中要注意培养学生积极探索的科学精神与创新意识，训练多元开放的思想方法，提高学生解决实际环境问题的能力。

◆ **案例分享**

祁连山国家公园(甘肃片区)在开展自然教育活动的过程中，讲解员是先锋队伍。通过培养一支能力突出的讲解员队伍，祁连山国家公园(甘肃片区)可以完成丰富多彩的自然教育讲解任务。

> **岗前培训**

岗前培训非常必要，其中，最好的岗前培训是封闭式培训。首先，讲解员可以系统地接受新时代生态文明理论教育，坚定个人的理想信念和服务理念；其次，学习国家公园理论知识和相关自然科学知识，充实个人的知识储备；再次，根据国家公园内科普素材、科普场地，设计符合不同观众需求的科普活动，创作讲解内容，贯通和丰富个人的讲解词，练习面对不同观众、不同活动的讲解技巧；最后，训练吐字、发音、语速、情感表达以及形体、仪态等基本功，排除个人上岗前的紧张感和焦虑感，以良好的业务能力和心理素质做好讲解工作。

> **岗位培养**

首先，建立"传帮带"的岗位培养机制，形成"老带中、中带小"传承有序的良好局面。同时，在工作实践中加强学习交流，相互面对面地讲解，通过专门找问题、解决问题等提高个人讲解能力。其次，每次讲解任务结束时，主动和观众沟通交流，认真分析观众的疑惑，善于发现观众对自然环境教育的兴趣点和关注点。讲解员可以通过调查问卷等方式收集观众的反馈意见，查找存在的问题，并弥补个人的不足之处，通过在工作中学习，在学习中工作，进一步提高自身的讲解服务水平。

> **委托培养**

相关单位选派讲解员团队的管理者、队伍中的表现优秀者或积极上进者，送入国内或行业内知名的国家公园、展览馆、风景名胜区等教育基地，委托这些教育基地进行针对性的短期培训。讲解员通过实地观摩学习与训练，提升个人的语言应用技巧，拓展个人对自然教育理解和加深认识的思维深度，提高面对不同场景时的应变能力，能够做到应时应景应人的自然教育讲解，通过个人讲解，使观众的心灵能与大自然产生共鸣。

> **专业培训**

相关单位还可以把讲解员送入开设讲解课程的专业学校或专门的自然教育培训机构，进行中长期专业培训。讲解员可专业、系统地学习与讲解相关专业课程和艺术形体课程，学习"五感"体验式的讲解艺术，做好科普教材编撰、手工艺术制作、森林土特产品烹饪工作。此外，单位还要做好自然体验场地场馆设计规划等工作，培养"编、导、讲、演"的个性化、体系化全能讲解员或金牌讲解员，让公众在视、听的愉悦中感受大自然的魅力，发现大自然的奥妙。同时，提高讲解员为外籍人员科普讲解的能力，全面提升讲解员的综合能力。

> **培养志愿讲解员**

为发挥国家公园自然环境教育职能，进一步丰富服务内容，广泛动员和组织以志愿者为核心的社会力量，改变讲解人员不能满足需求的现状，相关机构可以招募一批热爱自然、擅长讲解、有责任心、乐于奉献的志愿者进行短期的岗前培训，让他们成为志愿讲解员。在各类自然教育活动中，鼓励志愿者参加讲解服务，让他们讲好自然环境的故事，传承好生态保护理念，同时也为志愿者提供一个实现自我价值的平台，为建设美丽中国加油助力。

（三）自然教育志愿者队伍建设

随着国内参与自然体验活动的人群增多，中小学校开展自然教育户外活动的规范性和制度化进程也加快推进。同时，各类自然教育机构为了保障自然教育活动顺利开展，提升活动质量，为自然体验活动配置了更多的工作人员，志愿者队伍建设应运而生。

国内志愿者团队目前大致可以分为两类，一类是招募并培训已退休人员参与自然教育活动的导引，他们中间不乏身体状况良好的中老年人，在退休生活之余参与自然教育活动的组织，或是充当"安全员"的角色；另一类是以青年志愿者为主的志愿者队伍，通过招募以在校大学生为主的年轻人为自然体验活动的志愿者。

目前，各类自然教育机构在上岗前都会对志愿者进行基本业务能力的培训，这些培训包括：基础的野外安全救援技能培训、活动带领能力培训、沟通礼仪培训，等等。尽管志愿者队伍在自然教育活动中发挥着越来越重要的作用，但目前我国自然教育志愿者队伍建设仍然缺乏明确的认证系统和相应的奖惩机制。

自然教育志愿者团队培育过程中，从自然教育的角度有"培训、考核、管理"三层金字塔，培训是志愿者素养提升的基础，考核是敦促志愿者认真学习的重要保障，而良好的管理是志愿者团队长期发展的必需条件；从志愿者自身角度分析，自我认同以及被认同带来的荣誉感是志愿者愿意与同事共事的基础，适当的补偿机制是志愿者坚持志愿服务工作的保障，而自我修炼则是志愿者追求的价值最高体现。

关于中国大陆地区自然教育行业中志愿者培育现状，《2016年中国自然教育行业调查报告》数据显示，超过六成的机构或企业选择了培育志愿者来解决人力短缺问题。

国内自然教育行业志愿者现状

自然教育行业机构选择招募志愿者不仅解决了工作人员短缺的问题，相比聘请全职员工亦降低了成本，但除了私营企业、基金会等有稳定的经费来源的机构可以支持资金投入招募、培训、补贴志愿者的工作中，大部分非政府组织或者政府部门并没有这方面的经费来源，绝大部分经费来源于课程收费的自然教育机构仍处于仅能维持少数全职员工的运营状态，所以他们选择了招募大学生来当实习生或者兼职讲解员的方式解决缺人又缺钱的困境，未能招募志愿者。少数有条件招募志愿者的机构，大多为黄金周假期或某次大型活动而招募志愿者提供讲解、咨询、维持秩序等服务，极少数志愿者是长期服务在岗，也就是说，这样的志愿者具有"一次性服务"的特点。

志愿者留不住的原因可能是未进行交通补贴、食宿补贴以及中国志愿者服务网的志愿者经历与时长的记录，这可能在一定程度上影响了志愿者坚持长期服务的积极性。

当前，国内自然教育行业的志愿者团队培育从机构或企业角度出发面临的是招募困难、师资力量薄弱、培训经费不足、缺乏科学的管理制度、志愿者流失率高等问题；从社会大环境出发，当前我国关于此方面的制度机制建设还不完全，民众的环境保护意识仍有待提高，企业的社会责任感需要加大力度培养。结合中国其他领域志愿者培育

管理研究,建议机构或企业:

(1)关注已退休的军人、公务员以及教师。他们是非常好的志愿者发展人选,因为这些人有基础的退休金生活保障,在文化知识层面、综合素养方面以及社会责任感上都相对占有优势,时间充裕且生活压力低。

(2)应该正确认识志愿者的招募困难问题,把握好志愿者愿意提供志愿服务的动机。志愿者希望贡献自身力量去保护环境且对生态知识有着强烈的学习欲望,机构或企业管理者需要考虑这些动机,为志愿者开发符合他们动机的项目。

(3)关于师资力量薄弱,无法提供给志愿者们良好的业务技能培训这个问题,希望可以通过与相关优秀辅导员或者高校建立合作关系,请培训老师提供行业知识、技能等方面指导,形成长期稳定、高效的学习机制。

(4)随着互联网时代的发展越来越多元化,如腾讯99公益日、京东公益众筹、淘宝公益众筹以及众筹网等等互联网平台众多,同时,各大基金会,如阿里巴巴公益基金、阿拉善SEE公益基金、世界自然基金会、零点青年创业发展中心(YES)的黑苹果青年公益基金、恩派公益组织发展中心(NPI)的孵化项目基金等等,皆对自然教育行业的发展有所支持,我们应该把握住机遇,关键是提高自身的项目策划、筹备、执行以及落实能力。

(5)科学的志愿者管理机制是通过不断地摸索总结出来的,应充分考虑值勤管理、志愿者管理、权利与义务、考核以及撤销资格规定等方面的规章制度建设。

(6)志愿者流失率高是自然教育行业志愿者团队培育发展初级阶段不可避免的问题,志愿者的个体情况不同,我们应该切合实际地去沟通以及建立适当的补偿机制与激励机制,正视激励机制的积极性,从机构或企业外部和内部以及志愿者自身同时进行激励方法建设与落实。

建议国家政府及组织:

(1)进行健全志愿者的服务时数登记以及建立适当的激励机制,比如,志愿者服务满一定时长可以申发前往公有单位景区的免费荣誉卡;

(2)继续紧抓环境宣传教育,为创造良好的环保意识的社会大环境努力;

(3)加强绿色企业建设,完善监督与处罚奖励机制,努力提升企业的社会责任感。

三、自然教育辅导员培养模式

当前,自然教育辅导员培训的模式因其不同类型而有所区别,主要分为以下几种。

(一)学校模式

在职师资力量的自然教育培训主要面向中、小学校老师开展,其模式与一般辅导员进修、研习、培训、考核等流程相一致。校内模式主要是以集中授课培训的形式开展,如将新任自然教育辅导员集中起来进行岗前培训或技能培训,我国多采用这种培训方式。这种形式的培训,时间长短不一,有两个优点:一是培训内容正规,是按国家对新辅导员的要求来培训;二是学习时间集中,便于辅导员深钻细学,培训效果明显。

(二)社会模式

自然教育机构组织的师资培训统称为社会模式。一方面,这些自然教育机构利用其本身的社会资源和实践经验,组成讲师团队进行教授;另一方面,面向社会进行受训人员招募,或在行业内开展自然教育人员的培训。

社会模式的培训多为"理论+实操"的形式,以"先理论后实践"为脉络,按自然教育的源起、发展的思路,让课程体系更加顺畅、完整。在课程内容方面,除了自然教育理论与实操、自然教育课程体验等传统课程外,一般会涵盖心理学教育、生态摄影、自然植物甄别和文创设计等与自然教育相关的课程。在全部培训课程学习之后会组织相关的实操考核或者实操训练,考核通过后一般会出具主办单位出具的培训证明。面向社会的自然教育培训一般是收费型的培训,尽管如此,这一类培训在国内仍颇受自然教育工作者的追捧。

我国自然教育社会模式现状

目前,我国尚未建立引导和鼓励社会力量参与科普资源设施共建共享的机制体制,人才问题和课程体系成为制约自然教育机构发展的一大瓶颈。人才问题主要表现为数量不足、专业不强、标准不一:其一,半数以上自然教育机构的专职员工不超过7人,有些机构专职员工甚至不足3人,长期聘用兼职人员、实习生和志愿者;其二,自然

> 教育活动主要依赖于专业的课程设计开发人员和课程讲师，然而许多辅导员并非专业出身，需要接受有关课程设计和活动组织管理方面的培训；其三，在全国约100家自然教育从业人员培训机构中，大部分没有任何资质就开始公开招生、找专家开班和颁发证书，培训费用和受训时间不一，讲师水平与人员素质参差不齐。

(三) 实操模式

实操模式培训主要是针对志愿者队伍建设开展的。由于志愿者队伍建设主要是服务于活动带领、风险防控、课程组织等实操性的工作，因此，一般面向志愿者团体开展的培训主要是实操培训的模式。该模式主要是通过志愿者之间"传帮带"和集中实操演练等形式进行，有的可能会和自然教育体验活动同时开展。

> **我国自然教育实操模式现状**
>
> 2016年《自然教育行业调查报告》调研结果显示，人才不足依然被视为机构发展的最大瓶颈，其次是经费和市场。与2016年相比，机构发展面临的挑战总体趋势未有明显变化。未来1~3年里，课程开发和建立课程体系是机构发展工作的重中之重；此外，机构团队业务能力和市场开拓能力也比较重要。
>
> 近年来，面对行业人才不足的情况，一些自然教育相关单位、机构或平台除了聘请国内外专家开展短期主题培训以外，也开始逐步开发和提供本土的、相对长期的、系统化的人才培养项目，例如，上海小路自然教育中心的"紫米计划"、盖娅自然学校的"自然体验师"培训体系、一年四季自然艺术工作室的本土自然教育培训工作坊、全国自然教育论坛人才培养专业委员会开发的"全国自然教育基础培训"、由阿里巴巴公益基金会支持的"自然讲解员"培训、生态环境部宣传教育中心举办的"自然学校注册讲师"培训，等等。但就当前现状而言，无论是主题培训还是相对长期的系统培训仍然难以在短期内解决行业发展对人才的需求。
>
> 多位受访机构代表在谈到行业人才缺乏问题时表示，自然教育在国内的发展历程还太短，不足以培养足够的适宜人才。其深层次原因之一可能与目前高校的培养体系相关。目前，国内高校并

未提供针对自然教育的人才培养机制。此外，对于博物和生态保育(例如经典分类学)相关方向的人才培养，国内高校也是相对薄弱的。以营地教育为主的都江堰花溪农场代表在接受访谈时分享道，与当地(都江堰)高校的互动合作是他们引进人才的渠道之一，包括在高校社团中开展体验活动，招募社团成员作为营地活动带领的兼职人员，为学生在学校期间就提供逐步了解、实践、熟悉的机会等，以此获得部分学生对自然教育和机构的认同，吸引其在毕业择业时将农场的工作机会作为选择。

四、自然教育师资培训存在的问题

我国近年开展的自然教育辅导员培训工作，对提高自然教育辅导人员队伍的整体素质起到了重要作用，但仍存在一些突出的问题，影响了人才培养的效果。归结起来主要表现在以下几方面。

(一)培训目标不明确

据调研发现，不少培训单位对自然教育辅导员培训目标没有明确的概念，加上辅导员自身的基础和需求不一致，因而，对设置的课程及培训所用的方式缺乏清晰的思路。如果一项培训活动没有明确的培训目标，那么其实施过程便没有可操作性，培训成果无法检查，最终导致培训落空。目前，很多的自然教育人才培训没有明确的目标，这种现象在一些地方和机构开展的自然教育辅导员培训中尤为突出；另外，有的似乎有目标明确的单项培训，因其目标概念化、模糊化，与实际脱节，难以操作，最后也将影响培训的质量。

(二)培训内容针对性不强

自然教育辅导员培训与全日制学历教育的主要区别之一在于自然教育辅导员的培训要以实操性的培训效果为目标，经过培训要使受训的人员具备带领活动或者能够协助带领自然体验活动的能力。一些自然教育培训机构将培训的课程设置地得复杂，且内容泛泛，毫无针对性，注重表面形式而缺乏内在技能深耕，进而导致受训人员经过培训后依然对自然教育认识不够，实操技能的掌握不够完备，直接影响了培训效果。

(三)培训方式和手段呆板单一

自然教育辅导员在职培训长期以来缺乏系统科学的理论研究,教学中通常沿用学历教育"一言堂""满堂灌"的方式,培训辅导员下放部分权力给受训辅导员的机会太少,不同程度阻碍了受训辅导员个性的发展。这种方式即便在学历教育中也常被人们所诟病。一般辅导员特别是骨干辅导员,都具有丰富的教育教学经验,他们希望通过培训获得教学方式的示范和指导,讲授式为主的教学方式自然很难为辅导员接受。

(四)培训师资缺乏

我国辅导员培训机构存在的普遍问题是师资结构不合理,构成较为单一。没有一支理论和实践相结合的,适合继续教育的师资队伍。培训辅导员多是高校从事本科、研究生教学的老师,很少有来自自然教育一线、具备丰富工作经验、能使教育理论和实践很好结合的老师。一些地方性培训机构,甚至存在因人设课的现象。即便是国家教育主管部门十分关注的新课程培训,也存在层层照本宣科的通病,严重影响了培训质量。

(五)缺乏统一规范和监管

自然教育辅导员是一个新型职业,对其职业技能培训的监管还比较模糊,对自然教育的归属管理问题缺乏认定与协调,致使各部门职责不明,不易于管理。仅在我国,就有自然体验师、自然讲解员、自然解说员、环境教育师等多种称谓,实质虽然相同,但是却有多种叫法。与之相关的培训更是五花八门,形形色色。因此,急需有关部门对自然教育行业相关概念进行统一规范和监管。

第七章 自然教育公众需求及消费意愿

第一节 自然教育公众需求

一、自然教育公众需求的内容

分析自然教育公众需求，首先要明确公众对于自然教育的需求有哪些。换句话说，公众希望从参与自然教育活动、接受自然教育服务的过程中得到什么。前面的章节中给出了自然教育主体、客体和载体的概念，自然教育的客体即为自然教育的受众，放在市场的概念中就是自然教育行业的消费者。第四章中把自然教育的消费者群体按照年龄层划分为了儿童阶段、青少年阶段和成人阶段，并分析了各个阶段的人群所需要的自然教育服务内容。结合北京市园林绿化部门针对自然教育消费者需求的有关市场调查，笔者发现，当前国内自然教育公众需求主要集中在以下几个层面。

第一，优美的自然环境需求。消费者希望在接受自然教育过程中获得视觉、听觉、嗅觉等优美的感官享受，即讲究自然教育场域环境。随着生活水平的提高，自然教育消费者必然提高对自然教育过程美感和舒适度的追求。自然教育从业者在选择自然教育活动场域时要格外关注场地的美感、环境、空气质量等因素，按照自然教育基地建设标准设置相关场域，以满足消费者最基本的需求。

第二，多元化的自然教育活动需求。公众在自然环境中开展活动的目的不仅仅是"看风景"，而是有着更加多元化的活动需求。自然教育活动刚好能够满足人们亲近自然、欣赏风景、放松休闲和运动健身的需求。通过问卷调查与分析，被调查者对各类自然教育活动类型的偏爱程度较为平均。因此，丰富自然教育活动类型，即重视自然教育服务的过程和社会流行风尚，讲求享受新颖、独特、引领潮流的自然教育服务，也是未来自然教育行业的发展方向。自然教育从业者在推出产品和服务时要有创新思维，做到不断推陈出新，做好自然教育产品和服务的升级换代，以满足消费者多元化的自然教育活动需求。

第三，高品质的服务人员和产品需求。自然教育是一种人力资本密集型的服务行业，因此自然教育人员的素质直接决定活动的质量。通过分析问卷发现，公众对自然教育服务人员素质的关注度在提升，说明大家对自然教育的需求在升级，从"有没有提供自然教育服务"的问题逐渐升级为关注"自然教育服务好不好"的问题。因此，自然教育行业应该将不断满足公众对高水平从业人员队伍的建设的需求作为今后发展的主要任务。自然教育的消费群体以儿童和青少年为主,消费者参与自然教育活动的目的是通过自然体验活动亲近大自然,建立与自然的联结,培养人的自然观念,培育完善的人格。因此,自然教育机构在设计自然教育产品、提供自然教育服务时应该充分考虑产品和服务的科学性和可接受性,增加专业性研发,提升产品和服务的质量,改善课程和服务的形式。

第四,高性价比、品牌化的自然教育消费需求。当前,各类自然教育机构对自然教育服务收取的费用参差不齐,有的自然教育机构虽然收取高额的费用,但却无法提供消费者满意的自然教育服务,而参加自然教育时所花费的时间、精力和金钱,是公众决策是否参加活动考虑的关键因素。消费者往往愿意选择离居住地较近的社区公园、城市绿地,参与那些收费较低或者公益性质的自然教育活动,这一点也应当引起自然教育从业人员的关注。自然教育消费者通常较重视自然教育过程的商标与知名度,对有品牌、优质的服务产品有一种信任感,乐意认购著名企业和品牌旗下的自然教育产品和服务。做好品牌建设是自然教育机构赢得更多的市场份额的重要途径,好的品牌需要高质量的产品和服务作为保障,因此,归根到底还是要完善产品和服务本身。

第五,安全的自然教育活动需求。安全问题是参与自然教育的消费者最为关切的问题,自然教育活动多在自然环境中开展,远离城市,接近自然环境,因此,一些野外安全隐患随之而来。这就要求自然教育企业在带领室外活动之前做好防护工作,在活动中要做好风险管控,如遇突发情况要妥善安排脱险和救险工作。

二、自然教育公众需求理论基础

(一)需求理论

对于什么是需求,许多学者从不同的角度对需求给出了不同的界定。在心理学领域中,需求被认为是个体在受到某种刺激后,在人脑中所引起的一种反应。而这种刺激主要可以分为两种,一种是来自人们内部感官所引起的生理本能,如饥饿、安全的需求等;另一种是受外界的某种特殊环境的刺激,使人们不满足于现状,为了弥补所缺乏的东西而产生的心理需要,如对生存、发展的需要。在社会学领域中,学者们从关系的角度对个体的客观"需求"与主观"想要"进行了阐释,认为需求是个体对客观事物的一种普遍依赖。在行为学领域中,学者们认为需求是个体对某种特定目标或事物的渴望与追求。在哲学领域中,学者们认为需求是个体社会实践的内在驱动力,并随着社会实践的发展而不断产生新的需求,是人的本质。

从经济学的角度出发，需求又被称为市场需求(market demand)，就是指一定时间内和一定价格条件下，消费者对某种商品或服务愿意而且能够购买的数量。市场需求的构成要素有两个：一是消费者愿意购买，即有购买的欲望；二是消费者能够购买，即有支付能力。两者缺一不可。

自然教育是一种综合了环境教育、自然保育、环境解说、市场营销、企业管理、社区发展、景观规划等诸多方面的特殊学习型服务产品。它能够通过精心设计的课程、专业人员的带领以及现场设施的配合，主动满足市场上第一线对于自然游憩、环境教育的需求。对学校、企业、社会组织、政府部门甚至城市家庭而言，是一种能全面解决客户需求、拥有生命力的绿色体验学习型产品。

自然教育需求的产生，是人们对于长期以来粗犷的生产生活方式以及城市人口"自然缺失症"的反思。自然教育的根本目的是通过自然教育的方式和手段，让更多的人认识自然、了解自然、敬畏自然，形成人与自然和谐共生的生产生活理念。第一届全国自然教育论坛归纳了自然教育的3个目标：一是为了儿童的身心健康发展，帮助孩子们重建与自然的联结，获得自然的滋养，在自然中健康、快乐成长；二是为了自然和人类的可持续发展，帮助儿童和青少年认识自然和自然界的基本规律，培养与自然的情感，养成自然友好的生活方式，并且激励他们参与保护自然和促进社区可持续发展的实际行动中；三是为了让公众能持续性地参与自然生态的保护，鼓励公众投身环境保护行动，从"量变到质变"，带来积极的改变。

(二) 马斯洛需求层次理论

亚伯拉罕·马斯洛(Abraham Maslow, 1908—1970年)以人本主义心理学的方法论为指导，坚持以人为中心，认为人是一种不断需求的动物，除短暂的时间外，极少达到完全满足的状况，一个欲望满足后，往往又会迅速地被另一个欲望所占有。马斯洛认为欲望是人心理动机的集中反映，且动机是多样复杂的，是驱使人产生各种行为活动的内部伊始。因此，研究人的动机，要清楚地理解人的基本目标或需求，将人的基本需求按照强度和先后的秩序联系起来，以层次整合的观点提出需求层次论：即生理需求、安全需求、社交需求、尊重需求、自我实现需求。

1. 生理需求

生理需求是人最根本的、最原始的需求，指人类的吃、住、穿、行等维持生存的需求，学术界也将其称作生理机能需求。在马斯洛看来，生理需求是每个人都必需的需求，是高级需求得以发展的基础，但不是人唯一的需求，只有满足较高层次的需求，才能给人以长期而真实的幸福。

2. 安全需求

当生理需求得到一定程度的满足之后，就会产生一种新的需求，即安全的需求。安全需求主要指个体预防自身身心健康免受损害或威胁的需求，具体指人类希望得到工作、职业稳定的需求，远离疾病困扰的健康需求，免遭受威胁迫害的治安秩序需求等人身安全需求。

3. 社交需求

人是一种社会性动物，随着生理需求和安全需求相对充分地获得满足之后，人们就会顺理成章地产生社交的需求，并且社交需求将作为新的中心，影响着人的行为。社交需求主要体现在两个方面，第一是社交感，第二是归属感。在这一需求阶段中，人们希望在与他人交往的过程中能够获得爱情、友情等。如果这种社交需求不能及时得到满足，人们就会产生强烈的孤寂感、冷漠感、异化感。

4. 尊重需求

当上述三种需求得到基本的满足后，就会产生尊重的需求并支配人们的生活。尊重需求主要包括两部分需求，一是自我尊重需求，即个体要自己尊重自己，主要表现为对充满信心、成就、获得实力的欲望；二是被他者尊重需求。即得到别人的认可，取得他者对自身的赞赏，并能满足个人自尊心的一切需求，其具体表现为对地位、荣誉、名誉、威信等的期待。尊重需求在某种程度上可被看作是人类个体自我实现的期望。

5. 自我实现需求

马斯洛指出，当上述所有需求都获得满足之后，人们就会进入一种高阶层的需求——自我实现的需求。自我实现的需求主要是指所有需求或理想在精神层面上全部得到实现或满足的一种需求，是在自我实现的过程中，人们希望实现自身的全部潜能、体现自身全部能力，并由此被赋予较高期望的需求，这种需求与人们的理想抱负直接相关。纵观马斯洛提出的五个需求可知，从生理需求到最后的自我实现需求呈现的是层层递进的关系。马斯洛认为，这些层次的需求不但有高低之分，而且有前后顺序之别。只有低层级的需求得到一定程度的满足之后，高层级的需求才会产生，驱使人们产生新的行为。当个体的最基本的需求得到满足后，才有助于更高层次需求的形成。在所有需求中，自我实现需要无疑占据马斯洛需求理论金字塔的制高点。

马斯洛需求理论中的五种需求具有层级性，逐级递升，被称为马斯洛需求梯级结构，或叫金字塔结构(图7-1)。前两个层次的需求归属于物质性需求，相对来说，是较低级的需求，后三个层次的需求可以归结为精神性需求，是人的高级需求。其基本论点是：第一，需求一般按照由低到高的顺序发展。只有尚未满足的需求才具有激励作用，而得到满足的需求已不再成为激励因素。第二，需求普遍具有层次性、阶段性、潜在性、多样性等特点。同一时期人的多种需求可以并存，表现出来的迫切程度也都不同，只有那些表现最强烈、感觉最迫切的需求(即优势需求)引发人们的动机，影响人们的行为。第三，各个层次的需求是相互依赖和交叉的，需求也不会由于更高层次需求的突显而消失。一般来说一个较低的需求得到满足后，较高一层的需求会相继产生，但并不是说，一个需求必须得到100%的满足后，新的需求才会出现。举例说明，一个人各个需求的满足情况可能是大概满足了85%的生理需求，65%左右的安全需求，爱的需求满足了45%，而自我实现需求大概满足了25%左右，多个需求同时存在，但满足程度各有不同。第四，需求层次中存在诸多例外，并不是所有人的需求都按照金字塔的结构变化和发展，也不是所有人一生中都会有这五种需求。

图7-1 马斯洛需求梯级结构

自然教育是社会经济发展的产物，是以自然体验的方法为媒介，建立"人与自然""人与人""人与自我"三者之间的联系，以期促进人们健康成长，实现人与自然和谐共生的教育行为。就需求层次来看，自然教育主要是为了实现人们在精神层面的丰盈以及人与自然和谐共生理念的培育，属于较高的需求层次，因此，发展自然教育需要一定的社会经济条件基础，参与自然教育活动的人群至少应该得到了生理需求、安全需求以及社交需求的保障，才具备参与自然教育活动、接受自然教育服务、享受自然教育产品的动机和能力。

三、自然教育公众需求的主要影响因素

(一) 消费者偏好

在市场上，即使收入相同的消费者，由于每个人的性格和爱好不同，人们对商品与服务的需求也不同。消费者的偏好支配着他在使用价值相同或相近的商品之间的消费选择。但是，人们的消费偏好不是固定不变的，而是在一系列因素的作用下慢慢变化的。作为一个新兴事物，目前，自然教育的服务产品开始逐渐进入人们的生活，自然教育的福利逐渐被人们所接受，消费群体的培育是当前自然教育行业共同关注的问题。

(二) 个人收入

消费者收入一般是指一个社会的人均收入。收入的增减是影响需求的重要因素。一般来说，消费者收入增加，将引起需求增加，反之亦然。但是，对某些产品来说，需求是随着收入的增加而下降的。随着经济的迅速增长，消费者的收入水平将不断提高，在供给不变或供给增长率低于收入增长率的情况下，一方面使得市场价格徐徐上升，另一方面也将引起商品需求量的增加。随着人们收入水平的提高，人们对自然教育服务产品的支付意愿将得到提高，自然教育服务产品的市场需求也会增加。

(三) 产品价格

这是指某种产品的自身价格。价格是影响需求的最重要因素。一般来说，价格和需求的变动呈反方向变化。自然教育服务产品定价越高，人们对自然教育服务的需求就会减弱，因此，合适的市场定价对自然教育从业者来说至关重要。

(四) 替代品的价格

所谓替代品，是指使用价值相近、可以相互替代来满足人民统一需要的商品，如煤气和电力，石油和煤炭，公共交通和私人小汽车等。一般来说，在相互替代商品之间某一种商品价格提高，消费者就会把需求转向可以替代的商品上，从而使替代品的需求增加，被替代品的需求减少，反之亦然。当前，国内大部分消费者对自然教育的认识还停留在简单休闲游憩、娱乐放松层面，因此，景区旅游、自然旅行等服务成了自然教育活动的替代产品。此外，对于青少年和儿童群体，课外辅导班、兴趣班等教育产品和服务在某种意义上也构成了自然教育活动的替代品。

(五)互补品的价格

所谓互补品,是指使用价值上必须相互补充才能满足人们的某种需要的商品,如汽车和汽油,家用电器和电等。在互补商品之间,其中一种商品价格上升,需求量降低,会引起对另一种商品的需求降低。

(六)预期

消费者预期是人们对于某一经济活动未来的预测和判断。如果消费者预测价格要上涨,这种预期就会刺激消费者提前购买;如果预测价格将下跌,许多消费者就会推迟购买。

(七)其他因素

如商品的品种、质量、广告宣传、地理位置、季节、国家政策以及传统观念等也会对商品的需求产生影响。在中国,唯分数论在过去很长一段时间内被家长们所推崇,直到现在,许多家长仍然单纯以孩子的考试成绩评价他们的孩子,这样的观念导致了中国家庭教育资源过多地流向应试教育领域,这在很大程度上影响了自然教育消费市场需求的培育。

第二节 自然教育公众消费意愿

一、自然教育公众消费意愿理论

从消费者感知角度看,自然教育可视为绿色产品。自然教育还是一个有形的绿色产品服务过程,具有生产和消费同步进行的重要特征。

消费者行为一般是指消费者为获取、使用、处置消费物品或服务所采取的各种行动,包括先于且决定这些行动的决策过程。随着市场营销的深入,人们越来越认识到消费者行为是一个整体,是一个过程,获取或者购买只是这一过程的一个阶段。因此,研究消费者行为,既应调查、了解消费者在获取产品、服务之前的评价与选择活动,也应重视在产品获取后对产品的使用、处置等活动。只有这样,对消费者行为的理解才会趋于完整。

自然教育行业上的消费者行为,就是围绕着获取、使用和处置自然教育产品或者服务所采取的一系列行动,包括购买自然教育产品和服务的决策过程、消费过程和消费后评价、反馈过程。对自然教育企业来说,研究消费者行为可以指导设计自然教育新产品与服务以及改进现有产品与服务。任何科学的市场管理，在开发新产品或在生产周期的起始阶段，务必明确该项目将服务于什么对象，即满足哪些消费者的哪些方面的需求。不能盲目地开发新产品和活动项目。同时，研究消费者行为可以有效地辅助制定市场策略，有助于自然教育企业根据消费者需求变化组织经营服务活动，提高市场营销活动效果，增强市场竞争力。

消费者行为受到消费者对待购买的产品或服务的态度的深刻影响。消费者的态度是指消费者对消费对象客体、属性和利益的情感反应，即消费者对某件商品、品牌的喜好或不喜欢的反应倾向。

自然教育消费者的购买行为，在很大程度上受自然教育消费者对所购自然教育产品态度的支配，自然教育消费者的心理活动集中表现在购买活动中，并影响其购买行为。一般来讲，消费者对于自然教育产品和服务的购买具体有如下行为表现：追求优美的自然环境、追求新颖的活动形式、追求品牌化的自然教育服务产品、追求具有实效的自然教育服务以及追求具有安全保障的自然教育活动。

二、自然教育公众消费意愿的研究方法

（一）定性研究

自然教育机构进行自然教育市场调查，要克服人为的主观臆断，客观地收集自然教育市场需求信息及相关影响因素信息，以便在自然教育产品和服务开发设计时进行正确的规划和实施，在自然教育服务经营过程中赢得市场。

自然教育市场调查有两个主要目的：第一，确定自然教育项目可行性。通过对自然教育市场的客观调查评估，分析出某一自然教育项目对自然教育者吸引力的大小，从而预测评估该自然教育项目的市场前景。第二，通过调查获得的可靠信息，可为自然教育从业机构的管理者制订政策、进行预测、做出决策和制订计划提供重要依据。

自然教育市场调查内容主要包括市场环境调查和市场需求调查。

1. 市场环境调查

（1）政治环境

政治环境包括社会安定状况，政局变化，一定时期内政府对自然教育行业的法令法规，与境外客源地有关的关税、外汇、政策等情况。

（2）经济环境

经济环境包括人口情况、国民生产总值、收入水平、城市居民储蓄情

况、国民消费水平与消费结构、物价水平、自然教育资源状况等。

(3) 社会文化环境

社会文化环境指当地的民族、民俗状况，受众受教育的程度、对自然教育的认识程度以及受众职业种类等。

(4) 自然地理环境

自然地里环境指的是对地理位置、气候条件、植被覆盖和地形地貌的了解。

2. 市场需求调查

(1) 自然教育市场需求调查的内容

自然教育市场需求的内容包括：

①自然教育消费者对自然教育活动的印象，以及对自然教育活动的了解程度，包括对自身利弊的影响；

②按自然教育消费者的家庭情况、同游情况以及消费习惯，划分出不同的层次，以便于日后的分析研究；

③自然教育消费者休闲时间及居住地；

④自然教育消费者对自然教育产品和服务的反映；

⑤自然教育消费者未来的期望；

⑥自然教育消费者参与自然教育活动的目的或动机。

(2) 自然教育市场调查的步骤

自然教育市场调查的步骤通常分为三个阶段：第一阶段明确调查的问题；第二阶段提出问题的假设；第三阶段计划并实施调查研究的方案。具体来讲，这三个阶段共包括以下八个步骤。

①确定调查目标。即确定所要调查的问题，包括调查总目标与具体目标。这一步是以后各工作的前提与基础。

②试探调查。对调查目标进行一般性摸底了解，力求了解问题全貌，并根据已掌握的情况进行初步分析，确定调查研究的范围。

③确定调查项目。有些问题，在初步调查时，即可找出问题的原因，而有些问题往往需要做进一步了解，这就需要假设发生问题的原因，并通过调查进行确定。

④拟定调查方案。为提高调查的效率及实用性，就要确定进行调查的方案，包括调查对象、方法、地点、时间、资料整理、原则和要求等。

⑤实施方案，进行调查。根据调查项目和方案，制订询问的具体问题，拟订调查表格。在设计表格和提出询问时，要注意简明易懂。

⑥整理资料，处理数据。对调查获取的原始资料进行校对、整理和必

要的加工，为具体分析做好准备。

⑦得出结论，提出调查报告。调查报告是市场调查的成果，既要对问题有客观的分析，又要提出可行性建议，供解决问题、进行决策时参考。

⑧评估调查报告。邀请有经验的自然教育专家和学者对调查报告进行评估，分析调查结果的科学性和存在的问题，以便科学决策和不断提高市场调查水平。

客观现实情况往往错综复杂、多种多样，进行调查时要从实际出发，灵活运用八步法，可简则简，可合则合。总之，要讲求实效，切不可使调查形式化，那样一来，便失去了市场调查最根本的意义。

3. 自然教育市场调查的方法

自然教育市场调查的方法一般有询问法(表7-1)、观察法和实验法3种。

(1)询问法

询问法是通过询问的方式收集市场信息，也就是向被调查者提出询问，以获得所需资料的一种方法。按调查者与被调查者之间接触方式的不同，询问法可分走访调查、信访调查和电话调查3种形式。

表7-1 询问法的几种形式及其优缺点

名称	内容	优点	缺点
走访调查	调查者走访被调查者，当面向被调查者提出有关问题，以获得所需资料	真实性：走访获得的资料，其真实性较高，回答率也较高 灵活性：走访询问时，可以按调查表发问，也可以自由交谈。可以当场记录，在取得被调查者同意后，也可录音。如发现被调查者不符合样本要求，可立即终止访问 直观性：走访调查可以直接观察被调查者所回答的问题是否正确，而用其他方式调查则无观察核对的机会 激励性：有些被调查者对走访调查很感兴趣，因为有向他人发表意见的机会，以达到个人情绪上的满足，或与他人讨论问题获得知识上的满足，因此具有激励效果。	调查费用高，被调查者有时受调查者态度、语气等影响产生偏见
信访调查	调查者将所拟订的调查表通过邮局寄给被调查者，要求被调查者填妥后寄回给调查者	调查范围可广泛；被调查者可以不受调查者的影响，可以没有偏见；调查费用较低；被调查者可以有充分的时间考虑作答	回收率低；时间花费较长；填表者可能不是目标被调查者，致使真实性差；回答问题较肤浅

(续)

名称	内容	优点	缺点
电话调查	调查者根据抽样要求，用电话按调查表内容询问意见的一种方法	迅速及时；资料统一性程度高。有些不便面谈的问题，在电话调查中可能得到回答	对问题不能深入地讨论分析，往往受到通话时间等限制

(2) 观察法

观察法是调查者在现场从旁观察被调查者行动的一种调查方法。观察法的优点是被调查者的一切动作均极自然，因而所收集的资料准确性较高。其缺点是观察不到被调查者的内在因素，有时需要做较长时间的观察才能得到。

(3) 实验法

实验法是指从影响调查问题的若干因素中，选择 1~2 个因素，将它们置于一定的条件下进行小规模实验，然后对实验结果作出分析，研究是否值得大规模推广的一种调查方法。市场调查中的实验法和自然科学的实验法是有差别的。一般来讲，自然科学的实验结果比较确定，而市场实验的结果比较笼统，因为市场上不可控因素太多。尽管如此，实验法仍不失为一种有用的方法，因为通过此法，能直接体验营销策略的效果，而这种优点是询问法所不能提供的。

上述三种市场调查方法，究竟采用哪一种或结合使用几种，主要视调查的问题或所需资料而定。

4. 市场需求的预测方法

由于市场预测的对象、内容、要求各不相同，所采用的预测方法也是多种多样的，基本上可以分为三类，即定性预测方法、时间序列预测方法和因果关系预测方法。时间序列预测方法和因果关系预测方法都属于定量预测方法。常用的定性预测方法有个人判断法、综合判断法和专家调查法（德尔菲法）。

(1) 个人判断法

个人判断法是指由自然教育企业决策人根据对客观情况的分析和自己的经验，对市场需求的情况作出主观判断，预测未来的情况。这种方法在缺乏预测资料时特别有用。如果自然教育企业决策者有较丰富的经验和分析判断能力，并且对各方面的情况比较熟悉，就可以得到较好的预测。该方法的优点是，预测时可以综合考虑各方面的因素，并且简单、快速。缺

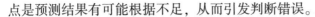

第七章 自然教育公众需求及消费意愿

点是预测结果有可能根据不足,从而引发判断错误。

(2)综合判断法

综合判断法是指由自然教育企业负责人召集所有部门的负责人,在广泛交换意见的基础上各自进行预测,然后将不同人员的预测值进行综合得出预测结果。综合判断法的优点是,方法简便易行,能吸收多数人的意见,可提高预测的准确性,特别是市场变动剧烈时更是如此。其缺点是容易受预测者所了解情况的局限,以及某些权威、外界气氛的影响。

(3)专家调查法(德尔菲法)

专家调查法是利用通讯方式,就所需要预测的问题征求专家意见,经过多次信息交换,逐步取得一致意见,从而得出预测结果。这种方法适用于新市场的开拓,或难以用定量方法进行预测的项目。

(二)定量研究

1. 皮尔森相关性分析

相关性分析是指对两个或多个具备相关性的变量元素进行分析,从而衡量两个变量因素的相关密切程度。相关性的元素之间需要存在一定的联系或者概率才可以进行相关性分析。相关性不等于因果性,也不是简单的个性化,相关性所涵盖的范围和领域几乎覆盖了我们所见到的方方面面,相关性在不同的学科里面的定义也有很大的差异。

皮尔森(Pearson)相关性系数是最常用的相关系数,又称积差相关系数,取值-1到1,绝对值越大,说明相关性越强。该系数的计算和检验为参数方法,适用条件如下。

两变量呈直线相关关系,如果是曲线相关可能不准确;极端值会对结果造成较大的影响;两变量符合双变量联合正态分布。

通过计算皮尔森相关系数,可以发现各解释变量对被解释变量是否具有相关性,进而筛选变量。皮尔森相关性分析检验了单个影响因子与被解释变量之间是否存在显著的相关关系以及影响的方向,可初步验证影响因素变量的选择及预期方向的合理性。

2. 逻辑斯蒂回归分析

影响因子之间也可能存在着相互作用,即可能存在多重共线性。研究一个二分类因变量与连续或分类自变量之间关系的方法有逻辑斯蒂(Logistic)模型、普罗比(Probit)模型、c_2检验、对应分析等。二分类逻辑斯蒂回归模型分析多影响因子共同影响自然教育的消费程度及其显著性水平,方程式如下。

$$\text{Logist}(p) = \beta_0 + \beta_1 x_1 + \beta_2 x_2 + \cdots + \beta_k x_k$$

式中：

p 是消费者自然教育的消费的概率，其为各项影响因素 x_i 的线性函数。

引入 p 的 Logist 变换：

$$\text{Logist}(p) = \ln \frac{p}{1-p}$$

由此可得：

$$p = \frac{\text{Exp}(\beta_0 + \beta_1 x_1 + \beta_2 x_2 + \cdots + \beta_k x_k)}{1 + \text{Exp}(\beta_0 + \beta_1 x_1 + \beta_2 x_2 + \cdots + \beta_k x_k)}$$

3. 解释结构模型法

解释结构模型法（interpretative structural modeling method，简称ISM）是一种使用广泛的系统科学方法。它源于结构建模（structural modeling）。ISM是先把要分析的系统，通过梳理拆分成各种子系统（因素、要素）然后分析因素以及因素之间的直接二元关系，并把这种概念模型映射成有向图，通过布尔逻辑运算揭示系统的结构，并在不损失系统整体功能前提下，以最简的层次化的有向拓扑图的方式呈现出来。相较于表格、文字、数学公式等方式描述系统的本质，ISM具有极大的优势。因为它是以层级拓扑图的方式展示结论，这种展示效果有极强的直观性，通过层级图可以一目了然地了解系统因素的因果层次与阶梯结构。

ISM是系统科学里的一种研究方法，是搭建在自然科学与社会科学之间的一种有效的研究方法。ISM建模需要运用布尔矩阵运算或者是相对复杂的拓扑分析，这种手法属于典型的系统科学的研究方法；但是分析ISM模型中的各个结点，以及其因果关系的实现路径，这一过程就属于社会科学的范畴。

ISM的应用面十分广泛，从能源问题等国际性问题到地区经济开发、企（事）业甚至个人范围的问题等都可以使用。它在揭示系统结构，尤其是分析教学资源内容结构和进行学习资源设计与开发研究、教学过程模式的探索等方面具有十分重要的作用，它也是教育技术学研究中的一种专门研究方法。

三、自然教育公众消费的主要影响因素

自然教育消费者购买行为不是一个孤立的行为，而是受一系列相关因素影响的连续行为。虽然自然教育需求是自然教育消费者购买行为发生的重要因素或条件，但是来自社会的、文化的、个人的以及心理的等各方面的因素，也会对自然教育消费者购买行为产生较大的影响。

(一)社会因素

自然教育是社会发展的产物,自然教育行业的兴起也代表了社会公众需求的导向。因此,社会因素对自然教育消费者的行为影响十分关键,在消费者行为理论当中,来自社会因素的影响主要包括相关群体因素和家庭因素。

首先是相关群体因素,相关群体也称为参考团体,是指在形成个人态度、意见、购买行为时给其以影响的群体。按与自然教育消费者的关系,可以将相关群体分为初级群体、次级群体和渴望群体。初级群体主要是邻居、同事和朋友等。这一群体与自然教育消费者之间的关系比较密切,且经常进行信息沟通,因此,这一群体对自然教育消费者购买行为产生直接的影响,且影响力较大。次级群体是指自然教育消费者及相关的社会团体、职业协会、学会等。这一群体成员之间的联系不如初级群体密切,只能在一定程度上影响自然教育消费者购买行为。渴望群体是指自然教育消费者推崇的一群人,如电影明星、体育明星、社会名流等。这一群体尽管与自然教育消费者没有什么直接关系,但自然教育消费者往往将渴望群体的生活方式和消费行为作为自己的参照。

相关群体影响一般表现在四个方面。一是相关群体为自然教育消费者提供了一定消费行为或生活方式的模式;二是影响自然教育消费者个人态度和自我观念导致产生新的购买行为;三是引起人们的仿效欲望,产生仿效行为;四是促使人们的行为趋于某种"一致化",影响自然教育消费者对自然教育产品服务和自然教育方式的选择。

其次是家庭因素,在现实生活中,许多自然教育过程和服务是以家庭为"购买单位"的,自然教育课程设计的一个重要方面就是亲子家庭的自然教育活动,因此,家庭对自然教育消费者购买行为的影响是至关重要的。自然教育消费者一生中所经历的家庭一般可分成两种:一是从诞生而来的家庭,也就是父母的家庭;二是个人的衍生家庭,也就是自己的家庭。自然教育消费者在进行购买决策时,一般受第一个家庭的影响是间接的,而且影响力较小;受第二个家庭的影响是直接的,而且影响力比较大。当前,80后、90后父母正在成为整个社会家庭教育的中坚力量,他们有着更高的学历和更先进的教育理念,在孩子的教育方面,他们更愿意看到自己的子女能够德、智、体、美、劳全面发展,对他们实施素质教育。因此,家庭因素无疑是影响自然教育消费者购买行为的最为直接的因素。

（二）文化因素

文化形成于人们的社会实践，它包括价值观念、伦理道德、风俗习惯、宗教信仰、审美观、语言文字、学历水平等。文化背景不同，人们的需求就会不同，购买行为也会出现差异，有些差异还很大。对于自然教育企业来讲，必须重视文化因素对自然教育消费者购买行为的影响，要根据受众的教育水平、文化背景以及当地的风俗习惯、文化观念、宗教信仰等的差异设计和调整自然教育课程，以适应不同的消费者群体。

（三）消费者个体特征

在消费者行为理论中，个人因素是决定自然教育消费者行为的重要一环，主要包括消费者的年龄、职业、经济条件、生活方式、个性和自我观念以及心理因素等。个体特征各异的消费者，对产品的选择有着不同的认知和需求，因而对自然教育的消费程度也会表现出差异。女性一般以家庭为中心，有可能会比男性更重视利用自然教育来指导子女教育；年轻消费者对"绿色消费"和环境保护等方面的知识接受得往往更加全面，因而也应对自然教育有更高的接受度；职业与林业相关的，更可能接触了解自然教育；受教育程度越高，对自然教育的获取、理解与接受程度越高，因而对自然教育的接受度应越强；收入水平高的，可能更有能力支付额外费用使其行为有益于环境，因而对自然教育的接受度应越强。

1. 年龄

自然教育消费者的需求与其年龄的关系很大，人们随着年龄的增长而购买不同的产品和服务，不同年龄的人对自然教育产品会有不同的需要和偏好。

2. 职业

人的职业会影响其生活方式和认知水平，不同的职业对自然教育的认识和了解会产生差别，对自然教育服务的需要也不同，与自然教育相关职业的人往往会更愿意参与自然教育活动，购买自然教育服务产品。

3. 经济状况

自然教育服务产品未必是公益性质的，有的可能收取较高的服务费用，因此，经济状况是消费者在做出购买决策时必然要考虑的因素，经济状况包括个人收入情况、储蓄及资产情况、借款能力、对消费及储蓄的态度等。

4. 生活方式

生活方式是指一个人在生活方面所表现出的兴趣、爱好、观念以及参加活动的方式。不同生活方式的人,对自然教育类型的喜好程度有很大的不同,例如,体育爱好者对动态自然教育项目感兴趣;而喜欢安静的人则对静态讲解类自然教育项目更关注。

5. 个性和自我观念

自然教育消费者的个性是指自然教育消费者的个人性格特征,如内向、外向、保守、固执、随和等。自我观念也就是自我形象。每一个人都会在心目中为自己描绘一幅形象,尽管自我形象是主观的,但自然教育消费者在实际购买自然教育服务产品时,如果认为该自然教育服务过程与自己的形象一致,往往就会决定购买。反之,则拒绝购买。

6. 心理因素

首先是购买动机。自然教育消费者购买动机,是推动其实行某种购买行为的一种愿望或念头,它反映了消费者对某种自然教育产品或服务的需要。消费动机既有生理的也有心理的。自然教育消费者购买行为不仅受生理动机的驱使,还受到心理动机的支配。自然教育需求的高层次性,决定了其购买动机的心理性比之生理性影响更大。例如,由道德、集体感、美感、愉悦感、幸福感等人类高级情感动机所引起的购买行为,一般具有较大的稳定性和深刻性,往往可以从购买中反映自然教育消费者精神面貌。

其次是消费者的注意。自然教育消费者在购买自然教育产品和服务的过程中,通过直接的感觉得到对自然教育产品和服务的印象并引起注意,进而进行综合分析,然后才能决定是否购买。因此,消费者的注意,是影响消费行为的重要因素。心理学认为,人的注意是有选择性的。一般来讲,有3种注意过程:选择性注意、选择性扭曲、选择性记忆。个人每天都会面临着许多刺激物,但他不可能注意到所有的刺激物,大部分刺激物都会被忽略掉,引起注意的只是少数,这便是选择性注意。即使是少数注意,也并非都能正确地理解和认识,而往往按照其先入为主的观念或某种偏见加以曲解,使之与自己头脑中的想法相吻合,这就是选择性扭曲。选择性记忆就是人们会忘掉大部分所了解的东西,而主要记忆那些符合自己信念、态度的东西。

第三是消费者的习得行为。习得行为是指人们后天学习所表现出的行为,人类除本能驱使力支配的行为外,其他行为皆属习得行为。习得行为是某一刺激物与某一反应之间建立联系时所发生的行为。人类的需要和欲望是5种因素互相作用的结果,即驱使力、刺激物、提示物、反应和强化。

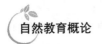

四、消费者购买自然教育服务产品的行为过程

对于自然教育企业来讲,要扩展企业的销售范围,提升企业的服务能力,不仅要了解自己的产品和服务(刺激物)与自然教育消费者驱使力的关系,而且要向自然教育消费者提供诱发需求的广告宣传(提示物),并且要根据消费者的动态(反应),调整广告和宣传的方式和强度(强化),形成消费者够买自然教育产品和服务的驱使力。

消费者购买行为过程应当被看作是一个循环往复的持续过程,包括了购前、购中和购后三个阶段。在三个阶段中又包含了认知需求、信息收集、判断选择、购买决策和购后评价五个步骤。

首先,认知需求。所谓认知需求是指消费者识别能够得到满足需求的行为过程。对自然教育消费者来说,就是在自然教育产品和服务中识别是否有自己需要的内容。

其次,信息收集。信息收集是指消费者认知了需求之后,通过各种渠道收集能够满足这种需求的相关资料的行为过程。如希望通过自然教育满足养老需求者,则需要通过各种渠道搜寻相关的信息。

第三,判断选择。消费者在收集到各种资料之后,将这些资料进行分析对比的过程叫作判断选择。消费者在收集到与自己需求有关的各种资料之后,便会将这些资料进行分析整理,从资料中得到自己所需的相关信息,并根据自己的理解对其属性进行横向对比,并对自己有利的信息加以判断,为购买决策提供参考。

第四,购买决策。购买倾向是消费者经过对产品的评价和判断之后所产生的一种购买意图,但不一定是最终的实际购买行动。消费者的购买倾向在实施的过程中还要受到一些其他因素的影响,最终才能完成购买决策。

第五,购后评价。购后评价是指消费者在购买自然教育产品后,对各方面的感受和评价的过程。消费者在购买了自然教育产品和服务之后,会进一步地与市场上的同类自然教育产品和服务就质量上、价格上、形式上和售后服务上做出横向比较,也会通过相关群体对自己的购买决策做出满意或不满意的评价。评价的结果如何将会对确立产品的信誉、树立品牌形象、促成下次购买和带动相关群体的购买产生十分重要的影响。

其中,认知需求、收集信息和判断选择阶段属于购前过程,购买决策阶段属于购中过程,购后评价阶段属于购后过程。在实际当中,消费者并不一定在购买每个产品时都要经过这五个步骤,也可能跃过其中的某个阶段或倒置某个阶段，但总体而言，消费者购买行为离不开上面讲述的购前、购中、购后等几个阶段。

五、自然教育公众消费意愿分析的问卷设计原则

(一)目的性原则

目的性是指问卷必须与调查主题紧密相关，询问的问题必须是与调查主题有密切关联的。这就要求在设计问卷时，必须始终以调查主题为中心，重点突出，避免可有可无的问题。根据调查目的，找出与调查主题相关的要素，并逐次分解为具体的、明晰的问题。例如，"调查对自然教育服务的用户消费感受"，这里并没有一个现成的选择要素的法则。但从实际问题出发，特别是结合一定的行业经验与商业知识，要素是能够被寻找出来的。一是购买者(消费者)的基本情况(性别、年龄等)和购买自然教育服务产品的情况(是否参加过自然教育活动、参加频率、日常习惯等)。二是购买力和购买欲，包括其社会状况(收入水平、受教育程度、职业等、自然教育消费特点、即时性、体验性等)、使用该产品的效果评价(价格、使用效果、心理满足等)。三是产品和服务本身，包括对品牌与商标的评价、广告等促销手段的影响力、与市场上同类产品性价比的横向比较，等等。以上三要素，对于调查主题的结果有直接帮助。在此基础上设计出的问卷，既能满足调查目的，也容易使被调查者了解调查者的意图，予以配合，从而使调查顺利完成。

(二)可接受性原则

可接受性是指问卷比较容易让被调查者接受。由于被调查者对是否参加调查有着绝对的自由，调查对他们来说是一种额外负担，他们既可以采取合作的态度——接受调查，也可以采取对抗行为——拒绝回答。因此，请求合作就成为问卷设计中一个十分重要的问题。应该在问卷的说明词中，将调查目的明确地告诉被调查者，让对方知道该项调查的意义和自身回答对整个调查结果的重要程度。问卷说明词要亲切、温和，提问部分要自然、有礼貌，必要时可采用一些物质鼓励，使被调查者自愿参与，如赠送纪念品等；同时要保证替被调查者保密，以消除其某种心理压力和障碍，使被调查者认真填好问卷。此外，在问句构造上，尽量使用适合被调查者身份、水平的用语。由于调查所涉及的每一个被调查者，无论是文化、道德、修养，还是职业和生活习惯等都不一样，询问一定要通俗化、口语化，尽量少用专业术语，不使用生僻词语和模棱

两可的词语，避免列入一些令被调查者难堪或反感的问题，以便于被调查者理解和接受。

(三)顺序性原则

顺序性是指问卷要合理安排题目顺序，使问卷条理清楚，顺理成章，以提高回答问题的效果，有效地获得资料。问卷中的问题一般可按下列顺序排列。

第一，先易后难、先简后繁。容易回答的问题放在前面，难于回答的问题放在后面；简单的问题放在前面，复杂的问题放在后面。问卷的前几道题目容易作答能够提高被调查者的积极性，有利于把问卷答完，这是一种预热效应。如果一开始就让被调查者感到费力，容易使人对问卷失去信心。此外，一份问卷中可能包含好几种时间的问题，有的问题是关于近期的事情，如昨天、一周前的情况，有的问题则是关于一个月，或几个月前的事情。近期的问题易于回答，而远期的事情，记忆容易受到干扰，不容易回忆出来。根据此原则，对于这种有时间顺序的问题，一般可先从最近的事情问起，而后才问较远期的事情。不过，有些问题如果从远期问起便于作答，那么也可以按时间的自然顺序进行。

第二，先一般性问题，后敏感性问题。敏感性问题如个人收入、家庭收入等，一般来说，被调查者都会有种种顾虑和畏难情绪，若将这类问题放在前面，一旦遭到被调查者的拒绝，就会影响后继问题的作答，阻碍调查工作的顺利进行。然而，如果将被调查者不会产生顾虑或紧张的一般性问题放在问卷前面，被调查者一般都愿意回答，即使被调查者不愿意回答置于后面的敏感性问题，其他非敏感性问题也已作出回答，资料可以得到保留。

第三，先封闭性问题，后开放性问题。封闭性问题，又称定选性问题，指已给出可供选择答案的问题，被调查者的作答方法是从问卷中已列出的多个答案中选择一个或多个答案。封闭性问题被调查者不用花费过多的时间去考虑，很快可以作出选择，一般都愿意回答，因此，应放在问卷前面。而开放性问题不给被调查者提供具体供选答案，由被调查者自由作答。开放性问题一般需要较长时间来作答，而一般被调查者是不愿意花太多时间来完成一份问卷的。因此，如果开放性置于前面，会使被调查者觉得问卷需要很长时间，从而拒绝接受调查。而将开放性问题放在后面，即使不作答，也不至于有太大的影响。

(四)一般性原则

一般性是指问题的设置是否具有普遍意义。应该说，这是问卷设计的一个基本要求。但我们在问卷中仍然能够发现带有一定常识性的错误。这一错误不仅不利于调查成果的整理分析，而且会使调查委托方轻视调查者的水平。例如，关于"居民广告接受度"的调查。问题：您通常选择哪一种广告媒体？答案1：报纸、电视、杂志、广播、其他。答案2：报纸、车票、电视、墙幕广告、气球、大巴士、广告衫。显然，答案1的设置具有普遍意义，而答案2就犯了"特殊性"的错误，从而导致某些问题的回答实际上是对调查无效的。

(五) 逻辑性原则

逻辑性是指问卷的设计要有整体感和统一性。这种整体感和统一性就是问题与问题之间要具有逻辑性，要前呼后应，独立的问题本身也不能出现逻辑上的谬误，从而使问卷成为一个相对完善的小系统。如要对城市报纸读者阅读情况进行一项调查，其中几个问题的设置如下：1. 您通常每日读几份报纸？答案：不读报、1份、2份、3份以上。2. 您通常用多长时间读报？答案：10分钟以内、30分钟左右、1小时、1小时以上。3. 您经常读的是下面哪类(或几类)报纸？答案：《×市晚报》《×省日报》《人民日报》《参考消息》《中国广播电视报》《足球》……在以上的几个问题中，由于问题设置紧密相关，因而能够获得比较完整的信息，被调查者也会感到问题集中、提问有章法。相反，假如问题是发散的，问卷就会给人以随意而不是严谨的感觉，那么，将市场调查作为经营决策的一个科学过程的企业就会对调查失去信心。因此，逻辑性的要求是与问卷的条理性、程序性分不开的。在一个综合性的问卷中，调查者将差异较大的问卷分块设置，从而保证了每个"分块"的问题都密切相关。

(六) 明晰性原则

明晰性是指问题的设置要规范化。这一原则具体是指：命题是否准确、提问是否清晰明确、便于回答，被调查者是否对问题作出明确的回答，等等。例如，"您对本饭店是否满意？"这个问句就提得太笼统，违背了明晰性的原则。是否满意的方面是指房租、服务、卫生还是饮食？那些对房租和卫生感到满意，而对服务和饮食不满意的被调查者无疑会认为这是个"难"题，无法作出明确的回答。再如，"您的婚姻状况是：a. 已婚；b. 未婚"。显然，此题还有第三种答案：离婚/丧偶/分居。如按照以上方式设置则不可避免地会发生选择上的困难和有效信息的流失。这也违背了明确性原则。又如，"您喜欢喝可口可乐和雪碧吗？"这样的问题就不够明确。题目中包含了两个问题，会使被调查者无从回答喜欢还是不喜欢，因为被调查者可能喜欢喝雪碧而不喜欢喝可口可乐，或者正好相反。以上类似问题在问卷中应尽量避免。

(七) 非诱导性原则

非诱导性是指问题要设置在中性位置，不参与提示或主观臆断，完全将被调查者的独立性与客观性摆在问卷操作所限制条件的位置上。例如，可以问"您觉得这种包装怎么样？"而不能问"您觉得这种包装很精美，是吗？"诱导性问题会使回答结果不客观。例如，在美国的一项社会科学研究中，分别就同一问题采用两种方式提问，一种为"您赞同今年提早一星期过感恩节的看法吗？"另一种为"您赞同罗斯福总统今年提早一星期过感恩节的看法吗？"结果，后一种提法由于提到了罗斯福总统的姓名，增加了约5%的肯定回答。

(八) 简明性原则

简明性原则主要体现在两个方面。一是调查内容要简明。没有价值或无关紧要的问题不要列入问卷，同时要避免出现重复，力求以最少的项目设计必要的、完整的问卷。二是调查时间要简短。问题和整个问卷都不宜过长。调查内容过多，调查时间过长，都会招致被调查者的反感，拒答或勉强作答、草率应付，这样都会影响调查的结果。例如，设在香港的英美烟草公司进行的"关于中国消费者消费外烟的情况调查"，一份问卷长达79页，让被调查者望而生畏。要回答完这份问卷一般都需花费1个多小时，这会加大拒答率，降低回收率。另外，问卷越长费用越高，赠品价值也会相应提高，也就会增加调查费用。根据经验，一般问卷回答时间应控制在30分钟以内。

(九) 匹配性原则

匹配性是指要使被调查者的回答便于进行检查、数据处理和统计分析。成功的问卷设计除了考虑紧密结合调查主题与方便信息收集外，还要考虑调查结果的容易得出和调查结果的说服力。这就需要考虑问卷在填写收集后的整理与分析工作。所提问题都应事先考虑能对问题结果做出适当分类和解释，使所得资料便于做交叉分析。只有这样，调查工作才能收到预期的效果。在市场调查的实践中，并不是说每个问卷设计者都必须死板地照搬，但是如果遵循了这些基本原则，就会使问卷设计少走弯路，设计出完美的、高质量的问卷，使调查最终得出有益的结果。

另外，还有一点需要强调，就是无论多好的原则和技巧，编写好的问卷一定要先进行预调查，也就是在正式大规模的调查之前，打出样稿，物色若干合格的测试对象，预先进行问卷访问，及时发现问卷设计中的问题并修正，待一切正常后再进行正式的调查。这一步是万万不可省略的！

第八章 自然教育政策体系设计

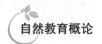
自然教育概论

第一节 我国自然教育政策体系建设概况

自然教育相关政策体系亟待完善，政策体系的建设将影响自然教育的诸多方面，包括社会认知度、与自然教育相关的保护地建设、社会经济行业(旅游中的自然教育项目等)、公益组织的发展以及自然教育公益性与商业性关系等。通过政府的行业政策法规建设，使自然教育获得社会广泛的认可，尤其是与体制内教育政策体系的有机结合，将会为自然教育的良性发展提供重要的保障。

一、自然教育相关政策法规建设基本情况

(一) 自然教育法规政策

到目前为止，只有国家林业和草原局(国家公园管理局)2019年4月1日印发了国内唯一的一个以自然教育为主题的指导性文件，即《国家林业和草原局关于充分发挥各类自然保护地社会功能大力开展自然教育工作的通知》(林科发〔2019〕34号)(以下简称《通知》)。在该《通知》基础上，广东与四川两省依据本省自身实际情况印发了《广东省林业局关于推进自然教育规范发展的指导意见》和《四川省森林自然教育基地评定办法(试行)》。除此之外，中国林学会在2019年年底起草并发布了4项与自然教育相关的团体标准，分别是《森林类自然教育基地建设导则》《自然教育标识设置规范》《自然教育基地评定导则》和《自然教育基地建设导则》。以上政策文件和团体标准的内容主要是围绕自然教育基地的建设而展开，较少涉及自然教育活动的组织、人才和课程等内容。

(二) 环境教育与研学旅行法规政策

由于自然教育与环境教育和研学旅行的相关性，环境教育与研学旅行的相关政策文件对自然教育活动的开展和相关政策法规的制定具有一定的借鉴意义。到目前为止，国家层面有关环境教育的指导性文件是原环境保护部等6部委联合发布的《全国环境宣传教育行动纲要(2011—2015年)》(环发〔2011〕49号)，有关研学旅游的指导性文件是《教育部等11部门关于推进中小学生研学旅行的意见》(教基一〔2016〕8号)。以上两个文件从"环境保护宣传教育"和"全面推行素质教育"的角度，对环境教育和研学旅行的开展进行了指导性规划，主要包括组织协同、课程

第八章　自然教育政策体系设计

涉及和保障措施等方面。

(三)自然教育中自然资源相关法规政策

自然教育是师从于自然的教育活动,因此,在自然教育政策体系中,也包括自然教育中所涉及的自然资源相关的政策法规。到目前为止,我国的自然资源相关的政策法规主要包括《中华人民共和国环境保护法》《中华人民共和国森林法》《中华人民共和国海洋资源法》和《中华人民共和国水资源保护法》等,以及在以上政策法规的基础上颁布的《中华人民共和国陆生野生动物保护实施条例》《中华人民共和国森林公园管理办法》和《中华人民共和国自然保护区条例》等。以上政策文件对开展自然教育的自然资源的保护产生了积极的意义,以上政策文件对资源利用与保护的相关条款与实施细则对自然教育活动中的参观游览、考察学习和休憩体验等活动的开展也提出了规范性要求。

二、主要政策法规内容介绍

(一)综合性自然教育活动相关政策法规

1.《国家林业和草原局关于充分发挥各类自然保护地社会功能大力开展自然教育工作的通知(林科发〔2019〕34号)》(2019年4月1日)

《通知》强调,大力开展自然教育,对建设生态文明,引导广大公众更广泛地参与自然保护事业,满足人们日益增长的教育、精神、文化需求,推进林业现代化发展和林业草原产业转型升级,提高人民生活质量,将产生日益深远的影响。

《通知》明确指出,为保障自然教育的顺利开展,各级林业和草原主管部门要把自然教育工作摆到全局位置,与保护工作同步部署、同步实施、同步检查,不断加强对自然教育工作的科学研究,制订科学合理的规划;要在保护前提下,不断提升自然保护地基础建设水平,为自然教育工作提供有利条件;要利用现有设施和场所,积极与企(事)业单位、社会组织等机构联合开展自然教育工作,构建多元推进的工作模式;要借鉴国际、国内的先进经验和有效措施,着力推动自然教育专家团队、优质教材、志愿者队伍建设,逐步形成自身的自然教育体系。

2.《教育部等11部门关于推进中小学生研学旅行的意见》(教基一〔2016〕8号)(2016年11月30日)

《意见》强调,开展研学旅行,有利于促进学生培育和践行社会主义核心价值观,激发学生对党、对国家、对人民的热爱之情;有利于推动全面实施素质教育，促进书本知识和生活经验的深度融合；有利于满足学生日益增长的旅游需求，从小培养学生文明旅游意识。

《意见》明确提出，要将研学旅行纳入中小学教育教学计划，各中小学要结合当地实际，把研学旅行纳入学校教育教学计划，与综合实践活动课程统筹考虑，促进研学旅行和学校课程有机融合；要加强研学旅行基地建设，建设一批安全适宜的中小学生研学旅行基地，并探索建立基地的准入标准、退出机制和评价体系；打造一批示范性研学旅行精品线路，形成布局合理、互联互通的研学旅行网络；各基地要将研学旅行作为重要的教育载体，根据小学、初中、高中不同学段的研学旅行目标，有针对性地开发多种类型的活动课程；各地要成立由教育部门牵头，发展和改革、公安、财政、交通、文化、食品药品监管、旅游、保监和共青团等相关部门、组织共同参加的中小学生研学旅行工作协调小组。

3. 原环境保护部等6部委《全国环境宣传教育行动纲要(2011—2015年)》(环发〔2011〕49号)(2011年4月22日)

《纲要》强调，环境宣传教育作为环境保护工作的重要组成部分，要紧紧围绕党和国家工作大局，按照党中央、国务院对新时期环境保护工作的总要求，贴近实际、贴近群众、贴近生活，深入探索新形势下做好宣传教育的新思路和新举措，积极宣传党和国家的环保方针和政策，开展以弘扬生态文明为主题的环境宣传教育活动，推进全民环境宣传教育行动计划，引导公众积极参与支持环境保护，为"十二五"时期环境保护事业发展提供有力的舆论支持和文化氛围。

《纲要》明确指出，着力宣传环境保护对于更加注重民生、转变经济发展方式和优化经济结构的重要作用，着力宣传以环境保护优化经济增长的先进典型，着力宣传推进污染减排、探索环保新道路的新举措和新成效，着力创新宣传形式和工作机制，积极统筹媒体和公众参与的力量，建立全民参与环境保护的社会行动体系，为建设资源节约型和环境友好型社会、提高生态文明水平营造浓厚舆论氛围和良好的社会环境。

(二) 与自然教育相关的专门性政策法规

与自然教育活动相关的专门性政策法规主要集中体现在自然资源保护方面。

1.《中华人民共和国自然保护区条例》(2017年修订)

该《条例》是为加强自然保护区的建设和管理，保护自然环境和自然资源制定的。《条例》明确了自然保护区的建设、管理和相关法律责任。

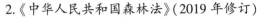

2.《中华人民共和国森林法》(2019年修订)

该法是为了践行"绿水青山就是金山银山"理念,保护、培育和合理利用森林资源,加快国土绿化,保障森林生态安全,建设生态文明,实现人与自然和谐共生制定的法律。

3.《森林公园管理办法》(2016年9月22日国家林业局令第42号修改)

该《办法》是为了加强森林公园管理,合理利用森林风景资源,发展森林旅游,根据《中华人民共和国森林法》和国家有关规定所制定的。

4.《森林和野生动物类型自然保护区管理办法》(1985年7月6日)

自然保护区是保护自然环境和自然资源、拯救濒于灭绝的生物物种、进行科学研究的重要基地,对促进科学技术、生产建设、文化教育、卫生保健等事业的发展,具有重要意义。根据《中华人民共和国森林法》和有关规定,1985年6月21日国务院批准,1985年7月6日林业部[现国家林业和草原局(国家公园管理局)]公布施行《森林和野生动物类型自然保护区管理办法》。

5.《中华人民共和国海洋资源法》(2017年修订)

海洋资源是指利用一切技术及经济条件,在海洋中寻找的对人有使用价值的物质和能量。该法主要针对海洋污染、海洋生态破坏、海洋资源浪费的问题。

6.《中华人民共和国水资源保护法》(2018年1月1日)

该法是以保护水资源和改善水环境状况为宗旨,结合流域及区域水资源保护监测规划编制的。

7.《中华人民共和国防沙治沙法》(2002年1月1日)

该法是为预防土地沙化,治理沙化土地,维护生态安全,促进经济和社会的可持续发展而制定的法律。

第二节 自然教育政策体系建设

制定相应的自然教育政策是促进自然教育现代化的必然要求和重要抓手。政策是政府部门基于公共利益制定的用于调节社会关系、经济关系、人与自然关系等,用于指导公共部门行为的准则,包括政策目标、路径、规划、规制、利益机制等构成要件。与此同时,政策不是一个静态概念,而是一个包含多个环节的动态过程。本书依据政策的一般概念,基于自然教育的定义将自然教育的政策归纳为组织管理制度、人才队伍建设制度、课程与教材建设制度、评价制度和公众宣传制度五部分内容,这些内容共同构成自然教育政策体系。

一、自然教育的组织管理制度

自然教育是一个由诸多要素组成的系统，涉及的主体和领域极为广泛，需有一个强有力的组织管理制度加以统筹运转，统一组织实施。要全面落实自然教育重点任务，适时推出种类齐全、内容丰富、影响深远的自然教育课程、路线、教材和特色产品，深入开展自然教育中长期战略研究和基础理论研究，尽快建立完善、科学的自然教育基地绩效评估、组织管理、推广示范等工作机制，建立开放、流动、竞争、协作的自然教育人才新机制。要充分激发自然教育主体活力，广泛凝聚多元力量，打造我国自然教育事业共同体。构建自然教育的组织管理制度，具体需要从以下几点出发。

一是从政策上明确负责自然教育的政府工作机构和职能，由政府或政府指定的组织机构建立自然教育委员会进行统筹协调，形成互为补充、分工协作的工作机制。

二是从政策层面明确学校、森林公园和自然保护区等单位开展自然教育的义务，在以上单位建立职能部门开展统筹规划、分级管理的自然教育工作机制。通过自然教育立法和制定相关部门的行政法规，确立自然教育发展的人、财、物保障制度。

在自然教育法规以及具体实施细则中根据不同地区、不同开展自然教育活动的自然保护区、森林公园、自然教育专门机构和学校的情况设定自然教育师资人员、课程数量、实践基地建设标准和经费投入量、经费年度增长幅度、专项项目定向补助方式和业务用房、教育机构软硬件建设的标准等。从行政管理法规上明确全员参与自然教育的职责并将其纳入学校日常工作部署的要求，以法规形式凝练自然教育运营机构的建设标准，以法规制度的刚性和明确性来保障自然教育的持续推进。

二、自然教育人才队伍建设制度

自然教育的第一线实施者是自然教育教师（又称自然讲解员、自然资源体验教练）。自然教育师资培养是保证自然教育健康、顺利进行的前提。专业自然教育师资队伍建设是自然教育的起点，也是贯穿自然教育发展始终的重要环节。自然教育作为人类社会较新的教育现象，又是一项具有高度组织性和计划性的工作，其中，教师是全部教育计划的执行者，占主导地位，但相比学校自然教育的发展来说，自然教育师资培养的发展还是相对滞后的。因此，教师队伍的素质是自然教育成败的关键。自然教育自诞生以来，在快速发展中伴随着大量新内容、新问题，这要求自然教育教师必须具备有关自然问题的前沿知识和自然教育的教学技能。构建自然教育的专业师资队伍建设制度，具体需要从以下几点出发。

一是赋予开展自然教育工作的机构专业岗位工作人员的工作职责，在这些专业师资人才的职称评定、年度考核等指标体系之中，加入自然教育课程的开课情况、讲授课时和授课效果评价等内容。

二是制定激励政策，鼓励有条件的单位聘用专门从事自然教育的教学、科研和普及工作的教师，广泛建立自然教育有关学科点、研究机构和公共资源平台。

三是在教育主管部门和人事主管部门制度化的师资培训中，加入自然教育教学技能等方面的课程，鼓励各专业的教师结合自身学科特点在课程中渗透自然教育。

四是将各机构的自然教育培训项目整合成一个系统有机的自然教育培训体系，通过多主渠道进行常态化发布，并设立专项基金支持更多高素质人才参加自然教育培训项目。

三、自然教育课程与教材建设制度

自然教育是师从自然的教育，其核心内容来源于自然。自然教育的课程与教材是承载自然教育内容的载体，关涉教什么、用什么教的核心命题。构建自然教育的课程制度，应以系统设置自然科普和自然实践教育专门课程为核心，逐步在自然环境教育、生态伦理教育、地理教育等课程中渗透自然环境知识、生态文明知识和参与技能。此外，有关部门应组织制定《自然教育大纲》以及实施细则，将自然教育课程全面纳入学校的日常课程体系和公职人员培训体系。构建自然教育课程与教材建设制度，具体需要从以下几点出发。

一方面将自然教育纳入学校教材编写、修订体系，可以设立自然教育教材编写委员会、专项的教材编撰课题和基金，将自然教育的内容全面渗透到相关课程教材之中。

另一方面广泛运用新媒体技术，将自然教育教材电子化、便捷化和社会化，实现自然教育的专业学校教材和社会读本的双体系建设。

四、自然教育评价制度

在自然教育法规及其实施细则中，应规定自然教育的准备工作、实施过程和教育结果的评定与检测,具体包括自然教育的重视度、自然教育工作的财物投入和绩效产出、教育内容、环境教材、师资及公众自然素养评价等,明确评价的主体、评价的程序、评价的期限、评价结果的运用等细节。通过定期的评估体现不同地区、不同单位自然教育的优劣,为自然教育政策决策和表彰奖励、惩处提供科学的依据。

到目前为止,国内与自然教育相关的评价制度主要涉及的是自然教育学校(自然教育基地)的评价制度(表8-1),如中国林学会2019年发布的《森林类自然教育基地建设导则》(T/CSF 010—2019)(详见附录C),此类制度主要涉及基地自然条件、基地信息标识系统和基地解说系统等硬性指标的评价,鲜有关于自然教育过程和效果的软服务能力的评价。

表8-1 自然教育评价制度

标准编号	文件名称	发布单位	文件类型	发布时间
T/CSF 012-2022	自然教育基地建设碳中和指南	中国林学会	团体标准	2022-12-19
T/CSF 001-2022	自然教育师规范	中国林学会	团体标准	2022-03-02
T/CSF 020-2021	自然教育志愿者规范	中国林学会	团体标准	2021-12-23
T/CSF 019-2021	湿地类自然教育基地建设导则	中国林学会	团体标准	2021-12-23
T/CSF 011-2019	自然教育标识设置规范	中国林学会	团体标准	2020-04-13
T/CSF 010-2019	森林类自然教育基地建设导则	中国林学会	团体标准	2020-04-13

数据来源:全国团体标准信息平台 http://www.ttbz.org.cn/Home/Search/?keyword=%E8%87%AA%E7%84%B6%E6%95%99%E8%82%B2&x=0&y=0。

五、自然教育公众宣传制度

在自然教育的公众宣传制度方面,应创新宣传方式,开展丰富多彩的全民自然教育宣传活动;做强做大自然教育主题宣传、成就宣传和典型宣传;不断改进宣传内容及形式手段,丰富宣传题材、风格和载体,贴近公众、贴近生活、贴近实际、深化自然教育试点基地的创建工作,传播生态文明理念,引导公众自觉参与自然教育活动,转变生产与生活方式,树立人与自然和谐相处的生态文明观,不断增强公众对自然教育的客观认识。

第九章 自然教育的未来发展

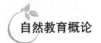
自然教育概论

第一节 科学技术与自然教育

提起类似互联网等科学技术，人们直觉上通常会认为是与自然教育的理念背道而驰的，因为互联网在日常使用中不仅没有拉近人类同大自然的距离，反而使得人类接触大自然的机会越来越少。因此，我们不禁提出疑问："自然教育和互联网等新科技是对立的吗？"

德国著名哲学家卡尔·雅斯贝尔斯（Karl Jaspers）说："教育的本质是一棵树摇动另一棵树，一朵云推动另一朵云，一个灵魂召唤另一个灵魂。"做自然教育工作也是如此。如果我们把实践中自然教育的过程简单地划分为"事前""事中"和"事后"3个阶段，即普及自然教育理念、开展自然教育活动、巩固及归纳自然教育成果，那么，对未接触过自然教育的人群而言，从了解"什么是自然教育"开始，教育所被赋予的"摇动""推动"甚至"召唤"的功能就已经开始显现了。

因此，可以说自然教育是一段旅程，它的起点不仅包括核心的自然教育课程，其实还应该包括前期的倡导和传播，后期的进阶教育和巩固维护。从这个角度看，自然教育不仅和科技不是对立的，更是在"事前""事后"两个阶段迫切需要科学技术的支持。

一、从互联网到自然教育

随着信息化技术在社会的各个方面的不断渗透，教育领域的信息化变革正悄然发生，"互联网+教育"就是互联网技术与教育领域相结合的一种新的教育形式。通过互联网打破教育资源的时空限制，实现优质教育资源的共享，既是教育主管部门希望看到的局面，更是教育资源相对处于劣势地区的学校师生及家长的迫切期望。在线教育对传统教育方式的变革和冲击是可以想见的，特别是在2020年抗击新冠肺炎疫情期间，从小学到大学，新学期的课堂由教室搬到了家里，由线下转移到线上，在线教育闯入主流视野，热度飙升，真正实现了"停课不停学"。同样地，把互联网技术适当地运用到自然教育中来，是与教育领域发展方向趋同的，它不仅可以高效、快捷、方便地把自然教育的理念普及和传播出去，还可以进一步巩固我们在自然教育中取得的现有成果。

（一）通过互联网普及自然教育

目前，我国自然教育的发展尚处于初级阶段，有一部分人群对自然教育产生了一定的兴趣,但是了解程度和接触程度还有待提高。调查发现,有孩子的群体和青壮年更关注自然教育,自然教育机构的目标人群也大多锁定在儿童或亲子之上,这是因为儿童期在世界观、价值观形成以及自然观的树立方面具有较大优势,但这与自然教育的全民性和终身性有一定的偏离。而我国每人每天移动互联网平均使用时间达 5 小时左右,那么把自然"搬进"手机里,让人们在手机里了解自然、了解自然教育,从而愿意放下手机走进自然,是当前自然教育发展的必由之路。因此,通过网站、APP 以及自媒体等互联网平台向人们普及自然教育不失为一个理想的传播方式,可以预料,互联网平台未来将在自然教育的引导、辅助、宣传、交互等方面起到重要作用。

1. 网站

在互联网迅速发展的时代,网站已经成为人们获取信息的重要虚拟场所,相较于其他互联网平台,网站可展示的信息样态丰富,信息量扩充空间大。同时,网站的网址恒久不变,容易记忆,方便用户持续地随时了解机构的最新动态。因此,通过网站宣传和普及自然教育,是自然教育协会和机构等相关组织有效的传播途径。此外,自然教育机构也可以通过建立美观大方的机构网站,助力提升机构形象,让用户感觉到机构管理科学化、智能化,进而增加用户对机构的信任感(图 9-1)。

图 9-1 生态环境教育信息服务平台

2. APP

手机中的 APP 是带领人们享受移动互联网生活的载体,发挥着不可替代的作用,我国已超越美国成为世界上 APP 开发数量最多的国家。因此,自然教育可以借机搭载 APP 的"顺风车"进入千家万户。对于自然教育机构而言，开发自己的 APP 也有助于品牌推广、扩大市场份额以及服务用户（图9-2）。

图 9-2　NaturalSchool APP 首页

3. 网络社交平台

微信公众号、微博、贴吧等各类网络社交平台也是自然教育传播的重要媒介。其中，微信公众号的针对性强，推文完整性较高，有较好的用户黏性；微博则适合信息长度较短的活动发布及更具生活气息的内容，一般做互动宣传之用；贴吧的使用有助于最大化聚集类似人群，营造良好的讨论氛围，但从当前的搜索结果来看，入驻贴吧的自然教育机构还比较稀少。

国内外自然教育网站推荐

自然笔记（http://www.365geo.com/）

自然笔记是一个自然博物组织，由几位热爱自然的网友在豆瓣网站的植物辨认活动中相识后，于2010年1月共同创建而成。至今凝聚了一大批各个专业的自然爱好者。总部设在北京，外有华东（上海）、温州、庐山分部。截至2018年年底，拥有注册会员2100多人，豆瓣粉丝近5万，QQ群成员约1600人。博物学的伙伴可以在这里找到植物、动物等相关的信息。

生态环境部宣传教育中心(http://www.chinaeol.net/)

生态环境部宣传教育中心成立于1996年,是生态环境部直属事业单位,主要工作包括:策划执行生态环境部重大环境纪念日和全国性生态环境保护社会宣传活动,开展生态环保设施和生态环境教育基地公众开放工作,策划制作生态环境保护大众宣传品,组织开展生态环境教育理论研究和内容设计,为有关部委和地方开展"绿色学校"创建提供技术支持,推广自然教育,承担线上生态环境学习课程及音像、海报等大众生态环境教育产品策划制作工作等。

台湾荒野保护协会(https://www.sow.org.tw/)

台湾荒野保护协会是于1995年成立的中国台湾民间组织,它希望透过购买、长期租借、接受委托或捐赠,取得荒地的监护与管理权,将之圈护,尽可能地让大自然经营自己,恢复生机,从而让后代子孙从刻意保留下来的荒野中,探知自然的奥妙,领悟生命的意义。它的主要任务包括:保存当地天然物种,让野地能自然演替;推广自然生态保育观念,提供大众自然生态教育的环境与机会;协助政府部门保育水土、维护自然资源,培训自然生态保育人才。

乡师自然学校(http://www.gaiaschool.edu.hk/)

乡师自然学校于2007年在中国香港创校,它的雏形是由8个年轻人于1993年成立的"自然协会",成立初期该协会常以自然学校的名号办假期活动、推广"情意自然教育",而后才有了现在的乡师自然学校。该校以英国夏山学校(Summerhill School)创办人尼尔(Alexander Sutherland Neill)的开放人本教育观,以及美国自然教育学家柯内尔(Joseph Cornell)的情意自然教育,作为自然学校的教育方向,以培育爱己、爱人、爱自然的新一代。

全地自然学校(http://wens.gr.jp/english/index.html)

全地自然学校(Whole Earth Nature School)是一所位于日本的自然学校,全年提供洞穴探索、划独木舟、攀岩、露营等各种户外自然体验课,以及一些由自然体验和讲座相结合的学习课程。1982年,该校在日本富士山脚下成立,它是日本自然学校的先驱。在它的活动及其规模不断壮大的影响下,自然学校在日本逐渐盛行起来。

这些自然教育网站涉及政府、社会团体、学校等多种组织机构,他们从不同的视角向人们传达着自然教育的知识,用自己的行动践行着自然教育的理念。

4. 短视频平台

以快手、抖音、秒拍、美拍等为主的短视频平台是近年来发展较为迅猛的新型自媒体平台，现已成为新的互联网宠儿。这些平台的开放性强，其用户往往会发布时间较短，内容简单、直白、轻松、有趣的视频文件，符合快节奏的城市生活。此外，它们具有的直播功能，也满足了实时分享生活的趣味瞬间的需求。自然教育机构可以利用此类平台的优势特点，进行宣传和品牌推广（图9-3）。

图9-3 某抖音号自然教育专题

"脚爬客"APP——地学科普+互联网

"脚爬客"是一家以"加强人与地球的联系，讲好地球故事"为使命，致力于自然资源保护开发和国家公园推广的公司。公司以专家、教授、博士为骨干，先后参与了70余项自然保护地的规划建设及专项研究服务，现拥有地学、生物、人文、互联网等专业的近百人团队，并推出了国内首个地学科普APP，吸引了数万名地学科普、科学旅游的爱好者参与活动。

> "脚爬客"地学科普 APP 的功能包含地质公园智能导览、智能语音讲解、地学科普定制题库、地质公园脚印、地质公园游记和地学科普大数据，融合多媒体信息内容云平台技术，结合地质类公园地球科学自然资源，围绕独特、典型、有代表性的地质遗迹、生态资源及民族风情，通过科普视频、科普音频、科普题、科普社区等高度集约化系统建设方案，借助移动互联网创新技术，依靠移动设备平台，实现了地学科普碎片化、精准化、个性化服务，颠覆传统地学科普方式。所有内容图文结合，通俗易懂，让每位用户都能成为地学科普的受益者和传播者。
>
> "脚爬客"地学科普 APP 与地质公园形成了良好的互动，主要体现在：(1)共同打造"地学科普+互联网"示范基地；(2)地质公园前期向"脚爬客"提供公园基础信息内容，"脚爬客"负责后期制作成多媒体图文音视频作品，发布到"脚爬客互联网社区"；(3)地质公园享受"脚爬客"所有用户资源，并不断提高地学科普旅游知名度和美誉度；(4)地质公园使用"脚爬客"制作的多媒体地学科普作品信息内容，包括且不限文字、图片、音频、视频等；(5)地质公园实现"地学科普+互联网"，享有"脚爬客互联网社区"带来的全球影响力提升，增加游客，进而增加直接收益和间接收益。

从 2014 年首届全国自然教育论坛开办以来，自然教育在中国已逐渐形成一个行业，而不是仅仅作为公益或半公益组织进行的活动。自然教育是一个全民的、终身的教育，自媒体的出现能够以其个性化、碎片化、交互性、群体性和传播性的特征，为自然教育行业注入新的活力，扩大自然教育的接触人群，在一定程度上弥补了自然教育的幼龄化。从自然教育的普及现状来看，微博和微信是使用频率最高的宣传平台，通过手机刷微博、微信，可以不受时间和地点的限制——走在路上、坐地铁、等公交的时候，经常能够看到人们低着头看手机。过去这些零碎的时间人们可能会发呆或感觉无聊，但现在人们更多地在自媒体或网络社交平台上浏览、分享信息，这有效满足了自然教育机构和自然教育受众之间信息沟通交流的需求，有助于人们在关注自然教育相关互联网平台的过程中，逐渐形成热爱自然、渴望了解自然的偏好。

(二) 开展自然教育的新工具

从了解"什么是自然教育"到实地参与自然教育的学习活动当中，这其中还有一段不短的旅途。仅仅为大众普及自然教育理念是远远不够的，还需要向他们展示自然教育的实践活动是如何开展的，有哪些知识是需要通过自然教育才能获得的，等等。为了达到这些目的，录制或直播自然教育相关网课是非常有必要的。通过这种课程教育的形式，会有效提高人们放下手机，加入自然教育的活动中的概率。自然教育的网课不仅仅要包括传统的知识讲授模式，还要展示自然教育的活动样态，为人们揭开自然教育的神秘面纱，让人们对自然教育形成更加直观的认识和了解。

首先，我们可以通过 APP 展示录制课程。近年来个人电脑端流量大幅度萎缩，而移动端的流量大幅增长，大屏手机的普及加上现如今政府号召流量费用降低，未来在线教育的一个方向是利用学生的碎片化时间随时随地进行学习，比如，利用 5 分钟微课的时间去学懂一个知识点，等等。录播课将成为在线教育内容主要的载体之一，也是在线教育未来不可或缺的一部分。站在自然教育机构的角度来说，只要在视频录播前做好细致的准备，再加上后期进行剪辑优化，便可制作出一节内容丰富、活动有趣的课程，这种课程效果是直播课程无法做到的；而且，课程内容可以持续给机构带来价值，不光能几乎零成本进行广泛传播，课后产生的问题还可以统一安排解答。如今很多教育机构在录播课上应用了很多有趣的互动、问答、弹幕等功能，很好地解决了录播课互动难的问题，可以预料未来录播课的互动功能开发也会越来越多，录播课的未来依旧是不容小觑的。

此外，通过直播平台展示自然教育实践活动也是一个重要的途径。网络直播是一种新兴的网络社交方式，通过网络直播可以同一时间透过网络系统在不同的交流平台观看影片。随着越来越多的人愿意参与其中，直播并分享自己的生活，网络直播平台也成了一种崭新的社交媒体。直播平台利用互联网的直观、快速的优点，以视频和语音代替面谈，不光具有面谈的说服力，还具有内容丰富、交互性强、不受地域限制的特点，加强了活动现场的推广形式。现在有很多自然教育机构会提供一定的直播活动，主要目的在于活动前期的解疑及活动期间的同步直播分享，也有些机构和网络课程结合，开展室内的自然教育课程。如今，5G 技术在教育领域的广泛推广能够带来更为流畅的直播课体验，对于线上教育来说，这与面对面交流信息传达速度几乎是一致的。

(三) 巩固和分享自然教育成果

在开展完自然教育的核心课程和活动后，自然教育的旅途还未到达终点，还需要进一步巩固和分享自然教育的学习成果，具体方法有自然笔记和后期反馈调查等。

1. 自然笔记

自然笔记是图画和文字结合形式的自然观察日记,本质上是一种科学考察、科学观察或实验记录。这种观察记录不是摘抄书籍、网络上的内容或他人的记录,而是要记录从自然观察中得到的收获和感悟。20世纪初,美国加州大学的格林内尔(Grinnell)设计出一套高效的科学调查记录方法,其基本原则是每次笔记都要写下时间(精确到分钟)、日期、位置、前往路线、天气和生活环境,以及观察到的物种、动物行为等其他现象。这一自然笔记的记录方法被称为格林内尔法(Grinnell System)。随着时间的演变,格林内尔法慢慢形成了现在的自然笔记。20世纪80年代初,在克莱尔·莱斯利(Clare Leslie)等人的推广下,自然笔记在美国迅速风靡起来。2008年,莱斯利的著作《笔记大自然》中译版在我国发行,自然笔记和与之相关的自然教育活动在国内逐渐盛行。记录自然笔记所需的工具非常简单,包括纸、硬纸板、笔、橡皮等。而进行自然笔记活动的场所也多种多样,只要所处的环境中有植物、动物、岩石,甚至是天上的云朵,我们都可以进行自然笔记的记录。目前,规范的自然笔记包括时间、天气、地点、记录人、文字、图画和主题等七个部分,其中,时间、天气、地点和记录人是科学记录的要素,文字和图画是自然笔记的主体,主题是对所观察物体的总结。一份优秀的自然笔记作品除了这七个部分,还应有主题独特鲜明,作者观察到的自然现象客观真实,展现发现或观察的过程,记录提问、思考、推理、科学探究的过程,以图文结合的形式进行的记录准确而科学,版式设计科学美观,包含作者的感悟或者收获等特点。

目前,自然笔记是大多数自然教育活动的重要成果,收集整理活动中形成的自然笔记,将优秀的自然笔记作品同参与者分享,并以图片或文档的形式上传到互联网保存都是优质的自然教育过程的一部分,有助于提高自然教育参与者的获得感。

2. 后期反馈调查

反馈调查是自然教育过程中不可或缺的一环,它是与自然教育活动有关的测量与评价的总称,是对自然教育活动参与者的学习过程与结果、自然教育辅导员的引导作用所进行的测量和评价。

缺乏教育评价体系是目前众多自然教育机构面临的一个共性问题,在"互联网+教育"的大背景下,我们可以借助信息技术构建相应的评价平台,提高自然教育活动评价效率,充分发挥信息技术在事后评价工作中的高效性能。一方面,应用信息技术可以建立起评价者和被评价者之间的沟通渠道,评价者可以不受时间和场所的限制,对自然教育活动效果进行评价,同时被评价者也能及时便捷地了解到评价的信息。通过这种方式,评价者和被评价者形成了良好的评价闭环,可以进一步提升自然教育活动评价效果,从而最终反馈到自然教育活动设计中。另一方面,应用信息技术可以从海量的评价数据中发现一些潜在的关系,充分挖掘评价数据背后的隐藏信息,大大提升评价数据的应用效率。具体来说,我们可以借助评价平台产生的数据在实时评价的基础上建立定期的评价信息分析制度,从自然教育活动的目标、内容、过程和效果等多个方面对自然教育活动进行定期评价分析,并产生相应评价分析报告,在此基础上促使自然教育活动组织者优化活动方案,有针对性地改善活动内容,发挥评价在活动质量提升中的作用(表9-1)。

表9-1 自然教育活动评价样表

姓名: 　　　　　　　　联系方式: 　　　　　　　　参与活动时间:

评价项目		评价等级			
		A	B	C	D
课程设计	课程有清晰的目标和针对性	□	□	□	□
	课程结构清晰合理、内容趣味性强	□	□	□	□
	课程内容丰富,所学知识具有实践作用	□	□	□	□
	课程内容对我认识和理解自然很有帮助	□	□	□	□
	课程活动设计精良,经常能够与自然产生互动	□	□	□	□
辅导员表现	普通话标准,表达能力强,语言富有魅力	□	□	□	□
	有丰富的自然知识,能够解答我在活动参与中的疑惑	□	□	□	□
	积极与参与者互动,对参与者的提问给予充分关注	□	□	□	□
	有活动安全管理意识,能够有效解决突发事件	□	□	□	□
	通过活动互动,有效引导了我与自然之间的互动	□	□	□	□
	能有效掌控活动的节奏,能按既定的时间完成活动	□	□	□	□
机构评价	基地建设良好,有充足的自然场域可供活动	□	□	□	□
	服务人员态度温和,为我提供了便利的服务	□	□	□	□
	活动场地没有安全隐患,有良好的安全保障机制	□	□	□	□
	活动中的工具、器材、资料准备充分、准确无误	□	□	□	□
	基地周围交通便利,停车方便	□	□	□	□
	基地活动宣传及时,我可以很容易掌握最新的活动信息	□	□	□	□

(续)

本次活动哪个环节您印象最为深刻：

本次活动中有哪些与您此前期待不符的内容：

其他建议：

二、运用新兴技术服务自然教育

科学技术在自然教育中的应用除了在"事前"和"事后"两个阶段，在自然教育的核心课程体验中也可以发挥独特的辅助作用。

近年来，新兴技术涌现并逐渐被运用到教育领域，这正在深刻影响并改变人们的学习方式，它在色彩、动画及表现手段上比传统教育的手段更加形象、生动，立体感强。研究表明，新兴技术可以调动人们的视觉功能，通过直观、形象、生动的感官刺激，让人们最大限度地发挥潜能，在有限的时间内，全方位感知更多的信息，激活学习的内因，提高教学效率。因此，虽然教育仍然是以"内容为王"，但新兴技术正在用它独有的方式改变着教育的方式。

在自然教育的过程中使用新兴技术，不仅可以很好地衔接当前自然教育的内容，也是科学技术的发展在自然教育领域的重要补充，有助于人们面对大自然进行独立地探索，在实践中丰富知识，开阔视野。另外，新兴技术在提高内容质量的同时，也可以帮助我们在硬件设施上提高自然教育的服务质量，确保自然教育在安全可靠的环境中展开。

(一)运用新兴技术丰富自然教育形式

1. 二维码

二维码是近年来移动设备上较流行的一种编码方式，它比传统的条形码能储存更多的信息，也能表示更多的数据类型，目前广泛应用于信息获取、网站跳转、手机电商、防伪溯源等方面。自然教育对二维码的应用主要体现在二维码树牌上，因为普通的植物名牌通常只包含植物的中文名、拉丁名、科属和产地几项内容，规格较小，内容也有限。为了使游客能够了解更多的植物信息，可对基地的植物有针对性地挂上二维码标识，包括基地所栽种的植物（如侧柏、山杏、碧桃、野酸枣、迎春）以及野生花卉（石竹、野菊花、紫堇）等，让每种植物都有自己的"身份证"（图9-4）。游客通过扫描二维码，可以获得植物的形态特征、生长习性、栽培技术、繁殖方法、重点品种以及植物文化相关的内容，这些信息以图片、文字或视频形式呈现，文字适合家长及专业学者浏览，视频则是以趣味的动画形式制成，适合小朋友们观看。通过二维码这种方式，人们获取信息的方式更加便捷，在一些没有解说人员的森林公园，家长和小朋友也可以玩得快乐，学得快乐。

图9-4 二维码树牌

2. 人工智能（AI）

AI是计算机科学的一个分支，主要是研究如何让计算机去完成以往需要人的智力才能胜任的工作。随着科技的发展，人工智能越来越流行，与各行各业的结合也越来越紧密，自然教育在发展过程中也可以考虑与AI结合进而增强教育效果，丰富教育形式。与二维码相同，AI在自然教育中的应用主要也是植物科普。我们知道，人们出门游玩时经常会发现一些美丽的花草，但大多数人对这些花草并不了解，想要知道它的名称及信息，可能需要翻阅书籍或上网查询，有时还得请教专家，但有了 AI，这一切都变得简单。目前，国内已出现了"花伴侣""形色""发现识花""微软识花"等植物识别软件，百度浏览器也增加了识花功能，甚至还有识别多肉植物的专门 APP。使用者只需将花草的照片拍摄上传，软件就能显示该植物的名称和相关介绍。据调查显示，大部分人对于这些 APP 软件感觉较新奇，他们认为软件可以帮助自己去识别身边的花花草草，避免每次都只是简单看看，想深入了解，却难以入门的情况。可见，植物识别软件在自然教育科普方面具有很大的潜力。

3. 增强现实技术（AR 技术）

AR 技术是一种将虚拟信息与真实世界巧妙融合的技术，将计算机生成的文字、图像、三维模型、音乐、视频等虚拟信息模拟仿真后，应用到真实世界中，两种信息互为补充，从而实现对真实世界的"增强"。目前为止，AR 出现的时间已经超过 60 年，技术日渐成熟，应用范围也越来越广阔，军事、销售、娱乐、教育、技术、传媒、旅游、医疗等八个领域，都是 AR 技术的发展方向。据格瑞莱特（Grenlight）预测，2020 年 AR 市场规模将达 450 亿元，届时也将迎来更加高速的增长，产品形态和内容平台更加丰富，有望在更多场景落地。AR 技术的火热使人们对它的应用充满了兴趣，自然教育机构恰好可以利用这一点，开发出获得公众喜爱的 AR 产品，进而吸引人们参与到自然教育过程中来。AR 技术还可以带来众多的衍生品，这些衍生品是将动植物科普附着于日常生活用品上，进行科普与生活的混搭，如 AR 卡牌、AR 明信片、AR 书籍、AR 徽章等，这些载体本身也是 AR 元素的依托，即将这些载体放在手机摄像头面前进行二维码扫描，有关动植物的数字化内容就会展示出来，让人们在其他地点也能体验到相关内容（图 9-5）。AR 书籍是利用增强现实技术将传统纸质阅读拓展为 3D、互动、有声的阅读，让立体生动的虚拟景象出现在阅读者眼前，强大的交互性会增强读者的带入感和参与感，从而可以提升读者的学习乐趣和自主性。AR 明信片、AR 徽章等和 AR 书籍一样，也是叠加动画和语音，使动植物"活起来"，使得读者看到的不再是平面的单调的图片，通过扫描明信片和徽章，人们可以听到真实的鸟叫声，看到真实的老虎，这些都能更好地吸引人们的注意，进而有利于自然教育效果的提升。这里需要注意的是，丰富而优质的内容是数字化衍生产品的基础，如若本末倒置，过度注重表现、传播形式，而忽略内容、人云亦云，则会使教育效果大打折扣。因此，科普读物必须树立自身品牌的特色，塑造品牌形象。

图 9-5　AR 技术在自然教育中的应用

神奇的 AR 技术——虚拟讲解员

虚拟讲解员是一款充分体现语音识别技术和图像合成技术的 AR 产品，计算机通过把游客与计算机中的讲解员合成到一个场景中，实现讲解员与游客之间的互动。自然教育中虚拟讲解员的应用，主要体现在补充自然教育从业人员和丰富讲解内容及形式两方面。一方面，目前国内自然教育从业人员的培训机制还不够完善，自然教育要求从业人员必须具备丰富的植物学知识，更重要的是要有一种对自然由衷热爱的情怀，但在实际自然教育活动中，也时有解说员为了介绍植物详细知识而随意采摘叶片的，这实际上对受众造成了不良影响，从业人员尚都如此不敬畏自然，如何教育孩子们热爱自然？虚拟解说员的出现恰好能够防止此类现象的发生，同时也缓解了因从业人员人数不足给自然教育带来的问题。另一方面，基地拥有丰富的植物，每种植物背后都有自己的文化故事，人工讲解员面对如此多种的植物时可能讲解比较单一，但 AR 技术创建的虚拟讲解员由于是计算机提前导入各种信息，当面对某一具体植物时，就可以在海量数据中筛选出相关知识，从而丰富讲解内容。此外，虚拟讲解员还可以丰富讲解形式，例如，虚拟讲解员可以以卡通人物的形象出现，如小熊维尼、加菲猫、哆啦A梦、泰迪熊、米老鼠等，相信这些深受孩子们喜欢的卡通人物一定会给自

第九章 自然教育的未来发展

然教育带来不一样的体验,在提高孩子们兴趣的同时向孩子们科普知识,进而提高教育效果,正所谓学习玩乐两不误。

神奇的AR技术——AR互动

AR互动是利用增强现实技术建立"基于位置服务"(Location Based Services, 简称LBS)技术的在线交流,比之传统单纯观赏视频,运动和视觉的双重冲击更能加深人们的理解和记忆,对彰显基地品牌,聚集基地人气具有非常好的作用。基地可以建立自己的AR移动终端APP,人们可以在基地植物旁的虚拟空间中留下对于植物的评价,同时还可以将照片、语音分享至主流社交平台上进行大众互动与学习感想交流等,这些评论会被永久保存,人们下次来到这里的时候还可以看到之前的记录,便可体会到新旧交替,时空穿越的交叉性;同时,这种平台式的交流方式可以使人们把自己的感想传播给更多的人,通过这种方式,每个小朋友都可以了解到别的小朋友的看法,进而间接实现信息互动与交流。

神奇的AR技术——AR游戏

AR游戏是AR技术在游戏方面的应用,无需设备或仅需便捷设备支持便可获得较好的体验,社交性与强代入感是其鲜明特征。社交性自然不必多说,在AR游戏中人们可以在地图上看到其他的小伙伴,与他们组成队伍一起去做任务。在代入感上,AR游戏应用了LBS技术和场景识别系统,将虚拟环境与真实地图相结合,让整个现实世界都成为可操作的"沙盒"。自然教育在AR游戏方面大有可为,相比被动接受讲解员传递的信息,一些基于植物科普的增强现实技术的互动类游戏或活动,更能吸引参观者。

下面有两个可供自然教育参考的案例,将AR游戏应用到植物探秘或小朋友们的作品中,增加自然教育趣味性。一个案例是大英博物馆一个名为"献给雅典娜的礼物"的有趣的冒险游戏,参观者需要使用AR功能扫描特定的展览对象,收集词语和数字道具来解决谜题。参与者通过解开一个个小谜团来打开通往下一个故事的锁。通过这样的形式,参与者在学习的过程中一点一点接收相关展品的知识。另一个案例是纽约现代艺术博物馆(MoMA)的AR应用,来自全球的参与者可以在线提交自己的作品,随后它们被内嵌于博物馆的虚拟空间里,成为一个叠加在常规展之上但又不甚相关的"隐藏展览",现场的参观者必须通过特定的APP来召唤出这些有意思的展品。

4. 虚拟现实技术（VR技术）

VR技术是仿真技术与计算机图形学、人机接口技术、多媒体传感技术、网络技术等多种技术的集合的前沿学科和研究领域。虚拟现实技术涵盖模拟环境、感知、自然技能和传感设备等方向。通过计算机生成能够实现实时动态的三维立体逼真图像，并且有所有人能具有的感知，包括视觉、听觉、触觉、嗅觉甚至味觉等，计算机能够根据参与者的动作，同步做出人体行为动作。VR技术现在受到了越来越多人的认可，人们可以在虚拟现实世界体验到最真实的感受，其模拟环境的真实性与现实世界难辨真假，让人有身临其境的感觉；同时，虚拟现实可还原一切人类所拥有的感知功能，比如，听觉、视觉、触觉、味觉、嗅觉等；最后，虚拟现实还具有超强的仿真系统，真正实现了人机交互，使人在操作过程中，可以随意操作并且得到环境最真实的反馈。正是由于VR技术的存在性、多感知性、交互性这些特征，它现在在许多领域都得到了应用。自然教育对VR技术的应用主要体现在三方面，一是人们可以通过VR技术体验到目前无法感知的远古自然，比如，恐龙时代；二是人们可以通过VR技术体验到平时不太能接触到的自然，比如，观察北极熊；三是VR技术可以给人们提供动物独特的视角来感知自然，真正体验动物眼中的世界（图9-6）。

图9-6　VR技术在自然教育中的应用

第九章　自然教育的未来发展

运用 VR 技术探索远古自然

1993 年，电影人通过一部《侏罗纪公园》将恐龙这千万年前的"地球霸主"展现在大银幕上，这点燃了所有人对恐龙的热情，人们不禁会想，像恐龙这样一个庞大的占统治地位的物种，为什么会突然从地球上消失？为了对这一灭绝生物有更多的了解，谷歌（Google）虚拟博物馆便用 VR 技术带人们重返侏罗纪时代。谷歌与伦敦自然历史博物馆合作制作恐龙线上导览 360 度影片，用户只需打开程序，就可以通过影片观察到 1.8 亿年前恐龙的形态与生活环境。此外，谷歌也采用 VR 技术重现了 13m 高的长颈巨龙的原始形态，且恐龙眼睛的尺寸、鼻子的位置、颈部弯曲的幅度、皮肤的纹理和皱褶等都经过专业的科学家团队验证。总结说来，VR 技术可以实现全景复原，令原本枯燥无味的平面知识通过虚拟画面加上特定的声音和讲解，让体验者们感受所设定的情境，以最直观的方式把远古世界带给大家，这种技术的应用非常有助于自然教育的科普过程，一方面满足了人们对于远古自然的好奇与喜爱，另一方面也起到了良好的教育作用。

以独特视角观察奇幻的世界

VR 可采用一定的视觉传达技术，使得我们能够以动物的视角去感受丰富的自然。当我们以一只蜻蜓的视角去看"透明的高大山毛榉"或"3D 灌木林的动态起伏"时，或许我们可以探索出另一番景象，体验到不同的视觉冲击，进而有助于我们重新审视人类与自然的关系。总部位于伦敦的设计工作室 Marshmallow Laser Feast 便在这方面卓有成效，工作室致力于使用 VR 让我们重新与大自然联系，使用 VR 头戴式显示设备（简称 VR 头显），我们可以透过不同动物的眼睛看到森林，体验它们的感受。为了完美诠释动物眼中的世界，工作室结合了虚拟现实技术、无人机 VR 全景拍摄、激光雷达以及电子计算机断层扫描（CT 扫描）技术。此外，工作室还利用了一款特别定制的软件，将动物的微观世界数字化，还原它们眼里的世界。叙事的每个场景包含了多个环境颗粒物，它们来自激光雷达数据和非常详细的 CT 扫描昆虫和动物而得来的动态颗粒物，人们透过生物独特的眼睛能够看到整个森林。此外，为了加强人们身临其境的体验感，工作室还专门打造了逼真的音频效果，完美还原各种动物的声音。而且工作室还提供了多种 VR 配件，可以给人们带来视觉、听觉等感官的多重沉浸式体验。

> **VR 世界里意想不到的自然**
>
> 　　火山爆发和冰面碎裂是什么声音？扭头看到北极熊在观察自己是什么体验？树脂松香和火山石是什么气味？海豚在加勒比海嬉戏是什么场景？这些我们在日常生活中不太能接触到的自然，都可以通过 VR 沉浸式体验来实现。VR 技术的出现让我们对世界有了更加广阔的认识，让我们有机会领略到不一样的风采，也让我们重新认识大自然。"The Wild Immersion——自然之灵 VR 沉浸式体验自然艺术展"便通过 VR、声音、气味为人们提供了全方位感知别样自然的机会。人们可以通过音响设备聆听火山爆发、海水撞击暗礁的声音，这些声音均为在拍摄 VR 素材时同步采集，是来自大自然的最真实的声音。为了使人们进入展区后能立即拥有自然世界带入感，展方同时为空间特别调制了大自然的味道，用树脂、桂皮、火山石等载体弥散，通过光影模拟自然环境。展出期间，一名前来体验的小朋友曾在声音墙前停留了很久，这些平时难以听到的声音让生活在都市中的人们真切感受到人与自然密不可分，也得以重新感悟人与自然的关系。此外，The Wild Immersion 还与联想合作制作了野生大自然系列 VR 电影，通过联想 VR 头显，人们可以体验到与火烈鸟一起飞行、与野牛一起奔跑以及追逐西伯利亚虎的快感，进而感受地球家园的丰富多彩，产生珍爱自然之情。

5. 物联网（IoT）

物联网起源于传媒领域，是信息科技产业的第三次革命。物联网是指通过信息传感设备，按约定的协议，将任何物体与网络相连接，物体通过信息传播媒介进行信息交换和通信，以实现智能化识别、定位、跟踪、监管等功能。通过物联网技术建立自然教育基地内物联解说导览系统，可以为各渠道的访问者提供高效便捷地了解自然教育基地的方式，使人们对自然教育基地的物种与生态环境、自然教育基地所处区域的地理条件特征、传统文化和地方乡土文化方面的知识有所认识；使人们更加方便地欣赏和利用自然教育基地的生态资源，让人们发现、感受、理解大自然之美，提高游憩的满意程度，更好地实现自然教育基地向国民提供健康、优质、丰富的大自然体验的功能，以及更好地为自然教育课程等提供技术服务和设施保障。

第九章 自然教育的未来发展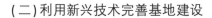

(二)利用新兴技术完善基地建设

在现代新兴技术迅猛发展的今天,有不少比较成熟的技术都可以应用在自然教育的基地建设中,以辅助自然教育活动的开展,在丰富自然教育活动形式的同时为自然教育活动保驾护航。

1. 基于GIS的游客数据库建设

GIS(geographic information system),即地理信息系统,是结合地理学、地图学、遥感和计算机科学的综合性学科,它把地图的视觉化效果和地理分析功能与一般的数据库操作(例如,查询和统计分析等)集成在一起,对地球上存在的东西和发生的事件处理成图并进行分析。自然教育对GIS的应用主要是把基地的游客数据库与GIS连接,形成基地热力图,工作人员通过对热力图的分析可以检测到每日的客流量和游客的分布空间,进而能够准确判断各月份游客青睐的场所,根据游客集中点判断游客需求,间接地与游客形成互动交流。通过地理信息系统,基地可以分析人与自然之间,自然与自然之间的关系,预测其发展演变方向,从而实现对人和自然的最透彻感知。

2. 基于LBS的风险求救系统建设

LBS是指围绕地理位置数据而展开的服务,其由移动终端使用无线通信网络(或卫星定位系统),基于空间数据库,获取用户的地理位置坐标信息并与其他信息集成,以向用户提供所需的与位置相关的增值服务。LBS在自然教育中主要是应用于风险求救,完善人们在自然教育过程中的风险管理。国内自然教育基地很多是森林公园、地质公园或湿地公园,一般具有独特的地形地貌,基地内有些地势比较严峻,有较陡峭的山路,还有不少原生态道路,较为危险,容易发生摔伤事故。同时,森林公园由于其景观的独特性,在夏季干旱时容易引发火灾等自然灾害;有的地质公园处于高海拔地区,空气稀薄,有可能会导致人们出现缺氧等不适症状;基地公园内还有多种野生动物,人们有遇到野生动物袭击的风险。为了对突发情况有良好的救援服务,通过技术将LBS置入基地系统后台,当游客在遇到突发情况时按下系统中的紧急求助,基地管理方便会接收到求助信息,同时精确到经纬度,立即展开救援,为人们赢得救助的最佳时间。

3. 基于大数据的资源信息平台建设

大数据是一种信息资产。随着云时代到来,大数据获得越来越多的关注,也有越来越多的平台利用大数据开展营销活动。自然教育也可以积极利用大数据这个工具,创建自己的资源信息平台,完善基地建设。

具体来说,自然教育基地可在参与者知情并同意的情况下,合法合规对参与者的车辆车牌、移动终端、消费偏好、银联消费等相关信息进行数据收集,进而结合参与者的年龄、性别、来源地等基本信息进行分析,根据参与者的个人特征(如个人偏好、特点和需求等)、市场热点、自然教育产品特点等因素,在智能检索和匹配技术的支持下,为参与者推荐满足其要求的基地自然教育活动。同时,自然教育基地大数据平台也可为基地管理者服务,方便他们存储、处理、传输、查询信息等,实现如游客信息查询、售票情况分析等功能应用。

4. 基于物联网的植物养护系统建设

物联网主要包括射频识别技术和传感技术。射频识别技术是非接触性的自动识别技术,可利用无线电讯号识别特定目标并读写相关数据,不需要识别目标建立机械或者光学接触,类似于条码扫描的概念。传感技术是研究关于从自然信源获取信息,并且对其加工处理和识别的技术,其常常应用于对环境资源的监控,通过对资源进行标识,实现对大气、水、森林、地质等实时信息的收集、整理、分析,掌握环境的动态变化。

智慧养护便是物联网在自然教育基地建设中的一个典型应用场景,通过现场感知设备真实反映植物的需求,避免了人工养护存在的管理一刀切、缺乏精确的灌溉定额数据、从业人员素质偏低(养护不科学)等问题。一方面,运用物联网技术可以实时采集植物生长相关的光照、空气温(湿)度、土壤湿度、肥力等参数,根据每种植物的特定模型,通过设备联网对中心控制模块、供水模块进行远程控制,做出智能化的养护决策,通过自动喷灌系统、滴管系统进行水、肥的管理。另一方面,通过物联网技术可以对植物的病虫害进行监控,后台的数据库可以及时通过图像识别技术,对比数据库储存的叶片样本来分析抽样点的植物叶片的变化。如果有出现病灶等,系统会自动报警,技术人员可以第一时间锁定发生病虫害的区域,及时采取病虫害防治措施。智慧养护这方面可以向以色列学习,以色列在现代农业、果园、荒漠造林等领域大量运用了高新技术,取得举世瞩目的成就,这方面积累的技术和经验完全可以和基地植物养护相结合,实现智能化管理。

5. 基于3S技术的资源与环境监测系统建设

3S技术即地理信息系统、遥感、全球定位系统。地理信息系统(GZS)是在计算机硬件和软件系统的支持下,在全球或部分地球表面空间中收集、存储、管理、计算、分析、显示和描述相关地理分布数据的技术系统,可用来分析某一地理区域内的各种现象和过程,以帮助解决复杂的规划、决策和管理问题。遥感(PS)是利用遥感器从空中探测到地面物体的性质的技术，它根据不同物体对波谱的不同反应，在地面上识别各种类型的地物，使用飞机、航天器、卫星和其他飞行物体在遥感器上收集地面的信息，并从通过记录、传输、分析和解释获得的信息来识别特征。全球定位系统(GPS)也被称为全球卫星定位系统，其基本定位原理是卫星发送自己的星历参数和时间信息，用户接收信息，通过计算接收机的三维位置计算出三维方向以及移动速度和时间信息。

资源与环境智慧监测便是配合使用3S技术，实现资源管理与环境保护的数字化。目前，自然教育活动的组织过程中，利用资源与环境智慧监测较多的场所为植物园、动物园、国家森林公园、湿地公园、自然保护区、农场等生态环境较好的场地。这些场地面积较大，地形复杂，生态环境的自然生态敏感性较高，使用智慧监测系统便可以更好地保持基地原有植被和原生地形地貌的生态价值，且可以节省大量的人力物力，使资源与环境保护工作变得轻松而高效。实际操作中，通过3S技术，自然资源数据的收集、分析、传播都可以由计算机来自动完成；各项环境监测如大气监测、土壤监测、水质监测、气候监测等也都可由电脑来控制和完成。通过这些数据的监测，可以及时掌握天气、温度、风速等环境参数，对植被的养护提供重要依据，同时通过对古树名木、生物病虫害等环境要素及风险指标的数据采集，可以及时预警和动态跟踪监控，量化分析使用现状及风险隐患，提高基地抗风险能力。

新兴技术在基地建设中的应用实例(一)
新加坡公园智能化建设的实践：互动与友好的交互体系

作为享誉全球的花园国家，新加坡拥有超过 $3347hm^2$ 的自然保护区，600万棵树木以及遍布整个国家的350多个公园。为了应对快速城市化进程对自然环境带来的挑战，新加坡国家公园管理局(NParks)研发并制定了多项智能公园建设措施来维护和发展城市的绿色公共空间。

首先，NParks构建了一个综合信息数据管理平台。该数据平台将其管理范围内的每棵树都指定了身份证识别号(ID号)，将其地理位置信息标记到GIS空间信息数据库(MAVEN)中。管理员可以使用一款与数据库同步的APP在现场扫描树木的ID号，获取树木的详细信息和维护记录，并将带有地理标签的照片附加到相关的检查数据记录中，从而轻松完成树木的日常管理与维护。

有了数据平台，接下来需要将具体的树木监测与养护信息添加到数据库当中。NParks 采用了一系列先进的智能技术来获取树木的内部结构、冠顶状况以及 3D 模型，这在古树名木的养护方面有很大的利用价值。同时，使用与气象和土壤湿度传感器相连的智能灌溉系统，可以在干燥天气条件下自动触发给植物浇水。此外，NParks 还与新加坡科技设计大学合作开发了用于树木检查的微型无人机，探索使用无人机来监测森林火灾的技术。通过一系列的智能技术应用，NParks 大大节省了新加坡公园绿化管理的时间与人力成本，有效提升了管理效率。

此外，NParks 还开发了与 MAVEN 数据库同步的门户网站（https://www.nparks.gov.sg/treessg）。通过该网站，公众不仅可以与管理者共享公共资源，还可以参与公园绿化管理工作。市民和公园游客可以在新加坡周围拍摄动植物的照片，并将这些图像提交给公园管理者进行识别。大自然爱好者还可以通过访问该网站了解新加坡公园植物的详细信息。在游客获得个性化交互体验的同时，公园管理者还可以通过点击量收集游客对不同兴趣点的访问频率，促进了游客与公园之间充分的信息交流。

新兴技术在基地建设中的应用实例（二）
北京智慧公园建设的实践：温榆河智慧公园

温榆河智慧公园运用 5G 与其他先进科技，诸如云计算、大数据、人工智能、区块链等结合，以温榆河湿地生态自身特点和定位为承载，在"环、民、科、管、营"五大领域深度挖掘，搭建智慧公园建设体系，该体系包括全域感知、泛在互联、智能思维、综合应用等四部分。全域感知指的是综合运用物联网、模式识别、移动定位、二维码等信息采集技术，实现对公园"地、水、空、物、音、视"的全方位感知；泛在互联指的是采用"WiFi+物联网+4G/5G+有线光网络"覆盖方式，为智慧公园信息的传导提供一张全面立体的高速网络；智能思维是以"云计算平台为基，大数据分析为实，人工智能处理为用"，共同搭建智慧公园系统的核心大脑；综合应用分别以管理者、游客、科研机构的需求为导向，以终为始打造三大应用平台。

5G网络助力游客游玩服务。温榆河公园朝阳示范区已规划部署5G网络，游客在公园内能通过5G网络实现便捷游园，实时获得更加快速高效的智慧服务。基于5G网络和"畅游温榆"APP，游客在园区内可以享受全景游园、AR科普、AR导航等需要大带宽的沉浸式体验和服务，由于大量游客同时点开视频导致多媒体内容业务网络卡顿的时代不复存在。通过5G网络，游客在公园内可以更加快速地查询停车位信息、厕所的空余情况、即将去的景点的客流信息；游客游玩累了，可以在园内任何区域休息，并借助5G网络快速通过APP的全景游园模块实现360度虚拟游园。温榆河公园周末还会不定期地主办音乐节等各类大型主题活动，未来公园将考虑基于"5G+4K"对主题活动进行高清5G直播，并考虑试点引入边缘计算(MEC)，通过在公园智慧机房部署MEC和内容分发网络(CDN)节点，在大规模活动时，让游客在园区内可以通过直接访问园区的MEC节点享受低时延、高速率的多媒体业务直播和回放。

通过5G物联网实时监测园区生态环境。温榆河公园作为北京市的"绿肺"之一，在规划建设初期就充分考虑利用C-IoT技术低功率、广覆盖的优势对园区的生境实现实时监测。首先，温榆河公园设置环境监测点位2处，分别位于东园和西园，系统通过传感器对景区内负氧离子、$PM_{2.5}$、PM_{10}、温度、湿度进行专业级精度检测，并基于5G物联网实时传送至温榆河智慧大脑，发布到园区的信息发布媒介和游客的APP，让游客可以通过手机实时了解园区的环境状态。其次，温榆河公园安置了水质监测系统。基于5G物联网技术，水质监测系统实现了对温榆河重要水质监测点的实时监测，便于公园管理者和科研工作者实时了解温榆河水质变化情况。

第二节　自然教育的展望

自然教育产业在我国刚刚兴起，这一领域还有很多未知等我们一同去探索，但无论我们行至何方、行至何远都不能忘记我们开展自然教育的初心和使命。有人说自然教育就是带小朋友们在户外做拓展，也有人说给孩子们在课堂上讲自然知识也是一种自然教育，甚至有人说自然教育就是变样儿的"忆苦思甜"……我们暂且不去评判这些说法的对与错，因为关于自然教育，每个人都有不同的见解。但从自然教育的发展角度思考，无论如何理解自然教育,"以自然为师"的理念是不变的,"师法自然"的目标是不变的。

明确了这一点,我们再来问"到底什么是自然教育?""自然教育应该怎么做?""开展一次自然教育活动必须具备一个优美的自然环境和一套程序化的课程设计吗?"对于自然教育的所有从业人员来说,这些看似显而易见的问题和答案,其实是有必要进一步去深入思考的。

城市化的进程不断推进,让越来越多的人生活在钢筋水泥之中,离自然环境越来越远。所谓"自然缺失症",不仅是未成年人群体,事实上如书中前面章节提到的,成年人也深受其害。可能目前的自然教育市场更关注未成年人群体,我们在课程设计的过程中也更倾向于去匹配市场,但从长远看,自然教育的参与者一定是一个全年龄段的概念。现阶段,一提起自然,我们的脑海中大多会是森林、山川、河流、草原……的确,那些环境是进行自然教育最理想的地方,我们可以在完全的自然环境中快速构建起与自然的联结,培养起感知自然、与自然沟通交流的能力,但那未必是自然教育的归宿地。因为,我们需要的不仅仅是在短暂的自然教育活动中感知自然,而应该将对自然的共情变换成一种本能,"为花开而笑,为雨落而喜",在日常生活中调动起我们的感官和情感去实现与自然的共鸣,进而真正实现"师法自然"的目标。

约瑟夫(Joseph Bharat Cornell)在《与孩子共享自然》一书中提道:"自然教育,我们缺的不是自然,是教育。"的确,森林湖泊是自然,山岳川流是自然,草坪、池塘、枯枝落叶、绿植盆景也是自然。我们只要一个公园、一块草坪、甚至一个小小的阳台,就可以开展很好的自然教育。开展自然教育,也不一定需要很多金钱和时间的支持,关键也不在于我们选择了什么样的场地,而在于我们能否与自然产生联结,能否实现"以自然为师",与自然产生共鸣,因此它更多的是需要我们用眼睛去看、用耳朵去听、用鼻子去闻、用手去触摸,用心去感受。所以说,自然教育的场域其实并不一定是著名的景区、古老的森林、抑或是某个热门的徒步点。比起场域的选择,我们更应该把重心放在理解并践行自然教育的理念上。如果我们有充裕的时间和足够的经费,可以选择去到一个诗情画意的远方去开展自然教育活动;如果我们没有太多的空闲时间,或者缺乏足够的经费支持,我们也可以利用身边的一草一木开展自然教育活动。

可爱的松鼠、花间双双飞舞的报喜斑粉蝶、需要细心观察才能发现的变色树蜥、在树桩上游走的竹叶青、夏日聒噪的蝉、秋天的第一片落叶、晚上皎洁的月亮、迷幻的星空……在日常生活中我们完全可以运用自然教育赋予我们的能力去感受自然的韵味和美好，从探究水、火、沙、石、土的不同形态，到感受四季的变化，都可通过自然笔记来记录，用书写或者绘画的方式，与大自然进行联结。当我们开始留心四季的变化、物候的轮转，当我们带着好奇心去探索时，我们就架起了一座与自然联结的桥梁。正如《寂静的春天》里所说："那些感受大地之美的人，能从中获得生命的力量，直到一生。"愿我们都能够通过自然教育，以自然为师，从自然中获取源源不断的生命的力量！

参考文献

安玉姝. 中国自然教育商业模式研究[D]. 北京：对外经济贸易大学，2018.

陈南，吴婉滢，汤红梅. 中国自然教育发展历程之追索[J]. 世界环境，2018，174(5)：72-73.

陈幸良. 自然教育与研学营地教育的融合与未来方向[J]. 宁夏林业，2020，157(2)：7-9.

陈知君. 德国幼儿园自然教育的理念与实践[J]. 东方娃娃·保育与教育，2019，580(6)：64-65.

褚军刚. 基于"互联网+"的智慧公园建设研究[J]. 园林，2016(09)：78-81.

戴晓光. 《爱弥儿》与卢梭的自然教育[J]. 北京大学教育评论(1)：153-162.

邸华，张建奇，孙小霞. 祁连山国家公园甘肃片区自然体验教育课程研发[J]. 绿色科技，2020(07)：226-228.

丁天茼，何建勇. 智慧公园："智"管公园，"慧"及民生[J]. 绿化与生活，2019(03)：53-55.

董万归. "互联网+教育"背景下的高校教学评价研究[J]. 中国多媒体与网络教学学报(上旬刊)，2020(11)：4-6.

高博林，王云才，张浪. 从信息化到智慧化——城市公园智能化建设实践与发展趋势[J]. 园林，2020(11)：15-20.

葛明敏. 基于景观感知的森林自然教育基地构建途径研究[D]. 北京：北京林业大学，2020.

何岸，晋海燕. 论"自然教育"目的观的现代价值[J]. 天津电大学报，2006(10)：29-30.

侯耀先. 卢梭的自然教育原理及启示[J]. 理论导刊，2007(10)：114-115+118.

贾峰，田烁，沈海滨. 美国环境教育法发展历程回顾[J]. 世界环境，2013，144(5)：38-39.

姜诚. 自然教育：需要尽快补上的一课[J]. 环境教育，2015(12)：77-79.

姜诚. 自然教育也是公众参与教育——访联合国教科文组织社会学习和可持续发展主席阿尔杨·瓦尔斯[J]. 环境教育，2015(12)：80-81.

理查德·洛夫. 林间最后的小孩：拯救自然缺失症儿童[M]. 王西敏, 译. 北京：中国发展出版社, 2014.

李翠林. 新疆地质遗迹景观资源保护开发研究[D]. 乌鲁木齐：新疆大学, 2011.

李芳. 卢梭自然教育新思考对青少年教育的启示[J]. 上海青年管理干部学院学报, 2009(01)：47-49.

李海荣, 赵芬, 杨特, 程希平. 自然教育的认知及发展路径探析[J]. 西南林业大学学报（社会科学）, 2019, 3(05)：102-106.

李俊. 山地户外运动生命安全风险分析与防范研究[D]. 北京：中国地质大学, 2015.

李康. 智能灌溉与植物养护系统的设计与实现[D]. 成都：西南石油大学, 2016.

李鑫. 森林幼儿园户外活动设计与实施的行动研究[D]. 重庆：西南大学, 2020.

李鑫, 虞依娜. 国内外自然教育实践研究[J]. 林业经济, 2017, 39(11)：12-18+23.

李祖红. 论道家思想的"自然观"及其相关的教育思想[J]. 滁州学院学报, 2003(3)：59-62.

林诗雨, 蔡君. 公民生态素养的培育途径探讨[J]. 北京林业大学学报（社会科学版）, 2019, 18(03)：74-79.

林旭云. "互联网+旅游"背景下从化旅游服务转型升级研究[D]. 成都：西南交通大学, 2016.

刘华荣. 我国高校户外运动风险管理研究[D]. 北京：北京体育大学, 2017.

刘晓东. 自然教育学史论[J]. 南京师大学报：社会科学版, 2016(6)：113-120.

刘英, 朱新明, 邓久昌. 试论森林自然资源景观的开发利用与保护的协调统一[J]. 辽宁林业科技, 1999(05)：52-54.

马冬. 智慧系统在城市综合公园规划设计中的应用途径研究[D]. 合肥：安徽农业大学, 2017.

孟威, 虞依娜. 自然教育人才胜任力模型的构建与应用——基于某高校旅游管理专业"自然教育"兴趣小组的实践活动[J]. 中国林业教育, 2019, 37(04)：1-8.

米亮. 高校户外运动课风险管理探究及应对策略分析[J]. 当代体育科技, 2019, 9(31)：130+132.

钱佳怡，吴晓华．自然教育在现代园林设计中的体现研究——以浙江长乐国家林木种质公园规划设计为例［J］．中国城市林业，2018，16（02）：43-47．

钱俊伟．我国户外教育理论体系建构及实践研究［D］．北京：北京体育大学，2016．

沈之瑶．森林做教室——世界各国的儿童自然教育［J］．东方宝宝（保育与教育），2017，289(1)：44-45．

孙永霞．苏霍姆林斯基自然教育思想对学前教育的启示［J］．广西民族师范学院学报，2019，36(2)：134-137．

田友谊．环境教育：迷思与廓清［J］．中国德育，2017，8：27-31．

王可可．国家公园自然教育设计研究［D］．广州：广州大学，2019．

王文礼．"道法自然"与"以天性为师"［D］．洛阳：河南大学，2006．

王文略，王倩，余劲．我国不同群体环境教育问题调查分析——以陕宁渝三地为例［J］．干旱区资源与环境，2018，32(06)：37-42．

魏海林，魏东川，张凌涛，李华军，肖亚琴．森林公园智慧管理平台的构建［J］．西南林业大学学报（社会科学），2020，4(06)：39-44．

魏智勇．美国自然教育掠影——以参访美国三个颇有特色的自然教育中心为例［J］．环境教育，2018，213(9)：66-68．

吴家禾，井仓洋二，曹湘波，等．乡村自然体验型教育的实践与启示——以日本GREEN WOOD自然体验中心为例［J］．绿色科技，2020(1)：248-250．

无锡市玉祁中心小学．自然教育标准［J］．江苏教育研究，2014(11)：21-26．

徐亮．面向使用者需求的智慧公园设计与实现研究［D］．深圳：深圳大学，2018．

严文蕃，韩玉梅．教育政策评估研究国际前沿进展及方法借鉴——严文蕃教授专访［J］．苏州大学学报（教育科学版），2020，8(03)：76-85．

阳思思．亲自然教育实践的分析研究［D］．宁波：宁波大学，2018．

佚名．到大自然中接受教育［J］．快乐语文，2020(Z1)：62-63．

佚名．中国林业教育学会自然教育分会在我校成立 廖小平校长担任分会首任主任委员［J］．中南林业科技大学学报（社会科学版），2017，11(06)：2．

雍怡．自然教育：蓬勃背后的思考与展望［J］．中华环境，2019，61(7)：26-29．

原栋梁．作为一种自然教育的夏令营［D］．北京：首都师范大学，2013．

袁元．乡村建设中的自然教育中心规划发展研究［D］．南京：南京工业大学，2018.

张佳，李东辉. 日本自然教育发展现状及对我国的启示[J]. 文化创新比较研究，2019，3(30)：155-158.

张梦丹. 百望山森林公园公众号宣教解说系统设计研究[D]. 北京：中国林业科学研究院，2017.

张婷. 游客对于自然教育的认知与需求研究[D]. 北京：北京林业大学，2020.

张文杰. 基于自然教育的湖南黄家坡森林公园规划设计研究[D]. 长沙：中南林业科技大学，2019.

张秀丽. 八达岭森林公园自然学校可持续运营对策研究[J]. 中国林业经济，2019(01)：81-83.

张学谦. 山东泰山世界地质公园智慧旅游景区建设研究[D]. 桂林：桂林理工大学，2017.

郑黎丽. 幼儿园亲自然园本课程的构建[J]. 学前教育研究，2019(06)：89-92.

周鑫，张美翠. "3S"技术在森林资源监测体系中的应用[J]. 农村实用技术，2019(10)：91.

朱静. 阿尔山世界地质公园智慧景区建设和优化研究[D]. 北京：中国地质大学，2020.

朱凯，汤辉，魏丹. 英国自然教育管理体制构建经验与启示_朱凯[J]. 绿色科技，2020(9)：235-240.

自然教育：我们与德国差的不只是一片森林[J]. 当代教育家，2019(01)：54-57.

CURTHOYS L P, CUTHERRSON B. Listening to the landscape：interpretive planning for ecological literacy[J]. Canadian Journal of Environmental Education，2002，7(2)：224-240.

MCBRIDE B B, BREWER C A, BERKOWITZ A R, et al. Environmental literacy, ecological literacy ecoliteracy：what do we mean and how did we get here？[J]. Ecosphere，2013，4(5)：1-20.

附录

附录A 自然教育公众消费意愿调查问卷

填表日期：

尊敬的朋友：

感谢您参加本次自然教育活动。为了提升我们活动质量以便更好地为广大消费者提供优质的自然教育课程和服务，特设计此调查问卷，请您百忙中抽出一点时间协助完成。感谢您的支持。

（消费者个体特征）

1. 您的年龄：

青少年：□5~8岁　□9~12岁　□12~15岁　□15~18岁

成年人：□25~30岁　□30~40岁　□40~50岁　□50岁以上

2. 您的性别：□男　□女

3. 您的职业：

A. 自然教育相关行业　B. 政府事业单位等公职人员

C. 自由职业者　D. 学生或儿童　E. 离退休人员

F. 其他_____

4. 您的学历：

A. 小学及以下　B. 初中　C. 中专及高中

D. 大专　E. 本科　F. 硕士及以上

5. 您的家庭年均收入：

A. 6万以下　B. 6~20万　C. 20万以上

6. 您对自然教育的了解程度：

A. 完全不了解　B. 了解一点　C. 基本了解　D. 完全了解

7. 您了解自然教育的渠道是？

A. 微信、微博等网络途径　B. 朋友介绍

C. 书籍、报纸等纸质媒体　D. 其他_____

8. 您是否参加过自然教育活动：

A. 是　B. 否

（自然教育需求的调查）

9. 您认为参与自然教育活动的目的是什么？

A. 亲近自然　B. 欣赏风景　C. 放松休闲　D. 运动健身

E. 体验自然　F. 参观历史遗迹　G. 自然探索　H. 文化体验

I. 艺术创作　J. 科学研究　K. 其他_____

10. 您比较喜欢什么类型的自然教育项目？

A. 手工制作、科学实验、紧急救援等互动型活动

B. 自然游憩度假等休闲型活动

C. 动植物识别等解说型活动

D. 植物猜谜、植物微观世界探秘等竞赛型活动

E. 观光型活动

11. 您认为自然教育活动的收费情况如何？

A. 收费不高　　B. 收费适中　　C. 收费偏高

12. 您认为当前自然教育机构的人员素质怎么样？

A. 非常差　　B. 一般　　C. 比较不错　　D. 非常好

附录 B　自然教育产业规范制度汇总[①]

(一)《国家林业和草原局关于充分发挥各类自然保护地社会功能大力开展自然教育工作的通知》[②]

一、大力提高对自然教育工作的认识

自然教育是建设生态文明的重要抓手，是经济社会发展的迫切要求。随着我国经济社会的快速发展和人们生态文明意识的提高，以走进自然保护地、回归自然为主要特点的自然教育成为公众的新需求。人们对自然生态、旅游观光、休闲游憩、森林康养、山水摄影、自然探索等方面的愿望越来越迫切。自然教育事业正成为林业草原的新兴事业，成为社会关注的新热点。在自然保护地开展自然教育，具有公益性强、就业容量大、综合效益好的优势，是发挥自然保护地多种功能的重要形式，是实现自然资源永续利用的有效途径，是林业草原经济发展新的增长点，是推动城乡交流、促进林区振兴发展的新举措。大力开展自然教育，对建设生态文明，满足人们日益增长的教育、精神、文化需求，推进林业现代化发展和林业草原产业转型升级，提高人民生活质量，将产生日益深远的影响。各级林业和草原主管部门，各级林学会要充分认识自然教育工作的重要性和紧迫性，将其作为林业草原事业发展的新领域、新亮点、新举措，摆到重要位置，明确责任，狠抓落实，努力建设具有鲜明中国特色的自然教育体系。

二、建立面向公众开放的自然教育区域

各类自然保护地是我国最珍贵、自然景观最优美、自然资源最丰富、生态地位最重要的区域，是保护生物多样性和维护生态平衡的重要载体，是体现科学发展观、实现人与自然和谐相处的主要形式，其中具备全球突出价值的可成为联合国教科文组织授予的世界自然遗产或世界自然文化双遗产，这是开展自然教育无可替代的独特优势。各自然保护地要严格遵守有关规定，在不影响自身资源保护、科研任务的前提下，按照功能划分、建立面向青少年、教育工作者、特需群体和社会团体工作者开放的自然教育区域。自然保护地管理部门要有专人负责管理、协调、组织、解说和安排社会公众有序开展各类自然教育活动，鼓励著名专家学者亲自为公众讲授自然知识。要构建人与自然和谐的自然教育关系，不以自然教育的名

---

① 附录 B、C 均为文件摘选。
② 资料来源：http://haixiaxiangcun.com/newsinfo/1067008.html。

义，伤害野生动植物，破坏生态环境，干扰自然生态系统的原真性。要为公众参与自然保护地的建设管理创造条件，使自然保护地成为提高全民文化素质、宣扬生态文明理念的重要基地。

三、做好自然教育统筹规划

各类自然保护地要牢固树立规划先行的理念，因地制宜制定具有自身特色的自然教育计划。要把自然教育工作纳入工作全局统筹安排，与保护工作同步部署、同步实施、同步检查，不断加强对自然教育工作的科学研究，制定科学合理的规划。要高度重视安全风险管理，严格遵守有关法律法规，做好安全管理规划和风险管控，建立完备的安全责任体系。要统筹安排与自然教育相适应的自然教育服务设施建设，并与公用设施建设相衔接。科学制定安全保障应急预案，探索建立行之有效的安全责任机制。

四、提升自然教育服务能力

要秉承"开放、自愿、合作、共享、包容、服务"的理念加强统筹，广集智慧，强化协调服务，满足公众对体验自然、感知自然、学习自然的需要。要围绕改善自然保护地自然教育资源、保障自然教育基本功能、提升自然教育社会效益等重点领域，加快自然保护地自然教育设施转型升级，全面提升自然教育服务能力。要加强对现有森林植被、古树名木、野生动物、湿地、地质遗迹的保护，丰富各类自然教育资源。要优化自然教育资源配置，在森林植被良好，景观资源丰富，生态环境优越，文化底蕴深厚的森林、湿地等区域，优先开展自然教育。

五、加强自然保护地基础建设

要在保护前提下，不断提升自然保护地基础建设水平，为自然教育工作提供有利条件。要加快自然教育区域硬件建设，重点加强资源环境保护设施、科普教育设施、解说系统以及各种安全、环卫设施的建设，加强电信、互联网等建设，创造设施配套、自然环境优美、管理规范的基础环境。要建立适应市场经济要求和基础建设需要的多元化融资机制，有力推动自然保护地基础建设。

六、打造富有特色的自然教育品牌

各类自然保护地要强化自然教育功能，创新完善自然教育服务体系，大力提高自然教育服务质量。要结合自身优势，选择具有典型性和代表性的内容组织开展特色活动，打造具有时代特点、地域特色的品牌活动项目。要加强自然教育人才队伍建设，动员和鼓励各类保护地从业人员积极投身于自然教育事业，选拔、培养一批自然教育工作骨干。要利用现有设施和场所，积极与企事业单位、社会组织等机构联合开展自然教育工作，构建多元推进的工作模式。要充分利用社会捐赠、推动自然教育工作良性发展。要借鉴国际、国内的先进经验和有效措施，着力推动自然教育专家团队、优质教材、志愿者队伍建设，逐步形成自身的自然教育体系。

七、加强对自然教育工作的组织领导

各级林业和草原主管部门要把自然教育工作摆到全局位置，加强领导，统筹安排，狠抓落实。要在统筹规划、保障投入、加强志愿者队伍建设等方面下功夫，激活各类自然保护地的社会公益和教育功能，着力提高公众满意度。要不断加强和完善各级自然教育工作机构，有序开放和合作共享。要发挥各级林学会组织和其他社会组织的作用，做好对自然教育的统筹、协调、服务。要加强对自然教育工作的调查研究，制定有利于自然教育长远发展的政策举措。要开展自然教育理论和实践研究，不断探索自然教育新形式、新途径。各级林学会要主动配合主管部门搞好自然教育实施工作，认真总结并及时报送自然教育工作开展情况。

请各地各单位于每年12月中旬前，将部署和组织实施自然教育工作的有关情况报送我局。

特此通知。

国家林业草原局

2019年4月1日

（二）《广东省林业局关于推进自然教育规范发展的指导意见》[①]

为贯彻落实习近平生态文明思想，整合全省自然保护地、城乡公园、科普场馆、志愿者、社会组织等宣传教育和自然资源，推动自然教育工作规范化、专业化发展，构建共建共治共享的生态文明建设格局，根据《国家林业和草原局关于充分发挥各类自然保护地社会功能大力开展自然教育工作的通知》（林科发〔2019〕34号）和《广东省自然资源厅 广东省文化和旅游厅 广东省林业局关于加快发展森林旅游的通知》（粤自然资发〔2019〕50号）有关文件精神，结合我省实际情况，现就进一步推进我省自然教育工作规范发展提出如下指导意见。

一、总体要求

（一）发展思路

全面贯彻落实习近平新时代中国特色社会主义思想和党的十九大精

---

① 资料来源：广东省林业局 http：//lyj.gd.gov.cn/government/document/other/content/post_2956588.html。

神,牢固树立绿水青山就是金山银山的发展理念,传播生态之美,传承生态文化,拉近人与自然的距离,提供更优质的绿色福利,满足人民群众生态需求,推进自然教育规范发展,建设全国自然教育示范省,为广东构建人与自然和谐共生的绿色生态强省和建设美丽粤港澳大湾区作出新贡献。

(二)基本原则

1. 坚持公益开放、全民共享。坚持公益性和开放性原则,政府部门牵头主导,自然保护地、城乡公园等主动开放,社会组织、志愿者、公众共同参与,建设自然教育与交流学习的开放性平台。

2. 坚持因地制宜、分类施策。根据当地自然生态环境、发展现状以及建设方的意愿,积极探索不同类型的自然教育管理和服务模式,建设各具特色的自然教育基地,开展丰富多彩的自然教育活动。

3. 坚持生态优先、持续发展。坚持生态保护与尊重自然相结合,以保护和提升自然教育场所生态环境为出发点,以传播生态文明理念、满足人民生态需求为目标。自然教育基地建设与运营以生态承载能力为前提,尊重自然、顺应自然、保护自然。

4. 坚持传承文化、弘扬特色。传承发展中华优秀传统文化,深入挖掘岭南生态文化,培育具有地方特色的自然教育。坚持互动授课与生态体验相结合,注重教育课程的互动性、体验性和自然性,鼓励创新发展和特色化发展。

(三)工作目标

到 2020 年,初步建立有规划、有标准、有平台、有效果的广东特色自然教育体系和粤港澳自然教育平台,全省建立 40 个省级自然教育基地。到 2023 年,基本形成权责明确、管理科学、广泛参与、特色鲜明、国内领先的全民自然教育机制,建立社会多元跨界合作平台,建成覆盖我省全民自然教育基地网络,开展中小学生自然教育活动,力争全省建立 100 个自然教育基地,力争每个地级以上市至少建设一个自然教育基地,培育一批自然教育服务机构、导师、课程、线路和产品,推出一批国际国内一流的自然教育品牌,将自然教育培养成我省林业新兴经济点、重点生态文化品牌和全国自然教育的样板,促进自然教育持续健康发展。

二、主要任务

1. 依法依规建立开放的自然教育区域。引导各类自然保护地、城郊公园、古驿道、科普场所、自然场所等参与自然教育工作,积极构建自然教育生态圈。各自然保护地在不影响自身资源保护、科研任务的前提下,按照功能划分,建立面向青少年、教育工作者、特需群体和社会团体工作者开放的自然教育区域。自然保护地管理部门有专人负责管理、协调、组织、解说和安排社会公众有序开展各类自然教育活动，宣扬生态文明理念，不破坏生态环境，和野生动植物保持合适的距离，推动人与自然和谐共生。

2. 加强自然教育基础设施建设。建立多元化投融资机制，推动自然教育场所基础建设。加强自然教育区域（场所）软硬件配套设施建设，重点加强资源环境保护设施、科普教育设施以及各种安全、环卫设施的建设。加强电信、互联网等设施建设。加快建立具有广东特色的自然教育标准体系，建设一批有标准、有课程、公众参与度高的自然教育基地。建立一批具有本土特色的自然教育径、自然教育之家。培育一批自然教育服务机构、导师、课程、线路和产品，打造一批具有岭南特色的自然教育品牌。

3. 推动粤港澳大湾区自然教育工作交流合作。秉承"创新、开放、兼容、共享"的理念，推动粤港澳大湾区生态保护发展，加强粤港澳地区在绿色发展、自然教育、学术交流等方面的交流合作，激活粤港澳地区各类自然保护地、自然场所社会公益和教育功能，搭建有创造力、凝聚力、开拓力、影响力的粤港澳自然教育合作交流平台，吸引更多的人参与到自然保护事业中。

4. 全面提升自然教育服务能力。深入挖掘岭南生态文化，强化自然教育区域（场所）自然教育功能，创新完善自然教育服务体系，大力提升自然教育服务质量。广泛凝聚社会各界力量，着力培育自然教育事业共同体，构建多元推进的工作模式和互联互通的自然教育网络体系。开展常态化自然教育活动，开发适合不同年龄段特别是青少年自然教育课程，坚持知识性、文化性、趣味性和互动性。

三、组织保障

1. 加强组织领导。高度重视自然教育的规范发展，切实发挥自然教育工作在提高广东全民科学素质中的作用，把自然教育工作作为林业一项重要工作予以推进，加强统筹协调和管理指导，强化涉及自然教育的部门、行业、民间之间的沟通联系，打通自然教育和产学研互融互通的瓶颈，充分调动社会公益资源共同参与，有序开放各类自然保护地、科普场馆，完善政策措施，加强资金保障，落实责任，推动各项工作落到实处。

2. 加强人才培养。加强自然导师、志愿者队伍、自然教育机构、服务队伍等方面的组织培训和人才培养，动员和鼓励各类人员积极投身于自然教育事业，开展自然教育专业人才认证，推动自然教育理论和实践研究，不断探索粤港澳大湾区自然教育新形式、新途径。

3. 强化宣传引导。准确把握市场定位，不断推出具有地方特色、资源特色和文化特色的自然教育活动，加大特色生态产品的宣传和推介。充分利用网络、电视、报纸、广播、宣传栏等全媒体形式，大力宣传自然教育，努力营造全社会关注支持自然教育行业规范发展的良好氛围。

附录C 自然教育相关标准

（一）《森林类自然教育基地建设导则（T/CSF 010-2019）》[①]

1 范围

本标准规定了森林类自然教育基地建设原则、主要功能类型与要求、地址选择要求、资源调查、功能定位、设施与道路建设以及运营与管理等内容。

本标准适用于森林类自然教育基地建设。

2 规范性引用文件

下列文件对于本文件的应用是必不可少的。凡是注日期的引用文件，仅所注日期的版本适用于本文件。凡是不注日期的引用文件，其最新版本（包括所有的修改单）适用于本文件。

JGJ62 旅馆建筑设计规范

JGJ64 饮食建筑设计标准

GB/T18973 旅游厕所质量等级的划分与评定

LY/T5132 森林公园总体设计规范

GB/T 20416 自然保护区生态旅游规划技术规程

LB/T 014 旅游景区讲解服务规范

3 术语和定义

下列术语和定义适用于本文件。

3.1 自然教育 nature education

在自然中学习体验关于自然的知识和规律，引导和培养人们认知自然、尊重自然、顺应自然和保护自然的生态观，建立人与自然的联结，以期实现人与自然的和谐发展。

3.2 自然教育基地 nature education base

具有以森林为主体的自然资源，具有明确的运营管理机构，配套有开展自然教育活动的设施及人员，且能够提供多种形式自然教育内容体系及所需要的场所。

3.3 自然体验 nature experience

在自然环境中通过视、听、闻、触、尝、思等方式，欣赏、感知、了

[①] 资料来源：中国林学会 http://www.csf.org.cn/AttachFile/2019/1010020506/0/637077240284876408.pdf。

解和享受自然。

3.4 自然观察径 nature observation tralls

以观察、体验、教育为主要目的,结合一定设施,供体验者了解和学习自然的步道、小道等路径。

3.5 自然解说员 nature interpreter

运用科学、生动的语言和恰当的表达技巧,为体验者组织、安排体验事项,提供向导和讲解,通过引导人们对森林、自然、文化等方面的理解,激发其产生兴趣,从而传递自然知识的人员。

4 建设原则

4.1 保护优先

注重自然资源、自然环境的保护,不得破坏自然景观和保护对象的栖息环境,不得造成环境污染。

4.2 科学利用

建设和运营过程中要科学利用现有资源,因地制宜、突出特色,在现有设施无法满足自然教育需求时,在不破坏自然资源的前提下可适当调整。

5 选址要求

5.1 符合地方发展规划建设要求,权属清晰,能够作为自然教育基地长期使用。

5.2 交通便利,自然环境良好,生态系统健康,生物多样性丰富或具有典型性。

5.3 生活饮用水、环境空气等达到国家规定质量标准;无崩塌、滑坡、泥石流等地质灾害安全隐患;基地外延五千米范围内无污染源。

6 基地调查内容

6.1 自然资源

包括地形、地质、地貌、水、空气、土壤、植被、野生动物等。

6.2 人文资源

包括文物古迹、历史文化、民族文化等。

6.3 应急资源

包括医疗、救护、公安、消防、紧急避难场所等资源。

6.4 其他资源

包括周边社区的社会经济条件;科普教育、休闲健身、景观欣赏等活动资源;道路、场馆场地、户外展项、餐饮住宿、通信等基础设施;接待公众参观的引导人员数量、管理机构和人员对基地的运营管理能力。

7 主要功能定位与建设要求

7.1 科普教育

7.1.1 资源类型多样，生物多样性高，具有针对性强、独特的内容体系，能够满足不同群体、尤其是青少年的学习和了解知识的需求。

7.1.2 具有如博物馆、体验馆、图书馆、植物园等科普教育设施，如自然观察径、体验步道、观景步道等多功能步道设施，以及相关的解说设施等。

7.2 自然体验

7.2.1 森林季相变化丰富，观花、观叶等植物多，森林面积大的区域；或单一资源，特点突出，能够形成独特景观。

7.2.2 具备观景台、观景步道等设施设备。

7.3 休闲游憩

7.3.1 空间开阔、安全性高的区域，能开展游戏、攀登、露营等休闲体验活动。

7.3.2 具有满足自然教育体验的场所与设施

8 设施类型

8.1 主要设施

森林类自然教育基地主要设施可参照4个不同类型建设，如表1所示。

表1 森林类自然教育基地主要设施分类

类型	内容
1. 室内设施	包括但不限于森林体验馆、森林博物馆、森林创意坊、森林教室等
2. 室外设施	包括但不限于自然观察径、活动平台、露营地、步道、攀岩设施、观景台等
3. 解说设施	包括但不限于指示牌、标识牌、解说牌、智能解说系统等
4. 服务设施	包括但不限于游客中心、停车场、无障碍设施等服务设施；卫生间、饮水台、垃圾桶等卫生设施；电气、电话、广播音响等电器、通信设施；监控摄像头、火险报警器、安全警示灯等安全、应急设施

8.2 相关设施建设要求

住宿、餐饮、卫生、电气、通讯、安全等设施，应符合如下标准。

住宿设施按照 JGJ62 执行；

餐饮设施按照 JGJ64 执行；

卫生设施按照 GB/T18973 执行；

电气、通讯、安全等设施按照 LY/T5132 和 GB/T 20416 执行。

9 运营与管理

9.1 人员配备

9.1.1 自然解说员

森林类自然教育基地的自然解说人员应具有相关专业背景或专长,能够为受众提供自然解说服务。

9.1.2 志愿者及专家团队

有一定数量且相对稳定的志愿服务团队及专家团队,志愿参加基地开展的自然教育活动相关工作。

9.2 内容开发

9.2.1 课程开发

自然教育基地结合地域资源特色,针对不同的群体和不同的时长,开发不同的自然教育课程,课程数量不低于5套,内容包括但不限于生态保护、生物多样性、气候变化等,形式包括但不限于探究性学习、体验式活动、自然游戏、手工制作等。

9.2.2 活动策划

结合当地的民俗风情、历史遗址及特色产品等,以音乐、舞蹈、摄影、绘画、节庆、展会等形式开展丰富的自然教育活动。

9.2.3 创意产品

科学利用当地资源材料设计制作文化创意产品。

9.3 基地管理

自然教育基地具有固定的管理机构和人员,负责自然教育基地的咨询、预约、活动设计、设施维护、游客管理等。鼓励优先培训和使用当地社区人员参与基地的运营管理,促进社区发展。积极与相关部门、科研院所、学校、社会团体、企事业单位等建立长期合作关系,定期组织自然教育活动,提高基地的利用效率。

(二)《自然教育标识设置规范(T/CSF 011—2019)》[①]

1 范围

本标准规定了自然教育标识设置的原则、分类、设计与选址、施工与管理等技术要求。

本标准适用于全国范围内国家公园、自然保护区、自然公园、城市公园绿地、林场、苗圃等场地的自然教育标识的设置与管理。

[①] 资料来源:中国林学会 http://www.csf.org.cn/AttachFile/2019/1010020506/0/637077240472647148.pdf。

2 规范性引用文件

下列文件对于本文件的应用是必不可少的。凡是注日期的引用文件，仅所注日期的版本适用于本文件。凡是不注日期的引用文件，其最新版本（包括所有的修改单）适用于本文件。

GB/T 15566.1 公共信息导向系统 设置原则与要求 第1部分：总则

GB/T 31384—2015 旅游景区公共信息导向系统设置规范

GB/T 148—1997 印刷、书写和绘图纸幅面尺寸

3 术语和定义

下列术语和定义适用于本文件。

3.1 自然教育标识牌 scientific exhibits in natural education

对自然、科学、人文资源实体或信息进行解说，使公众了解解说对象并获得与之交流互动的载体。

3.2 综合信息导览牌 general exhibit guides

介绍某一区域或某条步道的资源特色、体验方式、游览线路图和设计理念等信息的标识牌。

3.3 主题知识点标识牌 wayside exhibits with themed information

针对某一解说主题或解说对象，就其相关知识点进行解说与展示的标识牌。

3.4 单体自然物标注牌 name boards of natural objects

对某一物种或环境因子的名称、分类、特征等信息进行标注说明的标识牌。

3.5 互动体验型装置 interactive experience part

通过文字、图形、语音讲解、定位识别、图像识别等媒体为手段，将访客从被动参观引导至主动体验参与的装置。①

4 原则

4.1 设计原则

4.1.1 科学规范

信息内容准确，避免未经验证的科学性假设、有争议的科学论据和杜撰的故事等。

4.1.2 通俗易懂

解说文字应通俗易懂，尽量避免直接使用学术性用语，针对不同读者

---

① 注：互动装置有一体式和分体式两种常见形式。一体式是在标识基座上附加单体互动装置；分体式是指互动装置与标识分开放置。

的理解能力，设定难易等级不同的内容。

4.1.3 教育为本

科普解说应以普及自然科学知识、弘扬生态文明精神、传播绿色生活理念为根本，实现"让受众了解科普知识""使受众产生强烈感受""让受众做出具体行为"三个层次的教育目标。

4.1.4 美观和谐

标识牌外观应突出当地文化特色，与周围环境协调一致。

4.1.5 趣味性强

科普解说内容应注重增强趣味性，充分利用图文结合、互动体验等形式，实现寓教于乐的效果。

4.2 设置原则

4.2.1 环境友好

建设和运营过程中，选取受众容易发现，不影响通行的观察点，且避免对自然资源、自然景观、动植物栖息环境的破坏。

4.2.2 安全优先

充分考虑解说设施的安全性，避免危害或潜在威胁公众生命安全的不合理设计与设置。

5 分类

5.1 综合信息导览牌

5.1.1 综合信息导览牌应包括自然与人文环境简介、基地简介、游览时间、导览图、体验方式、应急救援、安全提示等内容，如有特定主题内容，还应介绍相关信息。

5.1.2 综合信息导览牌应采用图文展板型，并配与环境相协调的景观构筑物，综合信息导览牌与景观构筑物的关系参见附录A。

5.1.3 综合信息导览牌中可通过附加二维码的方式，增加更多拓展信息。

5.2 主题知识点标识牌

5.2.1 主题知识点标识牌的内容应包含以下几点。

a) 植物、动物、地质、地貌、土壤、水文等物种或环境因子的具体科普信息；

b) 植被、种群、群落、生态系统、生态现象与生态过程等环境生态科学知识；

c) 生态保护的意义、方法和历史变革等保护知识；

d) 全球及区域环境问题、环境伦理道德和绿色生活方式等解说；

e) 历史与人文信息（包括历史事件、人物、建筑、宗教、民族、法律等的科普知识）；

f) 区域/步道的设计理念说明；

g) 引导观察、体验、互动的设施使用说明；

h) 二维码拓展信息，包括语音、视频等信息。

5.2.2 主题知识点解说牌的形式可结合解说目标灵活采用图文展板型标识、互动体验型装置等。互动体验型装置的样式与说明参见附录 B。

5.3 单体自然物标注牌

5.3.1 单体自然物标注牌的内容应包含以下几点。

a) 动植物中文名、拉丁名及科属信息；

b) 动物习性与特征、地域分布等信息；

c) 植物生态特征、花果期、地域分布等信息；

d) 二维码扩展信息。

5.3.2 单体自然物标注牌的形式可根据具体情况采用图文展板型或新媒体型。

6 设计与选址

6.1 内容要求

6.1.1 除综合信息导览牌之外，一张标识牌的信息总量以不超过 5 个话题内容为宜。

6.1.2 主题知识点标识牌如涉及社会热点、已经引起公众误解的话题，应解释事件的来龙去脉并告知正确答案。

示例：网络流传 80 个 $PM_{2.5}$ 粒子会堵死一个肺泡的说法系误读，在设置森林生态效应、空气治理、环境污染相关话题的标识牌时，应针对误读话题进行科学解释。

6.2 文案编写

6.2.1 文案结构包含主标题、引言导语、正文、延伸阅读和配图等框架，见图 1，主标题、正文、延伸内容是必不可少的结构。其所承载信息量应符合让大多数受众"3 秒阅读主标题""30 秒阅读正文""3 分钟阅读小贴士、配图插画、二维码信息等延伸阅读内容"的标准。

6.2.2 主标题应明确传达解说主题，不超过 10 个字；副标题不超过 25 字；正文宜 50~200 字。

6.2.3 应多使用短句和简短段落，每个段落控制在 3~5 个句子。

6.2.4 避免出现错误信息，包括物种名称与科属错误、信息引用出处错误、配图错误、视频链接错误、语法错误、版式与格式错误等。

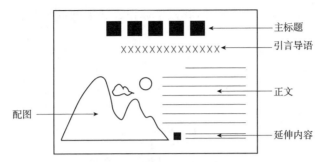

图 1 标识牌文案结构示意图

6.2.5 针对儿童和青少年设置的标识牌应具有趣味性，对生僻名词、学术词汇、科学定义、科学原理和关系的解释应运用类比、举例、拟人等修辞手法来描述，生僻字可加拼音。

6.3 图文版式

6.3.1 采用图文展板型的主题知识点标识牌，其内容要素的排版形式应符合附录 C 的要求。

6.3.2 解说动植物的主题知识点标识牌、单体自然物标注牌，应包含动植物的中文名、拉丁学名及科属说明。

6.3.3 应图文并茂，配图宜使用实物照片或科学手绘插画；平面示意图的基础绘制要求应符合 GB/T 31384—2015 第 6 章中导向要素设计关于平面示意图的相关规定。

6.4 外观设计

6.4.1 标识牌与相关设施的设计原则应符合 GB/T 15566.1 的有关规定。

6.4.2 同一区域内，标识牌在材质、规格、式样、颜色等方面应和谐统一、风格相近。

6.4.3 标识牌展板边角避免出现直角、锐角等，互动装置等部件不可出现锋利的边角。

6.4.4 标识牌展板上印制科普信息的部分，宜设计可拆卸的机关，便于更新。

6.4.5 利用不同颜色标识解说对象的突出特征，红色代表濒危物种、橘红色代表有毒植物、蓝色代表常见植物（原生植物）、枣红色代表园艺栽培植物、橘黄色代表入侵植物、绿色代表国外引进植物。

6.5 材料与尺寸

6.5.1 综合信息导览牌尺寸应根据现场环境条件确定大小，以清晰展示信息、便于受众一眼辨识为原则。

6.5.2 高度低于150cm的展板型标识，展板的倾斜角度以与水平面45°夹角为宜，见图2。

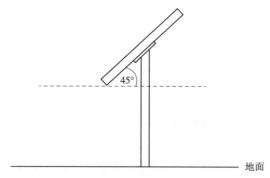

图2 展板形式的标识牌展板倾斜角度示意图

6.5.3 综合信息导览牌高度应根据现场环境条件确定，以突出解说牌位置、清晰展示导览信息、便于受众阅读为原则。主题知识点解说牌高度以展板底边距地面75cm～90cm为宜；单体自然物标注牌依据具体情况设置合理高度；挂在树上的小型树牌不宜高于170cm，插在地被植物丛中的标识牌高度宜控制在20cm～30cm。

6.5.4 展板材料宜选用环保、安全、耐用、阻燃、抗腐蚀、易于维护的材料，展板上可替换部分应选用美观、性价比高、易于更新的材料。

6.6 布点选址

6.6.1 综合信息导览牌应设置在出入口和主要交通节点。单体自然物标注牌应置于所介绍的自然物上或其旁边。

6.6.2 标识牌之间具有内容关联的应按照其逻辑关系进行布局，保证同一主题下的标识牌主次分明。

6.6.3 两个主题知识点标识牌之间的距离在平地环境中以30m～60m为宜，在山地或林下间距以15m～40m为宜。代表地方特色或反映某一重要主题的标识牌，密度可适当增加。

6.6.4 标识牌的设置位置应遵循以下要求。

a）设置于步道沿途路边，靠近解说对象；

b）对于脆弱及敏感的生物或环境资源，不宜设置标识牌；

c）在人流密集、空间局促的地点，不宜设置标识牌。

6.6.5 标识牌安置地点应选择地质稳定、坡度平缓、风速较小之处，应避开以下地方。

a）可能发生泥石流、洪水、大风等自然灾害的地方；

b）意外危险高发区；

c) 易发生人为事故的地方；
d) 阳光暴晒的位置；
e) 地势低洼，容易淹没的地方。

7 安装与管理

7.1 安装方式

7.1.1 带有基座的标识牌，基座不宜使用混凝土浇筑加固。

7.1.2 不带基座、附着于自然物表面的标识牌，应采用悬挂、捆绑、直接放置的安装方式。

7.2 维护与更新

7.2.1 有专人负责定期清洁、更换褪色展板，发现锈蚀、油漆脱落、龟裂、风化等现象及时进行修复更新。

7.2.2 应根据资源和环境变化及时更新解说内容。

7.2.3 应建立新媒体科普信息数据库，实时将解说信息统一汇总并定期纠错或扩充更新。

（三）《自然教育基地评定导则》[①]

1 范围

本标准规定了自然教育基地评定的条件和程序等。

本标准适用于全国自然教育基地的评定。

2 术语与定义

下列术语和定义适用于本文件。

2.1 自然教育 nature education

在自然中学习体验关于自然的知识和规律，建立人与自然的联结，培养人们尊重自然、顺应自然和保护自然的生态观，以期实现人与自然的和谐发展。

2.2 自然教育基地 nature education base

具有一定面积的自然场地，配套有开展自然教育活动的设施及人员，且能够提供多种形式自然教育课程的场所。

3 评定条件

3.1 主体明确

申报单位具有法人资格或受法人委托，能独立或联合开展自然教育工作。

---

① 资料来源：中国林学会 http://www.csf.org.cn/AttachFile/2019/1010020506/0/637019972009720692.pdf。

3.2 权属清晰

基地产权或使用权明确、边界清楚，能够作为自然教育基地长期使用。

3.3 管理保障

3.3.1 运营能力

有完善的管理制度，各项制度实施效果良好；有年度工作计划；运营时间不少于 100 天/年。

3.3.2 安全保障

有完善的安全制度，有应对突发事件、极端天气和重大事故等的安全预案；有逃生通道和应急避难场所；在基地明显位置张贴安全须知，设置安全警示标识，活动前针对参与者进行安全宣导；每次活动配备至少 1 名安全员，安全员定期接受培训；配备急救包和急救员，急救员定期接受培训，有简单处理突发伤病的能力，熟悉基地周边的医疗资源，保障伤者及时转送医院。

3.4 环境及资源良好

3.4.1 基地面积

山区基地面积不小于 $100hm^2$；平原基地面积不小于 $10hm^2$，城区基地面积不小于 $3hm^2$。

3.4.2 自然环境

基地自然环境良好，生物多样性丰富或植被具有典型性；以地带性植被为主，长势良好，年龄结构合理；山区森林覆盖率不低于 40%，平原林木绿化率不低于 45%。周边 2km 范围内不存在大气、水源、土壤、噪声等固定污染源以及地质灾害等安全隐患。

3.4.3 周边资源

基地周边存在可利用的其他自然资源和人文资源丰富，且有利于设计和开发多种自然教育课程。

3.5 设施完备

3.5.1 室内场所设施

有功能分区合理，面积不低于 $100m^2$ 的室内活动场所。包括但不限于自然体验馆、自然教室、自然创意坊等体验型场所，标本馆、博物馆等展示型场所，游客中心、纪念品商店等服务型场所。

3.5.2 室外活动设施

有分区合理、功能完善、安全便捷的室外活动设施。包括但不限于生态科普设施、互动体验设施、休闲疗养设施、景观欣赏设施、健身拓展设施等。

3.5.3 解说系统设施

有科学准确、通俗易懂、与环境充分融合的各种解说设施。包括但不限于印刷品、网站、公众号、解说牌、科普长廊等。

3.6 人员齐备

3.6.1 管理团队

团队人员不少于3人，结构合理，岗位分工明确，有专门负责或分管自然教育的责任人；能够承担基地日常运行、后勤保障、安全保障、宣传推广等工作。

3.6.2 解说员团队

团队人员不少于3人，均接受过专业学习或专业机构的培训；能完成课程组织带领等工作，确保各项自然教育设施的正常运转和课程活动的有效开展；每年接受不少于30学时的员工能力培训和安全培训。

3.7 课程多样

3.7.1 课程开发

拥有专职课程开发团队或聘请外部机构进行课程开发，课程定期更新和优化升级。

3.7.2 课程类型数量

课程类型多样，数量不少于5项，其中至少有1项基地特色课程。

4 评定程序

4.1 申报

申报单位对照评定导则和相关通知要求，向各省（自治区、直辖市）林学会提出申请，提交《自然教育基地申请书》《自然教育基地基本信息表》（见附录B）及相关证明材料。《自然教育基地申请书》包括但不限于以下内容。

——基地管理概况
- 主体资格
- 权属
- 运营能力
- 安全保障

——资源与环境概况
- 基地面积
- 自然环境
- 周边资源

——体验设施概况

- 室内场所设施
- 室外活动设施
- 解说系统设施

——教育团队概况
- 管理团队
- 解说员团队

——体验课程概况
- 课程开发
- 课程类型数量

相关证明材料包括但不限于以下内容。

——申报单位相关资质证明
——土地权属证明
——基地运营管理制度、安全制度、应急预案
——基地发展规划和年度管理计划
——基地自然资源本底材料
——基地设施规划图和现状照片
——团队人员学历、培训证书等复印件
——自然教育相关出版物
——自然教育课程介绍、活动照片、图文报道等

4.2 审查

4.2.1 材料审查

评定机构对申报单位提交的《自然教育基地申请书》《自然教育基地基本信息表》及相关证明材料进行资料审查，评定申报单位的主体资格、权属情况、基地面积、运营能力、安全保障（制度部分）、管理团队、解说员团队、课程开发、课程类型数量是否符合评定要求。符合评定要求的申报单位进入现场审查，不符合评定要求的申报单位申报终止。

4.2.2 现场审查

评定申报单位的自然环境、周边资源、安全保障（现场部分）、体验设施等是否符合评定要求。

4.3 结果评定

由中国林学会组织专家团队进行自然教育基地最终评定，《自然教育基地评定表》中的各项指标均通过视为评定通过，通过评定的基地由中国林学会进行命名授牌。

5 复核

基地需每年提交年度工作报告给评定机构，评定机构对基地提交的年

度工作报告进行复核。

5.1 取消资格

未提交年度工作报告，复核不符合评定导则要求，取消基地资格。

5.2 不予申报

基地运营期间出现不良记录，将取消基地资格，且 5 年内不予再次申报。

附录 A（规范性附录）

自然教育基地评定表

认定项目		项目指标	认定结果
基地管理	主体明确	申报单位具有法人资格或受法人委托，能独立或联合开展自然教育工作	□通过 □不通过
	权属清晰	基地产权或使用权明确、边界清楚，能够作为自然教育基地长期使用	□通过 □不通过
	运营能力	有完善的管理制度，各项制度实施效果良好；有年度工作计划；运营时间不少于 100 天/年	□通过 □不通过
	安全保障	有完善的安全制度，有应对突发事件、极端天气和重大事故等的安全预案； 有逃生通道和应急避难场所； 在基地明显位置张贴安全须知，设置安全警示标识，活动前针对参与者进行安全宣导； 每次活动配备至少 1 名安全员，安全员定期接受培训； 配备急救包和急救员，急救员定期接受培训，有简单处理突发伤病的能力，熟悉基地周边的医疗资源，保障伤者及时转送医院	□通过 □不通过
资源与环境	基地面积	山区基地面积不少于 100hm^2；平原基地面积应不少于 10hm^2，城区基地面积应不少于 3hm^2	□通过 □不通过
	自然环境	自然环境良好，生物多样性丰富或植被具有典型性；以地带性植被为主，长势良好，年龄结构合理；山区森林覆盖率不低于 40%，平原林木绿化率不低于 45%；周边 2km 范围内不存在大气、水源、土壤、噪声等固定污染源以及地质灾害等安全隐患	□通过 □不通过
	周边资源	周边存在可利用的其他自然资源和人文资源	□通过 □不通过

（续）

认定项目		项目指标	认定结果
体验设施	室内场所设施	有功能分区合理，面积不低于 100m² 的室内活动场所。包括但不限于自然体验馆、自然教室、自然创意坊等体验型场所，标本馆、博物馆等展示型场所，游客中心、纪念品商店等服务型场所	□通过 □不通过
	室外活动设施	有分区合理、功能完善、安全便捷的室外活动设施。包括但不限于生态科普设施、互动体验设施、休闲疗养设施、景观欣赏设施、健身拓展设施等	□通过 □不通过
	解说系统设施	有科学准确、通俗易懂、与环境充分融合的各种解说设施。包括但不限于印刷品、网站、公众号、解说牌、科普长廊等	□通过 □不通过
教育团队	管理团队	团队人员不少于 3 人，岗位分工明确，有专门负责或分管自然教育的责任人； 能够承担基地日常运行、安全保障、宣传推广等工作，确保各项体验教育设施的正常运转	□通过 □不通过
	讲解员团队	有稳定、专业的自然讲解员团队，人数不低于 3 人，均接受过专业学习或专业机构的培训，确保课程活动的有效开展，每年接受不少于 30 学时的员工能力培训和安全培训	□通过 □不通过
体验课程	课程开发	有专职课程开发团队或聘请外部机构进行课程开发，课程定期更新和优化升级	□通过 □不通过
	课程类型数量	课程类型多样，数量不少于 5 项，其中至少有 1 项基地特色课程	□通过 □不通过
认定结论		□通过　　□不通过	

（四）《自然教育基地建设导则（送审稿）》[①]

1 范围

本标准规定了自然教育基地建设原则、主要功能类型与要求、地址选择要求、资源调查、功能定位、设施与道路建设以及运营与管理等内容。

本标准适用于自然教育基地建设。

---

① 资料来源：中国林学会 http://www.csf.org.cn/AttachFile/2019/1010020506/0/637019971690672444.pdf。

2 规范性引用文件

下列文件对于本文件的应用是必不可少的。凡是注日期的引用文件，仅所注日期的版本适用于本文件。凡是不注日期的引用文件，其最新版本（包括所有的修改单）适用于本文件。

GB/T 18972 旅游资源分类、调查与评价

GB/T 18973 旅游厕所质量等级的划分与评定

GB/T 20416 自然保护区生态旅游规划技术规程

GB/T 26424 森林资源规划设计调查技术规程

GB 2893 安全色

JGJ 62 旅馆建设设计规范

JGJ 64 饮食建筑设计规范

LB/T 014 旅游景区讲解服务规范

LY/T 5132 森林公园总体设计规范

DB11/T 632 古树名木保护复壮技术规程

DB11/T 842 近自然森林经营技术规程

3 术语和定义

下列术语和定义适用于本文件。

3.1 自然教育基地 natural education base

具有一定面积的自然场地，配套有开展自然教育活动的设施及人员，且能够提供多种形式自然教育课程的场所。

3.2 自然体验 natural experience

在自然环境中通过视、听、闻、触、尝、思等方式，欣赏、感知、了解和享受自然。

3.3 自然观察径 natural observation path

以观察、体验、教育为主要目的，结合一定设施，供体验者了解和学习自然的路径。

3.4 自然讲解员 nature interpreter

运用生动、科学的语言和恰当的表达技巧，为体验者组织、安排体验事项，提供向导和讲解，通过引导人们对森林、自然、文化等方面的理解，激发其产生兴趣，从而传递自然知识的人员。

4 建设原则

4.1 保护优先

注重自然资源、自然环境的保护，建设和运营过程中不破坏自然资源、自然景观和保护对象的生长栖息环境，不造成环境污染。

4.2 文化主导

挖掘在地文化，基地建设应充分体现当地的人文、地理等特征。

4.3 低碳节能

基地建设材料以木、石为主，使用本地环保的建筑材料和清洁能源，突出自然风格。

4.4 互动体验

参与者主要通过互动、体验的方式参与自然教育活动。

5 基地地址选择要求

5.1 权属清晰，能够作为自然教育基地长期使用。

5.2 具有独立的管理和运营机构。

5.3 符合地方发展规划建设要求。

5.4 公共交通能够到达，距离干线公路不超过 10km，通信信号能够覆盖。

5.5 自然环境良好，生态系统健康，生物多样性丰富或具有典型性。

6 基地资源调查

6.1 调查内容

6.1.1 自然资源

包括地形、地貌、水、空气、土壤、森林、草原、野生生物、各种矿物和能源等。

6.1.2 人文资源

包括文物古迹、历史文化、民族文化等。

6.1.3 其他资源

包括周边人口密度、周边人均收入、交通便利性等周边环境；科普教育、法治宣传、休闲健身、景观欣赏、文化娱乐、节庆活动等活动资源；道路、场馆场地、户外展项、餐饮住宿、通信等基础设施；接待公众参观的引导人员数量、管理机构和人员对基地的运营管理能力；以及基地在世界、全国、省市的知名度和宣传途径。

6.2 调查方法

调查方法按照 GB/T 18972、GB/T 26424 执行。

7 主要功能定位与建设要求

7.1 科普教育

7.1.1 可达性强、地势平坦的区域。

7.1.2 资源类型多样，生物多样性高，满足学习和了解知识的需求。

7.1.3 具有步道、自然观察径、室内教室、解说牌等设施。

7.2 休闲娱乐

7.2.1 空间开阔、安全性高的区域，能开展游戏、攀登、露营等休闲娱乐性活动。

7.2.2 具有森林大舞台、秋千、滑梯等游憩设施。

7.3 景观欣赏

7.3.1 森林季相变化丰富，观花、观叶等植物多，森林面积大的区域；或单一资源，特点突出，能够形成独特景观。

7.3.2 具备观景台、观景步道、座椅等设施设备。

7.4 历史人文

7.4.1 民俗、宗教、历史遗迹等人文文化集中的区域。

7.4.2 具有功能性解说牌、展板等设施。

8 森林功能调整

8.1 科普教育类

针对建设区域需求，以丰富乡土树种为主，通过疏伐、补植等森林抚育经营措施，选择富有观赏、科普、文化价值的森林植物，通过乔、灌、草的配置形成健康稳定的森林生态系统，提高和维护生物多样性。对林中野生动物和鸟类栖息地、特色林木及特殊的枯立木应采取必要的保护措施。具体抚育经营措施按照 DB11/T 842 执行。

8.2 休闲娱乐类

通过在道路两侧设置必要的防护设施、清除对人体有不适感、不愉快感及致敏的植物及其根茬，以及适当开辟林下游憩场地等措施，保护林木，改善游憩场地通风透光、平整无碍等适宜休闲娱乐活动的环境条件。

8.3 景观欣赏类

通过适当疏伐和增加观花、观叶、观果树种等抚育经营措施，突出植物的色彩、体态、形状和气味等特点，形成森林树冠层次分明、植物色彩丰富、森林景观多样、季相变化鲜明的森林生态系统。

8.4 历史人文类

开展古树名木保护，通过对树势衰弱古树采取保护和复壮的措施，增强古树的生长势与活力，延长古树寿命。古树复壮措施按照 DB11/T 632 执行；对于历史人文遗存周边的森林，做好防火、防虫等工作，建防火带；人流活动密集的道路两侧割除易着火的杂灌，清理枯枝落叶；林间剩余物粉碎后用于植物肥料、活动场所或步道。

9 设施与道路建设

9.1 设施类型

自然教育基地设施按功能分为4类,如表1所示。

表1 森林文化基地设施种类

类别	设施种类
1. 室内设施	包括但不限于森林体验馆、森林博物馆、标本馆、图书资料馆、森林创意坊、森林教室等
2. 室外设施	包括但不限于自然观察径、活动平台、露营地、步道、攀岩设施、观景台、休闲座椅、树屋、秋千、滑梯等
3. 解说设施	包括但不限于指示牌、标识牌、解说牌等
4. 服务设施	包括但不限于游客中心、避难所、停车场、休闲餐厅、无障碍设施等服务设施;污水处理系统、卫生间、饮水台、垃圾桶等卫生设施;电气设施、电话设施、网络以及手机中继器、广播音响设施等电器、通信设施;围栏、护坡、监控摄像头、火险报警器、安全警示灯等安全、应急设施

9.2 其他设施

其他设施包括住宿、餐饮、卫生、解说、电气、通信、安全等设施,其中:

住宿设施按照 JGJ62 执行;

餐饮设施按照 JGJ64 执行;

卫生设施按照 GB/T 18973 执行;

解说设施按照 GB 2893 执行;

电气、通讯、安全等设施按照 LY/T 5132 和 GB/T 20416 执行。

9.3 道路系统

基地路网密度应在(40~100)m/hm^2之间,路面应选用当地的石材、碎沙、木材、树叶等自然的材料。不同道路的修建要求如表2所示。

表2 道路系统建设

道路分类	道路功能	建设要求
干线	自然教育基地与外部公路之间的连接路以及基地内的环行主路	宽度宜按 5.0m~7.0m 进行设计,其纵坡不应大于9%,平曲线最小半径不应小于30m
支线	自然教育基地内通往各功能分区、景区的道路	宽度宜按 3.0m~5.0m 进行设计,其纵坡不应大于13%,平曲线最小半径不应小于15m

(续)

道路分类		道路功能	建设要求
林道	登山路	用于爬山、观景、健身，设计不同长度的环形步道，供登山者选择，适合年轻人使用	宽度0.6m~1.5m，两侧缓冲带宽度不小于20cm；踏步宽度不宜小于30cm，踏步高度不宜大于16cm；路面以原地土石道为主要道路类型
	散步路	用于休闲、放松，宜环湖、环水库、沿溪流修建，能满足老年、小孩、残疾人士使用	宽度不宜小于1.5m；路面坡度不大于1∶12，软质铺装，不设台阶；难以通行的路段使用木栈道
	自然观察径	用于体验、学习、观察等	宽度不宜小于1.5m，软质铺装，陡峭的地段使用木栈道降低通行难度，踏步高度不应大于0.15m，踏步宽度不应小于0.26m，在踏步面前缘宜作防滑处理，栏杆高度不宜小于1.05m，扶手高度不应大于0.60m，宜修建在林分类型多样，生物多样性丰富，儿童容易到达的地方
	骑行道	用于林间骑行	宽度不宜小于2.5m，转弯半径至少4.0m，材质可选沥青柏油、透水砖

10 运营与管理

10.1 自然解说人员配备和志愿者招募

自然教育基地应配备自然解说专业人员，为游客提供自然解说工作。自然解说服务规范按照LB/T 014执行。招募退休人员、学生、社会公众等志愿者，协助设计、组织自然教育活动。每个基地需有相对固定的志愿服务团队。

10.2 自然教育产业开发

10.2.1 课程开发

自然教育基地结合地域资源特色，针对不同的群体和不同的时长，开发不同的自然教育课程，课程不低于3套。内容包括学习生态系统、生物多样性等知识，以及开展自然游戏、手工制作等活动。

10.2.2 特色餐饮开发

充分利用当地自然资源中的山野菜配制营养餐，达到美味可口、营养丰富，有利于身体健康的效果。

10.2.3　策划创意活动

结合当地的民俗风情、历史遗址及特色产品等，以音乐、舞蹈、摄影、绘画、节庆、展会等形式开展丰富的自然教育活动。

10.2.4　创意产品开发

充分利用当地资源，利用自然材料，通过创意设计，制作文化创意产品；将森林中的中草药、果品等土特产，通过创意设计，推广出去；开发具有当地人文、自然特性和纪念价值的自然教育纪念品。

10.3　基地管理

自然教育基地具有固定的管理机构和人员，负责自然教育基地的咨询、预约、活动设计、设施维护、游客管理等。优先培训和使用当地社区人员参与基地的运营管理，促进社区发展。与学校、环保社团、科普协会等机构建立长期合作关系，定期组织自然教育活动，提高基地设施的利用效率。

彩 页

图1-1 不同年龄段的自然教育学习

图1-2 自然教育的重点对象是青少年

图 1-3　1972 年的联合国人类环境会议

22 October 1975.

THE BELGRADE CHARTER:
A FRAMEWORK FOR ENVIRONMENTAL EDUCATION

I. Environmental Situation

Our generation has witnessed unprecedented economic growth and technological progress which, while bringing benefits to many people, have also caused severe social and environmental consequences. Inequality between the poor and the rich among nations and within nations is growing and there is evidence of increasing deterioration of the physical environment in some forms on a world-wide scale. This condition, although primarily caused by a relatively small number of nations, affects all of humanity.

The recent United Nations Declaration for a New International Economic Order calls for a new concept of development - one which takes into account the satisfaction of the needs and wants of every citizen of the earth, of the pluralism of societies and of the balance and harmony between humanity and the environment. What is being called for is the eradication of the basic causes of poverty, hunger, illiteracy, pollution, exploitation and domination. The previous pattern of dealing with these crucial problems on a fragmentary basis is no longer workable.

It is absolutely vital that the world's citizens insist upon measures that will support the kind of economic growth which will not have harmful repercussions on people - that will not in any way diminish their environment and their living conditions. It is necessary to find ways to ensure that no nation should grow or develop at the expense of another nation and that the consumption of no individual should be increased at the expense of other individuals. The resources of the world should be developed in ways which will benefit all of humanity and provide the potential for raising the quality of life for everyone.

We need nothing short of a new global ethic - an ethic which espouses attitudes and behaviour for individuals and societies which are consonant with humanity's place within the biosphere; which recognizes and sensitively responds to the complex and ever-changing relationships between man and nature and between man and man. Significant changes must occur in all of the world's nations to assure the kind of rational development which will be guided by this new global ideal - changes which will be directed

Adopted by the Unesco-UNEP International Workshop on Environmental Education at Belgrade, 13-22 October 1975.

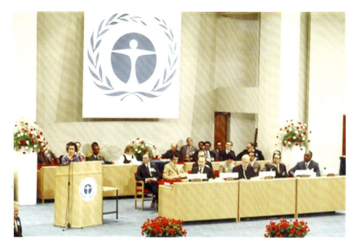

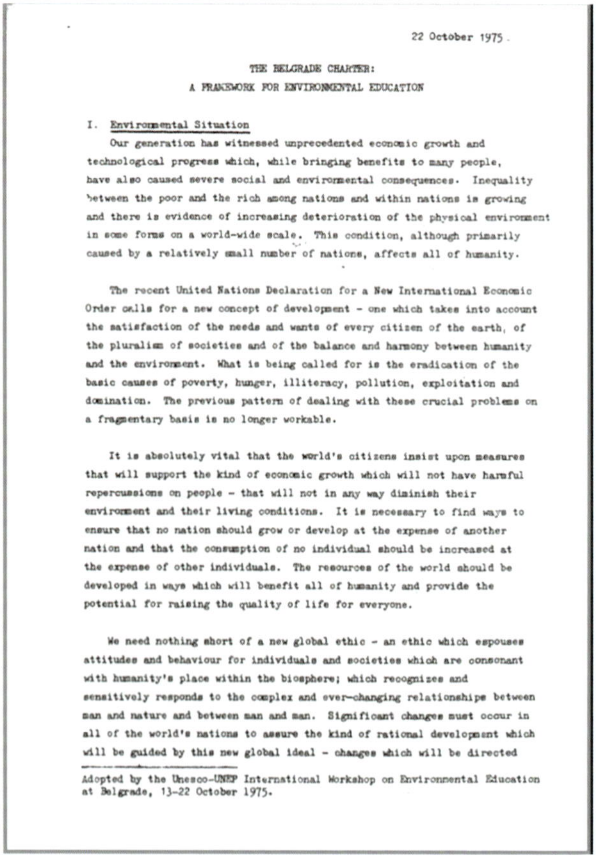

图 1-4　1975 年《贝尔格莱德宪章》

彩 页

图 1-5　自然教育、学校教育、社会教育的关系示意图

图 1-6　学校内部自然教育

图 1-7　学校外部自然教育

图1-8 《寂静的春天》《只有一个地球》《增长的极限》和《我们共同的未来》

图1-9 理查德·洛夫和其畅销书《林间最后的小孩——拯救自然缺失症儿童》

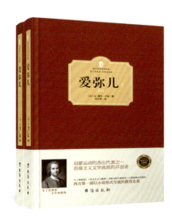

图 2-1 卢梭及《爱弥儿》一书

图 2-2 丹麦的妈妈带着孩子森林徒步游戏

图 2-3 美国黄石国家公园峡谷区

图 2-4　1992 年联合国环境与发展大会

图 2-5　贵阳长坡岭国家森林公园

图 4-1　武夷山国家公园

图 4-2 百花山国家级自然保护区的森林旅行

图 4-3 北京八达岭国家森林公园

图 4-4 张掖丹霞地质公园

图 4-5 黄果树国家湿地公园

图 4-6 北京植物园

图 4-7 北京南海子郊野公园

彩 页

图 4-8　儿童阶段自然教育行为模式

图 4-9　青少年阶段的自然教育行为模式

图 4-10 成人阶段的自然教育行为模式

图 4-11 自然教育机构——番薯乐园团队

图 4-12　野外调查和树叶观察活动

图 4-13　植物年轮观察活动

图 4-14 自然体验游戏式教学课程——用触觉感受自然

图 4-15 大海陀自然保护区自然探险

彩 页

图 4-16　自然教育解说员

图 4-17　番薯乐园植物课程专题活动

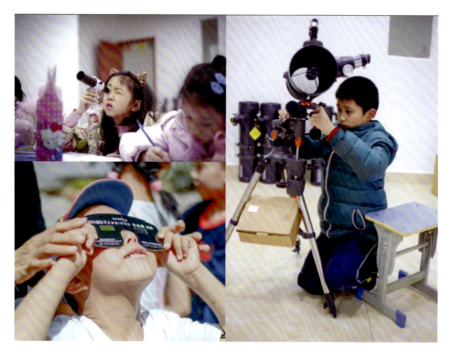

图 4-18　番薯乐园星空课程专题活动

图 4-19　番薯乐园持续性课程自然笔记（折叠书）展示

彩 页

图 4-20　城市公园的课程体系效果示意图

图 5-1　科普展览柜台

图 5-2　内蒙古阿尔山国家森林公园

图 5-3　冰山梁风景区观景平台

图 5-4　路径指示牌

图 5-5　自然教育服务中心

图 5-6　自然教育解说牌

图 5-7　室内烟雾报警器及消防阀

彩 页

图 5-8　应急救援设施

图 5-9　湖边安全救生圈

图 5-10　动物标本馆

图 5-11　怀柔星空营地游憩设施

彩 页

图 5-12　贵阳长坡岭国家森林公园自然教育课程示意图

图 9-1　生态环境教育信息服务平台

图 9-2 NaturalSchool APP 首页

图 9-3 某抖音号自然教育专题

图 9-4　二维码树牌

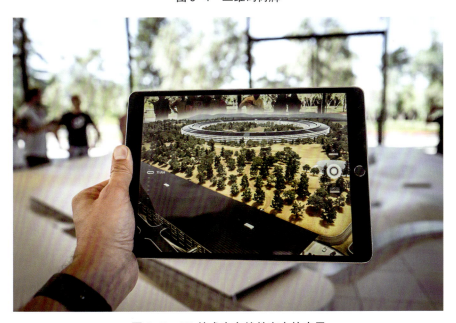

图 9-5　AR 技术在自然教育中的应用

图 9-6　VR 技术在自然教育中的应用